SIMPLES RÉCITS HISTORIQUES
SUR
ESPALION.

SIMPLES RÉCITS

HISTORIQUES

SUR

ESPALION,

Par H. AFFRE,
De la Société des Lettres, Sciences et Arts de l'Aveyron.

VILLEFRANCHE,

IMPRIMERIE DE Mme V^c CESTAN, NÉE MOINS.

—

1850.
1852

Avant-Propos.

« L'histoire d'Espalion ne vaut pas la peine
» d'être rapportée, le riche paysage qui l'en-
» toure, son pont gothique en pierres rou-
» geâtres, la maison où siège le tribunal, et
» la belle vallée où coule le Lot, suffisent à
» sa modeste célébrité. » Cette manière de
voir du baron Taylor, dans son *voyage pit-*

toresque et romantique dans l'ancienne France, n'est pas la nôtre à beaucoup près ; le lecteur jugera entre nous. Si l'éminent écrivain, au lieu de chercher nos annales là où elles ne sont point, c'est-à-dire dans les histoires du Rouergue, qui semblent garder un silence affecté sur le compte de notre ville, avait pris comme nous la peine de compulser avec soin nos archives communales, nous ne doutons pas que la somme des faits intéressans qu'il aurait pu recueillir, ne lui eut inspiré sur notre localité des pages qui n'auraient pas déprécié son travail.

Par sa position topographique seule, Espalion devait nécessairement prendre une part active aux évènements qui ont mis en émoi pendant le moyen-âge et les premiers temps de l'époque moderne la province dont il faisait partie. C'est là, en effet, ce qui est arrivé. Tour-à-tour les Anglais, les Calvinistes, les Croquans ont essayé, quelquefois, hélas ! avec trop de succès, leurs forces contre ses valeureux habitans. Déjà pour une imagination plus féconde que la nôtre, les faits qui se rapportent aux incursions de ces redoutables ennemis, feraient la matière d'un gros volume. Mais ce n'est pas tout : depuis ses commencemens jusqu'à la révolution, notre petite ville a constamment vécu sous l'autorité, si peu paternelle, des seigneurs. D'un côté, c'était un amour ardent de l'indépendance, de l'autre, une passion effrénée de despotisme qui est son irréconciliable adversaire; de là naturellement surgirent des luttes chaque jour renaissantes, dont les phases diverses nous paraissent dignes de fixer l'attention sérieuse de l'historien. L'énergique persévérance des vassaux, leurs généreux sacrifices pour conquérir ou préserver de toute atteinte une *franchise*, un *privilège*, une *liberté*; les abus de pouvoir du maître féodal, qui se traduisaient le plus souvent par des actes tellement brutaux et sauvages qu'on a de nos jours quelque peine à les croire vrais, tous ces combats du bien et du mal se présentent sous des traits qui ne peuvent qu'impressionner vivement. Ce n'est pas tout encore : mesurant les autres à notre aune, il nous parait qu'il doit être fort intéressant, pour ceux du moins qui habitent la localité dont il s'agit, de connaître en détail la forme administrative autrefois en usage, les mœurs et les coutumes de ceux qui nous ont précédés dans la vie, les édifices publics et tout ce qui s'y rapporte, la conduite des magistrats et du peuple dans les circonstances graves dont nous venons de parler, ou dans celles plus graves encore d'une invasion du *mal contagieux*, comme on appelait autrefois la peste, invasion jadis si fréquente sur le sol de la patrie; il nous semble, en un mot, qu'il n'est pas indifférent de connaître tout ce qui constituait la vie d'Espalion dans des temps déjà éloignés de nous.

Les récits que nous publions aujourd'hui suppléeront, bien que très-imparfaitement, au silence de l'histoire à notre égard. Deux raisons principales nous ont porté à les écrire. La première c'est que nous nous sentons au cœur une affection vraiment filiale pour le pays natal, et qu'on trouve toujours du plaisir, comme chacun sait, à s'entretenir de ce qu'on aime. La seconde est prise de notre qualité de membre de la *Société des Lettres, Sciences et Arts de l'Aveyron*. A nos yeux, cette qualité impose des obligations, comme celle de noble autrefois obligeait tous ceux qui en étaient investis. Notre travail doit donc être considéré encore comme l'accomplissement d'un devoir; c'est notre part de matériaux pour l'édifice que cette société s'est donné la mission de construire. Sans doute beaucoup de nos co-associés auront travaillé à cette œuvre plus efficacement que nous sous tous les rapports; mais aucun, la conscience nous permet de le dire, n'y aura apporté plus de dévouement et de bonne volonté.

Que tous ceux qui par des dons, des communications ou autrement, nous sont venus en aide, reçoivent ici nos sincères remercîmens. Dans son mode de formation, l'histoire ressemble beaucoup aux produits de l'abeille : elle se compose comme eux d'une multitude d'élémens recueillis çà et là. Il nous en est venu de tous côtés; mais nos archives communales, sans contredit, sont la source à laquelle nous avons puisé le plus abondamment, grâce au conseil municipal qui, dans le but de faciliter les recherches, daigna nous honorer du titre d'archiviste de la commune.

SIMPLES RÉCITS

HISTORIQUES

SUR ESPALION.

—

I.

Le Vallon d'Espalion *.

Le voyageur, de quelque côté qu'il nous arrive, repose délicieusement ses regards sur les divers points de notre vallon. Soit qu'il quitte la verte

---

* Espalion (*Hispalio*) me semble d'origine Ibérienne. *Isp*, inférieur, bas ; *Ili*, ville, ville-basse. — *Jules Duval; Annuaire du département de l'Aveyron*, année 1841.

et silencieuse *Montagne*, soit qu'il vienne de parcourir les champs rocailleux et secs du *Causse*, Espalion lui apparait dans une situation exquise, et s'il n'avait ailleurs ses pénates, volontiers il y fixerait son séjour. Du reste, la riante variété de nos cultures; le cours sinueux et tranquille du Lot aux rives pleines de fraicheur et de beauté; les villages et les hameaux disséminés autour de la ville, cachés à demi sous l'épais feuillage du noyer séculaire; les routes qui serpentent sur les flancs et au pied des côteaux; les chants joyeux du berger et du laboureur, mêlés à ceux des chantres des bois et des rivages, s'élevant dans les airs comme un pur hommage au Dieu de la nature; les châteaux en ruines, sombres témoins d'une époque peu regrettable; tout dans ce petit coin privilégié, semble ménagé à dessein pour émouvoir irrésistiblement celui qui le contemple.

Mais parmi les nombreux et charmans points de vue qui rayonnent autour du délicieux vallon, il en est un remarquable entre tous et que nous devons signaler ici à nos lecteurs.

Dans le voisinage d'Espalion, au sud-est de la ville, s'élève et s'étend comme un rideau de verdure, une montagne dont la partie la plus haute vers l'orient porte le nom de *Pic de Vermus*. Ce point, nos ancêtres l'appelaient *Vielhmur*; et leur dénomination certes valait bien la nôtre : car en cet endroit, des basaltes aux teintes noires et grisâtres, à la taille irrégulièrement allongée, font croire au premier aspect à l'existence d'une vieille muraille en ruine. Quoique peu exposé aux rayons directs du soleil, le versant septentrional de la montagne produit néanmoins de savoureuses châtaignes, qui se marient bien, durant les soirées d'hiver, si agréables autour de nos foyers domestiques, à l'excellent vin du côteau de *Costevieille* situé sur le flanc opposé. Des chênes couronnent le faîte, à l'exception toutefois du point culminant où se dresse solitaire mais sublime une simple et grossière croix de bois. Et voilà le but qu'il faut atteindre pour jouir d'un spectacle on ne peut plus magnifique. Vous tous qui vous dites amis sincères de la belle nature, prenez résolument vôtre bâton de pèlerin ; partez par une pure matinée du mois de mai, alors que le soleil s'est levé radieux sur l'horizon, que l'oiseau gazouille gaîment sous la feuillée, et que chaque branche d'arbre humectée des pleurs de l'aurore, est un écrin d'une éblouissante richesse ; que la distance, beaucoup moindre en réalité qu'en apparence, ne soit pas un obstacle à votre départ : la nature saura vous dédommager généreusement des légères fatigues de la montée.

Chaque oiseau trouve son nid beau, dira-t-on peut-être, et là-dessus de conclure, qu'un amour passionné du pays natal nous en fait parler avec trop d'avantage. Oh! s'il doit en être ainsi, nous invoquerons le témoignage d'un homme qui, en sa qualité d'étranger échappe au soupçon de partialité; ses connaissances d'ailleurs variées, et la nature des fonctions qu'il a longtemps remplies, lui donnent une grande autorité en cette matière. « Ce » point de vue, nous dit-il, dans son *Itinéraire* » *descriptif de la France,* est un des plus atta- » chans qui aient jamais frappé mes regards, moi » qui ai vu les environs de Genève, ceux de Lausan- » ne et les bords enchanteurs des plus beaux lacs » de la Suisse et de l'Italie » *.

Certes, nous n'ajouterions rien à ces lignes si tous ceux qui les liront pouvaient par eux-mêmes en vérifier l'exactitude, mais comme plusieurs ne pourront se procurer ce doux avantage, il convient d'y suppléer, bien que très imparfaitement, par une description sommaire, écrite du point même que nous venons d'indiquer.

Le vallon s'ouvre de l'est à l'ouest. Il se divise en

---

* Vaysse de Villiers.

trois parties distinctes dont chacune considérée séparément, forme un tout d'un effet admirable. A ces trois parties correspondent Saint-Côme, avec son clocher en flèche sensiblement cambrée; Flaugeac, dont le fort presque aussi vaste que le reste de la localité, coûta peu de frais de construction aux Seigneurs de Roquelaure qui en étaient les propriétaires; enfin Espalion; trois séjours privilégiés, que la nature dota avec profusion de prairies verdoyantes, d'ombrages frais, de sites pittoresques, et ce qui vaut encore mieux, d'un air pur dont l'action bienfaisante sur la santé est empreinte sur tous les visages. Le Lot coule paisiblement au fond, enserrant dans ses gracieux contours des champs d'une fertilité peu commune et d'un facile travail. A nos pieds, *Boraldes*, qui vient des montagnes, s'unit à lui. Dans un pays plus industrieux que le nôtre, cette petite rivière, transformée en Sacramento, roulerait de l'or. Pour nous, quoique fort désireux de grossir notre avoir, nous ne savons retirer de ses ondes cristallines autre chose que des truites, à la vérité d'une irréprochable saveur. Le chêne, la vigne, le châtaignier robuste et de vertes prairies, couvrent au nord et au midi les côteaux qui forment le vallon. Partout on remarque le soin intelligent du cultivateur à se conformer aux indications naturelles, pour l'exposition qui convient à chaque culture.

A l'horizon, vers l'orient, apparaissent comme à travers un voile de gaze les hautes et lointaines montagnes d'Aubrac. Un vicomte de Flandre, Adalard, fonda au commencement du onzième siècle, dans ces lieux *d'horreur et de vaste solitude*, un hospice pour les pélerins et les voyageurs Plus d'un malheureux, égaré dans les neiges de ces déserts, ou menacé de tomber entre les mains des brigands, dut son salut à la cloche hospitalière, ou au dévouement de guides charitables et éprouvés.

Si nous abaissons nos regards jusqu'au point où ces hautes montagnes se fondent dans la plaine, nous verrons à une faible distance, à côté de Saint-Côme, un petit groupe de bâtimens dans une situation des plus attrayantes. C'est l'établissement de Malet, où un essaim de jeunes filles, sous une direction pieuse et éclairée, apprennent de nos jours, au milieu de la verdure et des fleurs qui sont leur image, et les vertus du chrétien, et les qualités du cœur indispensables à la bonne mère de famille. Malet était une simple maison de vignes dépendant d'Aubrac. L'esprit de désordre n'épargna pas plus cette abbaye célèbre que son infortunée sœur de Bonneval. S'il faut regarder comme véridique un mémoire manuscrit que nous possédons, la licence y pénétra avec la réforme en 1697. Dès lors Malet fut transformé en villa délicieuse ; et les religieux de Chancelade qui remplacèrent les anciens,

> Veillant à bien diner, et laissant en leur lieu
> A des chantres gagés le soin de louer Dieu,

s'y retiraient habituellement à deux époques différentes de l'année : au temps des vendanges et durant le carnaval, deux saisons également aimées des jeux et des ris.

— Plus loin derrière Saint-Côme, nous voyons se développer sur une seule ligne, comme des soldats rangés en bataille, une longue suite de maisons, que la tour de l'ancien château placé à droite et qui les domine, semble passer en revue. C'est le village de Mandailles dont le nom est proverbial dans le pays : on dit d'une personne trop lente à terminer une affaire, *Qu'elle est longue comme Mandailles*. Ses habitants et leurs voisins de Castelnau, ont la triste réputation d'être aussi dévoués que les fidèles Normands à la déesse Discorde. Il n'est pas rare d'entendre une personne de ces pays dire, en parlant de l'homme avec lequel elle est en discussion : « Je lui ferai manger de l'argent. » C'est à qui des deux aura le plus de pièces de cent sous à jeter dans la gueule de ce monstre insatiable, la chicane. Pauvres gens! qu'ils sont à plaindre d'avoir de tels gouts. Pourquoi ne savent-ils pas, lorsqu'il s'agit de contestations futiles, mais qui deviennent devant les tribunaux grosses de dépenses et de haines, s'en rapporter à la sage décision de leur vénérable pasteur ou du Nestor de la localité? Au risque de nous mettre à dos tous les Perrin Dandin qui s'engraissent de leurs divisions, rappelons à ces braves gens un proverbe né au milieu d'eux, proverbe rempli de sagesse, et qu'ils ne sauraient mettre trop tôt à profit: *Vaut mieux un mauvais accommodement qu'un bon procès.* Ou bien encore ces quatre beaux vers de La Fontaine, si propres à inspirer un éloignement salutaire pour le temple de Thémis et ses ministres.

> Mettez ce qu'il en coûte à plaider aujourd'hui;
> Comptez ce qu'il en reste à beaucoup de familles:
> Vous verrez que Perrin tire l'argent à lui,
> Et ne laisse aux plaideurs que le sac et les quilles.

Plus près de nous, à gauche et à droite, se dressent orgueilleusement encore, quoique fortement ébréchés par le temps et la liberté, les manoirs féodaux de Calmont-d'Olt et de Roquelaure. Pauvre peuple, combien était malheureuse ta destinée à l'époque de leur splendeur! Chaque pierre de ces châteaux, inaccessibles comme l'aire d'un oiseau de proie, rappelle de tristes et de sanglans souvenirs. Le cœur se serre douloureusement à la pensée des souffrances de nos pères dans les cachots humides, infects et ténébreux de ces lieux qui inspiraient au loin la terreur. Que d'autres, regrettant le règne du passé, pleurent sur ces ruines s'ils l'osent ; nous ne mêlerons jamais nos larmes aux leurs. L'étude de l'histoire locale nous a beaucoup appris ; et toutes les fois que notre souvenir se reportera vers ces temps d'affreux chaos où les masses, exploitées comme un vil bétail, étaient le jouet des ignobles caprices d'un seul, nous dirons avec cet accent que donne une conviction profonde : honneur certes, honneur toujours à ces hommes d'élite qui, forts de la dignité de leur nature et de la sainteté de leurs droits, combattirent héroïquement et avec persévérance jusqu'au triomphe du principe fécond et imprescriptible de l'égalité.

Presque en face de notre point d'observation, en regard de ces ruines féodales, la haute tour de *Masse* arrête un instant l'attention. Le quinzième siècle la vit naître pour l'agrément des abbés de Bonneval*. Là, en effet, loin du tracas des affaires, au

---

* La Tour de Masse fut construite en 1453 par les soins de Pierre

milieu des plus séduisantes productions de la nature, et de ce qui peut ajouter au charme de la vie intérieure, ils aimaient à couler des jours calmes et sereins. Cependant comme on se dégoute de tout ici bas, les châteaux de Galinières, de Bonnefon, de Lavayssière et d'Abiac, disputèrent parfois à Masse l'honneur de récréer d'aussi nobles hôtes. Nos grands orages politiques ont épargné cette tour; mais elle ne put se soustraire à la peur qui, à la même heure du même jour, impressionna la France entière. L'abbé de Bonneval s'y trouvait alors. Afin de la prémunir contre une invasion ennemie que chacun regardait comme inévitable, cinquante paysans des environs, armés de fusils, de bâtons, de fourches et de faux, furent par lui préposés à sa garde. L'ennemi ne venant point, la frayeur s'évanouit peu à peu; les soldats improvisés déposèrent les armes; un repas copieux leur fut servi dans la salle d'honneur; et, grâce à de fréquentes rasades, le tout finit par des chansons.

Si nos regards pouvaient pénétrer au cœur de ces gorges sombres et profondes d'où nous voyons s'échapper en frémissant la torrentueuse Boraldes,

---

Rigal, abbé de Bonneval, ainsi que le constate une inscription placée au-dessus de la porte d'entrée.

l'abbaye de Bonneval, placée entre deux abîmes, nous apparaitrait comme un séjour de ténébreux exil. Les forêts qui l'enveloppent de tous côtés; le bruissement des flots écumeux, auquel répondent seuls de temps à autre le milan et l'épervier planant sur le gouffre; l'aspect sauvage des rochers montrant çà et là leurs crêtes grimaçantes; le demi jour qui y règne, même avec un ciel sans nuage, firent de cette solitude, dès le douzième siècle, une retraite on ne peut plus favorable aux continuateurs de la vie pénitente des Antoine et des Benoit. O instabilité des choses humaines! Bonneval n'offre plus aujourd'hui que des décombres. La richesse qui corrompt visita les pauvres moines; de scandaleux désordres s'ensuivirent; et le peuple, en un jour de légitime indignation, détruisit cette antique demeure d'où ne lui venaient plus comme autrefois d'éloquens exemples d'humilité, d'innocence et de travail.

Au couchant de la Tour de Masse, à la même hauteur à peu près qu'elle, se montre, toujours riant, le joli village d'*Alayrac*. A cause de sa situation, qui le fait participer et du vallon et de la montagne, c'était autrefois, durant les époques de troubles, une sentinelle avancée de notre ville. Prévenus assez tôt de l'approche des ennemis, les

Espalionais avaient le temps de se mettre sur la défensive. En retour de ces bons offices, les portes ne furent jamais fermées aux habitans d'Alayrac, qui eurent souvent à chercher dans nos murs un refuge contre des hordes traînant après elles le meurtre et l'incendie. A gauche de ce village on voit le hameau de *Lagarde*, où résidait sous l'ancien régime un seigneur de bas étage. Enfin, plus loin vers le couchant, Vinnac bâti sur la pente de son vineux coteau.

Tels sont les principaux points qui servent en quelque sorte de cadre aux perspectives les plus ravissantes. Quant aux détails infinis qui se révèlent partout, et qui contribuent si puissamment à faire naître le doux charme que l'on éprouve, nulle plume n'en saurait décrire les beautés. Les pensées les mieux choisies, les expressions les plus propres, coordonnées selon tous les préceptes de l'art, ne pourront jamais en ceci remplacer le coup-d'œil. La verdure avec ses nuances sans nombre, les arbres en fleur, l'émail des prairies, la régularité des lignes qui, en fractionnant les propriétés, épuisent sur elles toutes les formes de la géométrie, les vignes en amphithéâtre, l'azur des eaux, l'inégale hauteur des collines, la diversité des cultures, les moelleuses sinuosités de la route unissant l'une à l'autre les deux localités principales, tout, jusqu'à la petitesse des hommes qui se meuvent sans cesse sur cette route toujours belle, émerveille l'observateur à un dégré que ne saurait atteindre, nous le répétons, des descriptions la plus riche.

Outre ces beautés de notre vallon, dont chacun peut jouir à son gré, il en existe un grand nombre d'autres inaccessibles au vulgaire, car elles exigent pour être appréciées convenablement, le goût de la science et sa possession jusqu'à un certain degré.

Vous occupez-vous d'archéologie, par exemple ? les *dolmens* ou *pierres levées* qui se voient encore sur le *Causse*, à la limite du vallon; les restes de route romaine à peu de distance au sud-est d'Espalion, les églises de Perse, de Lévignac et une foule d'autres que votre curiosité louable vous fera bientôt découvrir; les ruines de Bonneval et d'Aubrac; le château de Roquelaure, où naquit dans le siècle dernier un pieux et savant prélat[*];

---

[*] Jean Armand de Bessuéjouls de Roquelaure, archevêque de Malines, naquit à Roquelaure, près d'Espalion en 1721. Il n'était point de la famille des Roquelaure d'Armagnac, à laquelle appartenait le duc de Roquelaure à qui le peuple attribue une foule de bons mots et de

les ruines de celui de Calmont, dont l'humiliation actuelle fait la joie des Espalionais, seront pour vous autant de sujets fort intéressans d'étude. A ces monumens sortis des mains des hommes, préférez-vous les ouvrages, plus fragiles à la vérité, mais sans cesse renaissans du créateur : les plantes et les insectes? Partout fourmillent sur notre sol de gracieuses petites merveilles. L'entomologiste et l'amant de Flore n'ont qu'à se baisser pour cueillir des trésors. Si vous êtes touriste, pourquoi iriez-vous chercher des émotions dans les Alpes et les

---

bouffonneries aussi plates que ridicules. Notre compatriote, destiné à l'état ecclésiastique, fut reçu docteur en théologie en 1744; il fut en-ensuite nommé évêque de Senlis en 1754, et remplit plus tard la charge de premier aumônier du roi. Une commission ayant été formée en 1767 pour la réforme des ordres religieux, l'évêque de Senlis en fut nommé membre, et eut dans ses attributions l'ordre de Citeaux. Peu de temps après il fut appelé au conseil d'état en qualité de conseiller ordinaire. L'Académie Française se l'associa en 1770, et le roi le nomma commandeur de l'ordre du Saint-Esprit en 1779. A la révolution, il refusa le serment avec la presque totalité des évêques ses collègues. Il fut cependant du petit nombre de ceux qui ne quittèrent point la France. Après avoir couru les plus grands dangers sous la terreur, il se démit de son siège en 1801 et fut nommé en 1802 archevêque de Malines. Il s'appliqua à rétablir l'ordre et la discipline ecclésiastique dans son diocèse, et le gouverna jusqu'en 1808, époque où il fut remplacé par l'abbé de Pradt. Nommé vers cette époque chanoine de St.-Denis, il vécut à Paris jusqu'à sa mort qui arriva le 24 avril 1818. Il était âgé de 97 ans accomplis.

Pyrénées, vous y extasier à l'aspect des sublimes horreurs dont ces monstrueuses contrées offrent à chaque pas le spectacle? Suivez plutôt les rives âpres de Boraldes * : les gorges profondes qu'elles forment, la nature qui s'y montre à chaque pas aussi rude et aussi sauvage qu'ailleurs, les rochers abruptes que la main des hommes ne toucha jamais, votre séparation complète du monde vivant, tout cela est capable de provoquer de fortes émotions ; nous l'avons éprouvé nous-mêmes plus d'une fois. Vous sentez-vous plus de goût pour les travaux géologiques? oh! alors vous interrogerez avec le plus vif intérêt nos Etnas éteints, nos houillères et nos marbres, nos bancs épais de coquillages fossiles, la grotte près de Saint-Pierre de Bessuéjouls, où la nature, en travail depuis des milliers d'années, fabrique avec une lente persévérance des stalactites et des stalagmites d'une parfaite blancheur. Vous faut-il de temps à autre, comme délassement à de sérieuses occupations, le plaisir de la chasse, ou celui, moins agité, de la pêche? eh bien! que pouvez-vous désirer de plus : saint Hubert a béni nos coteaux ; nos ruisseaux et nos rivières sont des ré-

---

* Autrefois on disait *Broalda*, c'est-à-dire, bords élevés.

servoirs des mieux approvisionnés, on peut y puiser en tout temps. Etes-vous né poète? Le vallon possède tout ce qu'il faut pour entretenir et développer en vous le feu sacré. Suivez les rives fleuries de nos charmans cours d'eau, pénétrez dans les bosquets qui ombragent nos collines, montez sur les hauteurs qui nous environnent, partout vous trouverez de riantes images, des sujets gracieux, de séduisans tableaux qui sûrement eussent tenté l'imagination de Virgile, et celle du traducteur de ses Géorgiques, de Delile, le Virgile français. Enfin, si la pieuse légende du moyen-âge vous sourit, vous écouterez avec charme tout ce qu'on dit de miraculeux à propos de la croix de Saint-Hilarian, sur la rive gauche du Lot, à quelques pas de l'endroit où jadis existait le moulin de Vielhmur; à propos de la *Fonsange*, et de la croix *Del Tour*, située un peu au-dessous du hameau des *Matelines*. Sur chacun de ces points notre patron reçut des marques signalées de la protection divine. Ici, à l'exemple d'Elisée et par le même moyen que le saint prophète, il passa la rivière à pied sec. Là, poursuivi par les ennemis de notre foi, il se cacha contre un rocher qui, pour le mieux dérober aux regards, se retira de manière à lui ménager dans sa masse une niche en forme de sarcophage. Ailleurs, tout près de la *Fonsange* *, notre Saint eut la tête tranchée; mais après le martyre, il prit son auguste chef, le baigna lui-même dans cette fontaine à laquelle il communiqua des vertus curatives, et fut le remettre, conduit et soutenu par deux envoyés du ciel, entre les mains de sa mère.

Nous ne finirions pas, en vérité, s'il nous fallait pousser jusqu'au bout le détail des trésors en tout genre que renferme notre délicieux vallon. Une seule chose nous préoccupe en ce moment, c'est le regret, profondément senti, de n'avoir pu employer un langage qui fût plus en harmonie avec la beauté des lieux. Pénétré de notre insuffisance pour décrire des merveilles dignes de la plume de Jean-Jacques et de Bernardin de Saint-Pierre, nous vous dirons en finissant: venez, montez sur la hauteur que nous vous avons fait connaître, et dites vous-même s'il est beaucoup de paysages aussi privilégiés de la nature que ceux qui s'épanouissent autour d'Epalion.

---

* Nous fîmes pratiquer en 1839 des fouilles dans le champ au-dessus de la *Fonsange*; elles amenèrent la découverte de briques rondes d'inégale épaisseur, et de briques plates carrées, avec rebord. La superposition de quelques-unes des premières, fixées sur un sol préparé avec du sable grossier, des fragmens de brique et de la chaux, nous porta à supposer qu'il s'élevait là autrefois une chapelle pour marquer le lieu où saint Hilarian avait été martyrisé.

II.

ESPALION.

Au centre à peu près du beau vallon que nous avons essayé de décrire s'élève Espalion. Cette ville n'a pas comme tant d'autres l'avantage d'offrir à ses visiteurs des monumens magnifiques, de remarquables fontaines, des colonnes à la tête altière ni des places fort étendues; non rien de tout cela n'y rappelle ces merveilles architecturales que l'on a pu admirer dans des localités d'un autre ordre. Mais en revanche, nous l'avons dit, la nature, moins avare que l'art, s'est montrée généreuse dans les dons qu'elle lui a départis. Ses promenades sur les bords du Lot ou ailleurs, à travers une végétation des plus riches et des plus variées, valent bien celles que des mains trop géométriques tracent au cordeau dans l'intérieur des cités. L'air est sain à Espalion, la vie animale facile. Ses habitans, étudiés de près, ont beaucoup plus de bonté dans le caractère qu'on ne le suppose généralement. Il n'est pas vrai, ainsi que quelques-uns le prétendent, que notre ville soit, plus que toute autre localité, la terre classique des cancans. Jamais, il faut l'espérer, on ne pourra appliquer à ceux qui l'habitent le proverbe latin rapporté par Bosc dans ses mémoires, et que nous tairons pour ménager la susceptibilité de tout le monde. Dieu nous garde assurément d'avancer qu'il n'en est pas parmi eux dont la langue trop acérée se plaît démesurément à déchirer : nul pays n'est à l'abri de ce dangereux fléau; partout où il y a agglomération d'hommes, il s'en trouve toujours que la basse envie ou tout autre sentiment détestable pousse à la médisance. Ce à quoi il est urgent de donner une plus grande extension au sein de notre petite société, c'est l'instruction, basée toujours sur la plus pure morale, bien entendu. Son influence civilisatrice ferait disparaître sans nul doute bien des défectuosités qui choquent. Il nous paraît que l'autorité ne se préoccupe pas assez sérieusement des moyens de la rendre accessible à tous ; les temps actuels exigent pourtant une conduite toute différente *.

Ceux qui ont écrit l'histoire du Rouergue ne précisent rien quant à l'origine d'Espalion. Les versions même à ce sujet varient essentiellement entre elles, selon qu'elles reposent sur telle ou telle tradition; car il en existe plusieurs là-dessus. C'est ainsi que Charles-Martel, son fils Pépin-le-Bref et Charlemagne sont tour-à-tour considérés comme ses fondateurs. Pour nous, sans adopter exclusivement

---

* « L'éducation primaire effraie les esprits enclins au passé, ou an-
» tipathiques à l'avenir: ils ne se représentent pas sans épouvante tout
» un peuple sachant lire et écrire. Selon eux, l'ouvrier a besoin d'i-
» gnorance pour adopter son sort et rester attaché à son ouvrage : ainsi
» l'on couvre les yeux du cheval condamné à rouler une meule dans un
» cercle. L'expérience a démenti cette erreur. Dans les pays où l'homme
» de peine sait lire et écrire comme en Angleterre, en Allemagne, aux
» Etats-Unis. il n'en résulte aucun inconvénient. L'instruction élémen-
» taire, répartie à l'individu, améliore l'espèce: les paysans Espagnols,
» en général, savent lire. En sont-ils moins honnêtes? L'instruction élé-
» mentaire, toute mal dirigée qu'elle soit pour les Castillans, n'est-elle
» pas la principale cause de ce langage épuré, de ce caractère aussi no-
» ble que le langage qui les distingue? L'ouvrier, pouvant s'instruire,
» par la lecture, des méthodes qui rendent ses travaux plus parfaits
» et plus faciles, sort des routines de la tradition orale, afin d'accroître
» son aisance: en augmentant son aisance, il multiplie les richesses de
» l'état : à ce premier anneau de la chaîne se rattache une longue suite
» d'améliorations et de prospérité. »   (*Châteaubriand.*)

l'opinion d'aucun de nos prédécesseurs, nous inclinons à penser que l'origine de cette ville n'est pas postérieure à Charles-Martel, qu'il est même probable qu'elle existait antérieurement à ce prince, mais qu'il lui donna les moyens de se développer en la dotant du pont et de l'église de Perse. Si cependant il fallait s'en rapporter à certain passage d'un manuscrit qui a pour titre : *Mémoire sur les principales villes du Rouergue*, nul doute que Charlemagne ne dut être préféré, comme fondateur, à son père et à son aïeul. Les commencemens d'Espalion y sont clairement exposés; mais la clarté seule, à nos yeux, constitue tout le mérite de ce passage, dont le fond, sous le rapport de la vérité, doit être, pour plus d'un motif, réputé comme fort contestable. Voici ce passage que l'abbé Bosc a évidemment connu avant nous. Il est bien entendu que nous ne le rapportons qu'à titre de renseignement.

« C'est un pays (le Rouergue) montagneux; an-
» ciennement c'était un pays infertile et rempli de
» forêts, surtout la partie qui regarde le septen-
» trion; et Charlemagne faisant son voyage de
» France en Espagne, remarqua en passant qu'on
» laissait en friche une terre qui méritait d'être
» cultivée; et donna charge à Guilhem, son cham-

» bellan, de faire couper une partie d'une grande
» forêt, et de bâtir une ville sur la rivière du Lot,
» que Charlemagne, à son retour d'Espagne, nom-
» ma Hispalion, comme petit Hispal, à la sem-
» blance de cette ville d'Espagne qu'on nommait
» Hispal (Séville). Il donna cette ville à son cham-
» bellan, avec tout le domaine qu'il avait pu dé-
» fricher, c'est-à-dire, trois ou quatre lieues de
» terre en longueur et deux ou trois en largeur;
» domaine qui est aujourd'hui une des belles baro-
» nies de France et du gouvernement de Guien-
» ne [*]; appartenant à l'illustre maison des com-
» tes de Calmont qui sont descendus de père en
» fils de ce Guilhem, chambellan. Ce grand prin-
» ce donna aussi plusieurs terres à d'autres sei-
» gneurs de sa suite, à la charge de les cultiver;
» comme sont celles de St.-Laurent, d'Aurelle,
» d'Estaing et plusieurs autres. »

Donnons encore une autre citation qui parle aussi de Charlemagne, mais avec des circonstances différentes sur plusieurs points de celles dont il

---

[*] La baronie de Calmont-d'Olt, qui comprenait Espalion toujours considéré comme le chef-lieu, Saint-Côme, Flaugeac, Alayrac, Bieunac, Aunac, Roquelaure, Mandailles, Castelnau, les Bosses, les Chuns.

vient d'être question. Nous l'empruntons au tome 4e du *Nobiliaire Universel*, article : *De Tauriac*.

« On trouve que Charlemagne allant en Espa-
» gne faire la guerre aux Sarrasins, et passant en
» Rouergue, fit construire un pont sur la rivière
» d'Olt, pour l'exécution duquel il laissa un gen-
» tilhomme nommé Tauriac, qui le fit achever. Il
» fut nommé pont d'Espalion, ainsi qu'il l'est en-
» core de nos jours. On a bâti depuis près de ce
» pont la ville d'Espalion, dans laquelle le même
» Tauriac fit construire une maison, qui devint
» exempte de toutes sortes de tailles et de cens. »

Si les siècles écoulés eussent été moins mauvais, rien assurément n'aurait manqué à Espalion pour grandir vite, et se transformer en une ville de premier ordre. Mais les causes mêmes qui auraient dû lui garantir une population nombreuse, s'opposèrent à ce qu'il devînt autre chose qu'un gros bourg. Développons en peu de mots notre pensée. Sa position centrale entre l'Auvergne et le Languedoc, la Lozère et le Querci ; son vieux pont, réputé pendant long-temps le plus beau à trente lieues à la ronde, lui valaient le passage fréquent de troupes qui, tantôt amies, tantôt ennemies, lui furent toujours funestes. Ceux que l'agrément et la fertilité des lieux conviaient à s'y fixer, en étaient empêchés par la pensée des excursions continuelles de ces hordes indisciplinées qui trainaient sûrement après elles, quelles qu'elles fussent, le crime et les exactions ruineuses. A l'approche d'une soldatesque effrénée, la ville prenait un aspect des plus sombres et des plus inquiets. On eut dit l'arrivée d'un nouvel Attila semant partout sur son passage la terreur et la mort. Pour conjurer l'orage, en obtenant que ces troupes changeassent de direction, il n'est pas de moyens que les Espalionais ne missent en œuvre. Tantôt, c'étaient des sommes considérables qu'ils faisaient offrir à ceux qui les conduisaient; tantôt, ils imploraient, sous la promesse d'une généreuse gratification, l'assistance du seigneur et des puissans de l'endroit; dans tous les cas, les églises ne désemplissaient point afin d'obtenir celle du Très-Haut. De toutes les épreuves que les habitans d'Espalion ont eues jadis à traverser, celle-ci ne fut pas la moindre : cent titres de nos archives ne permettent pas de douter du mal qu'ont produit chez nous les Anglais, les Routiers, les Calvinistes, les troupes royales, et ces insurgés connus sous le nom de Croquans dont nous parlerons plus loin.

Cependant, à quelque chose malheur est bon : l'imminence, pour ainsi-dire, permanente de ces excursions inspirait parfois de sérieuses craintes aux petits seigneurs d'alentour. Ne se croyant pas, dans certaines circonstances plus critiques que d'ordinaire, assez en sûreté derrière les massives murailles de leurs châteaux isolés, ils les quittaient pour se fixer momentanément à la ville, où pour eux le danger ne se présentait pas avec d'aussi effrayantes proportions. C'est ainsi que les Seigneurs de Vérières, de Bessuéjouls, de Bozouls et d'autres encore, y possédaient de vastes et riches demeures. Quelquefois même ils y remplissaient des fonctions publiques. Au besoin Espalion trouvait dans ces hôtes la ressource des lumières, et celle, non moins intéressante pour l'époque, d'une bourse suffisamment pourvue.

A peu de chose près, la ville ne comprenait anciennement que les trois rues que nous nommons rue *Droite*, rue *Mejanne* ou du milieu, et rue du *Plô*, toutes trois dans une même direction parallèle, entre lesquelles de nombreuses petites rues établissent une facile communication. Il n'y a pas encore quatre siècles, les faubourgs se réduisaient à quelques rares maisons. Les quartiers qui se sont formés de chaque côté du Pont, sur la rive droite du Lot, ainsi que ceux du *Foiral* et de *Saint-Sauveur*, étaient alors des jardins potagers affectés de noms plus ou moins bizarres. Presque toutes les maisons de la ville étaient couvertes de chaume. En 1552 un incendie des plus violens ayant occasionné de grands ravages, le conseil communal ordonna que la tuile remplacerait le chaume. Les tuileries ont été nombreuses autour de la ville; on en voit encore les traces dans la campagne à la surface de beaucoup de champs. L'usage de l'ardoise, exclusivement adopté de nos jours, s'introduisit plus tard.

Une haute et forte muraille crénelée et protégée par un fossé large et profond, coupée de distance en distance par des gabions, six tourelles et des tours à machicoulis, dont une existe encore, ceignait, depuis le bâtiment dit le Tribunal, jusqu'à la culée du Pont-Neuf, les trois rues que nous venons de nommer. D'après le plus ancien titre de nos archives, qui date de 1266, il est certain que ce mur d'enceinte existait à cette époque. L'autorité prenait le plus grand soin de son entretien; et ce n'était certes pas sans raison, car plus d'une fois, du haut de ces murailles, nos ancêtres, armés d'abord de l'arc et de la baliste, plus tard de la lourde arquebuse à croc, du mousquet et de la couleuvrine, eurent à défendre le foyer domestique contre les agressions du dehors.

Primitivement Espalion n'avait que cinq portes :

celle de *Saint-George*, à l'extrémité de la rue Droite, du côté de Rodez, protégée par une barbacane, celle de *Saint-Joseph*, qu'on appelait aussi *Porte-Neuve*, tout près du Tribunal, et les trois qui étaient sur le pont : une à chaque extrémité, la troisième au milieu. Plus tard, quand la ville se fut agrandie des faubourgs de la *Grave* et du *Moulin*, appelés Faubourgs Clos, pour les distinguer de ceux du Foiral et de Saint-Sauveur qui n'avaient pas de murailles, on en compta trois autres. celle des trois qui faisait face à la porte Saint-George, située non loin du collége, était dite de *Saint-Jean-de-Laguiole*. Les principales de ces issues avaient à côté d'elles un corps-de-garde pour le service presque quotidien des sentinelles. Celui de la porte placée au milieu du pont, consistait en une tourelle dont la surveillance pendant de longues années fut confiée à un prêtre de la Fraternité, il avait là son logement, et c'était tout le profit qu'il retirait en échange de ses soins. On voyait en outre sur le même pont plusieurs maisonnettes appartenant à la ville, et qu'elle louait d'ordinaire à des marchands.

A l'extrémité du pont, du côté des Faubourgs Clos, et à l'entrée de la ville, du côté de Rodez, se trouvaient, outre les corps-de-garde, deux ponts-levis. La construction du premier fut décidée en 1588. Les travaux commencèrent le 16 octobre, sous la direction d'un maître maçon de Rodez. La dépense totale s'éleva à cent quarante-cinq livres, douze sous, quatre deniers. En 1724, alors que les agitations intestines qui désolèrent trop long-temps la France n'existaient plus, ce pont-levis cessa d'être une nécessité, et la partie du pont où il s'élevait reprit son premier état.

Chaque maison avançait considérablement sur la rue. Une telle disposition, commune à presque toutes les villes, avait à la vérité le double avantage d'abriter les passans en cas de pluie, et de faciliter les conversations intimes entre voisines sans les obliger à descendre dans la rue; mais, par contre, elle avait le double inconvénient grave de rendre obscur et triste l'intérieur des maisons, et de s'opposer, en même temps que le mur d'enceinte de la ville, à l'assainissement de l'air en rendant sa circulation très-difficile. Il est incontestable que ce fut là une des causes premières de la persistance de ces maladies épidémiques qui, durant des siècles et à des intervalles fort rapprochés, frappèrent si cruellement la province et le reste du royaume.

Une fontaine appelée le *Griffoul*, sur la place du même nom, jadis l'un des ornemens de la localité, et plusieurs puits disséminés en ville, pourvoyaient d'eau les divers quartiers. Cette fontaine, dont les sources sont au pied de la montagne de Calmont, est probablement aussi ancienne que la ville. Son eau, qui est excellente coulait autrefois par trois ouvertures, mais sur un autre point. Nous nous permettrons de dire ici qu'il est du devoir de l'administration municipale actuelle de chercher à la rendre plus abondante, et de restituer à son point d'arrivée, sale et dégoutant, au moins son ancienne propreté.

A l'un des coins, sur cette même place du *Griffoul*, s'élevait autrefois une forte et haute tour, aux ouvertures étroites et rares. Un cachot digne de l'époque qui vit naître la Bastille, la terminait. La tour et le cachot servaient de prison. Entre autres personnes, une pauvre femme du nom de Teysseyre, accusée d'être sorcière, y fut enfermée le vingt novembre 1644, et y languit longt-temps; sans doute jusqu'au jour où elle expia dans les flammes du bûcher l'ignorance de son siècle.

Comme pendant à ce lugubre édifice, apparaissait solitaire et nu quelques pas plus loin, un carcan pour les criminels. Et c'est en face de ces deux tristes monumens, qui remplaçaient à certains égards le crucifix de nos salles d'audience, que le juge de la baronie, sans autre abri que la voûte azurée des cieux, rendit durant des siècles, ses jugemens au nom du seigneur haut, moyen et bas justicier.

Dans des temps où l'agitation et l'inquiétude étaient, pour ainsi dire, l'état normal de la société, le premier et le plus utile des arts, l'agriculture, gênée dans son développement ne produisait que de mesquines ressources. Le commerce et l'industrie, qui ne peuvent s'étendre et fleurir que sous le règne bienfaisant de la paix, étaient également en souffrance. Aussi Espalion ne fut jamais une ville riche. Si, au contraire, l'on ajoute à ces causes déjà trop puissantes de malaise, les charges annuelles ordinaires et extraordinaires imposées par la royauté; les nombreuses redevances de toute nature dues au seigneur, et celles que lui et les siens savaient encore extorquer par la crainte ou par la force; si de plus on fait entrer en ligne de compte la dîme, les deniers municipaux, les dépenses nécessairement plus grandes dans les temps de calamité publique, les dévastations causées par les troupes dont nous avons parlé plus haut, et l'absence du précieux tubercule, nommé à si bon droit le pain de la providence, on comprendra aisément qu'une affreuse misère devait être la plaie toujours ouverte au sein de notre malheureuse population. A l'époque où la ville comptait à peine douze cents habitans, il s'y trouvait, chose presque incroyable, mais hélas! trop bien attestée, cent soixante personnes environ qui n'avaient absolument pour vivre que les ressources de la charité volontaire et ce que l'hospice, le prieur de Perse et le recteur ou curé étaient tenus de leur donner annuellement. La distribution de ces aumônes obligatoires avait lieu sur la place publique, aux pauvres de la ville convoqués à son de trompe. Le motif d'une telle publicité n'avait certes rien de commun avec celui qui rendait les pharisiens si méprisables aux yeux du Sauveur: si l'on agissait de la sorte, c'était dans l'unique but de répartir plus équitablement en donnant à ceux que l'opinion publique désignait à l'autorité comme étant les plus nécessiteux.

S'il fallait s'en rapporter aux termes de quelques-uns de nos titres qui traitent de l'état d'Espalion au moyen-âge et plus tard, le lecteur serait en droit de refuser à certains points de notre récit le caractère historique que nous avons surtout tenu à lui imprimer. Mais nous ferons observer que ces titres qui semblent nous contredire, ont tous été rédigés pour le besoin de certaines causes qui, pour être gagnées, commandaient à la ville de se donner plus d'importance qu'elle n'en avait réellement. Tout n'y est pas faux sans doute, mais tout n'y est pas vrai non plus. C'est donc avec réserve qu'on devra lire l'extrait suivant qui nous a paru mériter quelque intérêt.

« La ville d'Epalion est une des principales et
» notables villes du Rouergue, tenue et comptée,
» descripte et figurée ès-quartes Gallicanes, où ne
» sont descriptes que les grosses et principales villes.
» Et y a plus de trois ou quatre cens maisons d'ha-
» bitans et résidents dans ladite ville, qu'est bien
» fermée de murailles; et y a trois ou quatre grands
» portals et entrées à chacun cousté de la ville, à
» pont-levis. Et y a plus de sept ou huit rues, tou-
» tes bien grandes et spacioses, bien peuplées de
» gens tant marchands de soyes, de draps, de quin-
» quilheries et de tous les trafics que l'on saurait
» poinct parler; gens de lettres, légistes gradués en
» lois, médecins gradués en médecine, apothicaires,
» ciurgiens, barbiers, cordonniers, tailleurs, cou-
» turiers, gantiers, péliciers, blanchiers, coyratiers,
» et de toute la manière de gens artistes que l'on
» saurait demander à une ville; et tous gens bien
» opulens et riches, chacun en son endroit, autant
» que d'ancienne ville de Rouergue. En oultre est
» une ville de passaige; et y a grand rivière et
» pont au milieu de la ville, extimée et tenue
» comme une clef et forteresse de tout Rouergue.

» Et c'est le grand chemin pour aller à Paris, Lyon,
» Roan, aux Allemagnes, delà les monts et en au-
» tres parts; que jamais ladicte ville n'est sans gran-
» de affluence de gens passans et repassans. Et
» quand le roi a à faire de gendarmerie pour en-
» voyer deçà ou delà, à pied ou à cheval, gens de
» ordonnance, assemblée de ban et reyre ban ou
» autres, passent audit Espalion et par le milieu
» de la ville : pour ce que le pont de la rivière est
» dedans. (1545) »

Pour épuiser le sujet de ce chapitre, il nous resterait à parler d'Espalion sous le rapport de son
administration municipale, de ses écoles de ses édifices, de ses triomphes, de ses revers et d'une foule
d'autres choses encore. Mais pour plus de méthode
et de clarté, nous avons cru devoir faire de chacun de ces points principaux le sujet d'autant de chapitres. Nous terminerons ce que nous nous étions
proposé d'exposer dans celui-ci par le tableau des
professions exercées dans notre ville en 1655, avec
le nombre d'individus que chacune d'elles occupait.

Marchands, 24. — Docteurs, 6. — Sergens, 4.
— Cardeurs, 7. — Hôtes, 12. — Teinturiers, 5.
— Boursiers, 1. — Charpentiers, 5. — Brassiers,
16. — Notaires, 9. — Maréchaux, 7. — Chirurgiens, 2. — Tailleurs, 12. — Chapeliers, 7. —

Bouchers, 8. — Cordonniers, 13. — Tisserands, 17. — Praticiens, 3. — Apothicaires, 5. — Médecins, 1. — Tondeurs, 1. — Selliers, 3. — Menuisiers, 2. — Tanneurs, 17. — Bastiers, 4. — Maçons, 3. — Gantiers, 1.*. — Ajoutons enfin que le clergé de la paroisse comprenait un recteur ou curé, et un secondaire ou vicaire; et que le nombre des prêtres composant à cette époque la *Fraternité* ou l'*Université*, s'approchait de la soixantaine.

---

* La peste qui décima la ville en 1653, enleva plusieurs personnes exerçant quelqu'une de ces professions. Nous savons positivement que des médecins trouvèrent la mort dans le périlleux exercice de leur état.

III.

ETABLISSEMENT DE LA COMMUNE D'ESPALION

AU XIIIme SIÈCLE.

Après avoir fait faire un pas vers l'affranchissement aux principales cités du royaume de France et des divers états qui devaient plus tard s'incorporer à lui, la révolution communale étendit de proche en proche son action jusqu'aux villes de moindre importance. Espalion à son tour voulut avoir aussi sa constitution, ses *coutumes*. Assez et trop long-temps, certes, l'arbitraire d'un seul homme avait pesé sur lui. Assez long-temps il avait vécu chargé de corvées fatigantes, de devoirs humilians, de contributions ruineuses, ayant de plus à craindre sans cesse quelque amende ou quelque taxe illégale, ou même la confiscation entière des biens. Ses démarches auprès de Bégon de Calmont, son Seigneur, ne furent point stériles. Mais, à la différence des autres localités qui devaient leurs franchises à la force insurrectionnelle ou à la générosité du maître, Espalion ne put jouir d'un faible rayon de liberté qu'en le payant en beaux deniers comptans. Au reste, les archives de la ville nous apprennent que de tout temps les Seigneurs de Calmont aimèrent éperdument les écus. Un voyage insignifiant ou la plus petite démarche dans l'intérêt de ses vassaux d'Espalion, une simple visite au chef-lieu de la Baronnie, un rien, en un mot, était pour eux l'occasion toujours propice d'en demander. Il est aisé de comprendre qu'il ne pouvait en être autrement : la somptuosité de leur table et de leur ameublement, la garde et l'entretien de plusieurs châteaux, le séjour des grandes villes, la résidence d'un fils à la cour, les fêtes publiques et particulières, tout cela nécessitait de grosses dépenses, auxquelles ne pouvaient suffire les revenus des plus beaux domaines, et les droits si multiples et si nombreux pourtant prélevés par le seigneur. C'est ainsi conséquemment que, sans pitié pour des misères trop réelles et trop profondes, la demande d'un secours ou d'une gratification, impossible à éluder, était faite au vassal; et des milliers d'individus souffraient les privations les plus dures pour le criminel bien-être de quelques-uns. Mais après tout, qu'importaient aux Espalionais dans cette circonstance le sacrifice d'un peu d'or et d'argent, puisque pour eux il s'agissait de devenir moins esclaves? Chacun le sait : tous les trésors du monde ne valurent jamais un grain de liberté. Rien ne coûte à l'homme en effet pour la conquérir; résolument il affronte pour elle l'immense danger des révolutions, ainsi que l'atteste surabondamment l'histoire de tous les pays, et en particulie celle de France; la perspective des plus affreux cachots ou de l'exil le plus pénible est incapable de l'ébranler; la liberté est toujours son idole, il veut mourir ou triompher avec elle. Nonobstant donc la lourde charge qu'il fallut s'imposer, le jour où fut signé le pacte qui mit un frein à de tyranniques et intolérables prétentions, fut pour nos pères un jour d'indicible bonheur.

Le vingt-trois avril de l'année 1266 fut ce jour trois fois heureux. Ce fut dans la chappelle des Templiers, petit édifice qu'on voit encore à quelques pas de la ville, sur le chemin qui conduit à Saint-Côme, que les parties jurèrent solennellement sur la croix et les quatres évangiles, et sous peine de cent marcs d'argent, d'observer inviolablement les coutumes au bas desquelles elles venaient d'apposer leurs signatures. Le seigneur s'y trouvait en personne. Il avait pour assistans : Géraud Foulquier, Hugues de Malet, Guilhaume Radulphe, chevaliers, Guy d'Estaing, Béranger de Laguiolle, Michel Duverdier et Raymond de Montpeyroux. Espalion était représenté par ces habitants Pierre et Etienne Marcenac, Pons Hugonenq, Etienne Gausle, Bernard Leydier, Ramond Rigal, Jean d'Aurenca, Raymond d'Aurillac, Bernard Bonifacy et Géraud Dufour. Sans doute dans cette imposante réunion le costume de ces derniers contrastait singulièrement avec celui du seigneur et de ses nobles témoins ; d'un côté la bure grossière ou l'équivalent, de l'autre les fines étoffes rehaussées par de riches et resplendissantes armures. Mais, pour nous servir d'une expression fort juste quoique un peu triviale, *l'habit ne fait pas le moine ;* et les vertus qui constituent le vrai mérite étaient peut-être plus solides et plus pures là où ne se trouvaient ni la dague ni l'éperon doré.

La détermination des franchises à accorder et leur rédaction furent confiées à trois arbitres désignés par les parties. Ces arbitres, Astorg, seigneur de Peyre, que sa haute sagesse fit souvent choisir pour terminer de graves contestations entre des personnages du premier ordre, Godefroi et Ramond de Calmont, chanoines, le premier de Rodez, le second, de Mende et de Rodez, ces arbitres, disons nous, se montrèrent dignes de la confiance de leurs commettans. Aussi leur œuvre obtint-elle la ratification la plus explicite.

L'original de cet acte existe encore dans les archives de la commune; il en est le titre le plus ancien. Malgré l'usage presque continuel qu'on en faisait sous l'ancien régime, à cause des tracasseries incessantes du seigneur, très oublieux des droits acquis de nos pères, malgré le laps de six siècles, les révolutions, et l'incurie de quelques administrateurs, cette pièce est assez bien conservée. Les sceaux empreints dans la cire ont disparu avec elle ; il n'en reste plus que les attaches de soie. Nous sommes assez heureux pour posséder une copie très exacte de ce titre; elle a été faite au commencement du quatorzième siècle, et nous est venue de la maison d'un villageois où nous étions bien loin d'en soupçonner l'existence. Elle ne diffère de son original qu'en ce qu'elle porte au bas de plus que lui le visa de l'official de Rodez.

Cette charte de 1266, expliquée dans quelques-uns de ses points susceptibles d'interprétations diverses, par des *compositions* subséquentes, notamment par celles de 1343 et de 1528, a réglé jusqu'à notre révolution les rapports réciproques du seigneur et de ses vassaux. Nous avons jugé utile et agréable à la fois d'en donner ici la traduction aussi fidèle que possible, en la dégageant toutefois des nombreux accessoires qui n'ajouteraient rien à son intérêt.

CHARTE COMMUNALE.

Au nom de Notre-Seigneur Jésus-Christ, nous, arbitres choisis par les parties et conformément au compromis passé entre elles, nous statuons et arrêtons ce qui suit :

I.

Le Seigneur, Bégon de Calmont, en son nom et au nom de ses successeurs présens et à venir, exempte maintenant et pour toujours des *toltes*, *quêtes* et *forces* * tous ceux qui habitent ou qui habiteront à l'avenir son bourg d'Espalion

---

* Tolta, exactio, quæ per vim fit, quod contra jus tollitur.
Quœsta, tributum quod exigitur, quœritur, petitur.
Tallia, talliæ franciles seu liberæ sunt, verbi gratià, quæ a personis

et les dépendances d'icelui déterminées par certaines limites d'affranchissement. Ces limites sont : sur la rive droite du Lot, l'extrémité supérieure du pré de l'*Albarède*, appartenant à Pierre Marcenac, le jardin de Guillaume Boisse et le ruisseau de *Coussanes*; sur la rive gauche, la fontaine de *Cambalasse*, le chemin qui passe au-dessous du terroir des *Ménadieyres*, le quartier de *Pantayguos*, et le ruisseau de la *Durance* (Merderic). Cependant cette exemption cessera dans quatre cas savoir : lorsque le seigneur de Calmont sera fait chevalier; 2° lorsqu'il mariera sa fille ou ses filles nées de son épouse légitime, et cela lors d'un premier mariage seulement; 3° lorsque le seigneur entreprendra le voyage de la terre sainte; enfin, lorsque, ce qu'à Dieu ne plaise, il aura été fait prisonnier par ses ennemis.

Nous statuons et arrêtons que dans ces quatre seuls cas il sera donné au seigneur trente sous rolanois pour chaque feu existant dans les susdites limites; et que la somme qui devra en provenir,

---

liberis præstantur in quatuor casibus, scilicet pro expeditione hyerosolimitanâ Domini, in ejus captivitate, in filiæ matrimonio, et in militia filii.

(*Pour de plus amples détails, consulter le Glossaire si précieux d Du Cange.*)

sera divisée ou répartie proportionnellement et en commun.

II.

Si quelqu'un, homme ou femme, demeurant dans les limites du terrain affranchi, possède dans ces mêmes limites une ou plusieurs maisons dans lesquelles il aurait été d'usage de faire du feu, ces immeubles compteront pour un feu, de même que s'ils étaient habités.

III.

Le seigneur, ni personne en son nom, ne pourra introduire dans les limites du terrain affranchi celui qui aurait tué un homme ou une femme demeurant sur ce même terrain, sans qu'auparavant le meurtrier n'ait fait la paix avec les héritiers ou les amis de la victime.

IV.

Le seigneur ne pourra, ni personne en son nom, saisir ou faire saisir un habitant du terrain affranchi, qui offrira de donner caution suffisante de son obéissance aux injonctions de la justice, à moins que ce ne soit pour un crime énorme, ou pour avoir battu les compagnons, les soldats, le juge ou les autres serviteurs dudit seigneur.

V.

Comme par le passé, le seigneur ou quelqu'un pour lui, ne pourra tenir une taverne dans les susdites limites que depuis le premier août jusqu'à la Nativité de Notre-Dame, dans le mois de septembre. Et durant ces cinq semaines, nul ne pourra vendre du vin que par sétier, toute fraude demeurant étrangère à la vente *.

VI.

Le seigneur de Calmont, ou une personne en son nom, gardera toujours les clefs des portes et des forts construits ou à construire dans les susdites limites.

VII.

Nul habitant du susdit terrain affranchi ne pour-

---

* Les restrictions portées par cet article à la vente du vin cessèrent en 1381, par le paiement que firent les Espalionais au seigneur de trois cent soixante-dix francs d'or au coin de France. En vertu d'un article subséquent les mêmes habitans étaient encore tenus de cuire leur pain au four du seigneur; ils achetèrent l'entière franchise sur ce point en 1392, moyennant deux cents francs d'or. Bernard d'Armagnac, à cause de ces deux rachats, reçut 97 francs fondant sa demande sur ce que Espalion faisait partie des montagnes du Rouergue dont il était le seigneur. La quittance de ce dernier est datée du château de Gages, année 1396.

ra être contraint de vendre ni d'échanger son immeuble. Exception toutefois à l'égard du seigneur, qui pourra prendre possession d'un immeuble dans le but d'y faire quelque construction, moyennant une préalable indemnité réglée par des prud'hommes. Cependant le seigneur devra renoncer à l'immeuble si celui à qui il appartient, est lui-même sur le point de s'y faire bâtir.

VIII.

Il expressément défendu au seigneur de Calmont, et à tout autre agissant en son nom, de s'approprier le foin, la paille, les fruits, les légumes et les autres objets appartenant aux susdits habitans, sans leur exprès consentement.

IX.

Le seigneur de Calmont, ou son bailli en son nom, sera tenu de placer un *Bannier* à Espalion et dans ses appartenances, après avoir pris préalablement l'avis des prudhommes dudit bourg. Si le bannier, par négligence ou par défaut de fidélité, s'acquitte mal de sa charge, le seigneur devra aussitôt le remplacer par un autre, et punir avec sévérité le délinquant dans le cas d'une grave contravention. La famille entière du seigneur sera dans l'obligation de reconnaître l'autorité du *Ban*, comme toutes les autres personnes, afin qu'il n'y ait d'exception pour qui que ce soit, à l'égard de la loi que le seigneur a lui-même portée.

X.

Les habitans du terrain affranchi nommeront annuellement, le jour de la saint Jean-Baptiste, sur l'autorisation du seigneur ou de son bailli, deux *Consuls* qui, les quatre évangiles manuellement touchés, prêteront entre les mains du seigneur ou de son bailli (le juge de la baronie) le serment de bien s'acquitter de leurs fonctions durant l'année de leur consulat, en préservant de toute atteinte les libertés et les franchises d'Espalion et de ses dépendances, ainsi que les droits du seigneur. Cette élection se renouvellera tous les ans, et sera suivie d'une semblable confirmation. Les consuls élus ne pourront s'ingérer aucunement dans les procès, ni recevoir des compromis. Cette défense ne concerne en aucune manière les autres personnes, qui auront à se conformer aux anciens usages.

Il est défendu aux susdits consuls d'imposer en aucune façon les habitans d'Espalion et de ses dépendances, ni de recevoir d'eux aucun serment sans l'autorisation préalable du seigneur de Calmont ou de celui qui tiendra sa place.

XI.

A l'avènement d'un nouveau et légitime seigneur, tous les habitans susnommés seront tenus de lui prêter serment de fidélité; et chacun en particulier consentira un acte de reconnaissance pour les fiefs qu'il tient ou devra tenir de lui. Moyennant ce serment, le seigneur sera tenu de confirmer les libertés et les franchises telles qu'elles existeront *.

XII.

Sur la réquisition du seigneur, les habitans susdits, en armes, seront tenus de le suivre lui et son bailli, de même que les autres habitans de la baronie sont tenus de le faire. Les dépenses que ces déplacemens occasionneront seront à la charge du seigneur **. — Quant à la construction de nouveaux forts au château de Calmont, ou quant à la reconstruction des anciens, les habitans ci-dessus dénommés devront aider leur seigneur par des manœuvres, ainsi que sont tenus de le faire les autres habitans

---

* Voir au dernier chapitre cette formule de serment.

** Cette charge fut modifiée plus tard : les Espalionais étaient tenus de fournir quatre hommes armés au seigneur toutes les fois qu'il était mandé par le roi. Ils pouvaient se dispenser de fournir les quatre hommes en lui payant quarante livres.

du reste de la baronie. Les susdites manœuvres seront encore dues dans le cas où le seigneur ferait construire de nouveaux forts dans un rayon de deux lieues autour dudit château. — Et lorsque le seigneur se trouvera dans le besoin, les susdits habitans, sur sa réquisition, doivent s'engager pour lui envers ses créanciers; et engager, s'il est nécessaire, leurs personnes et leurs biens, ou se constituer débiteurs principaux. Cependant ils ne sont tenus de se donner en otage que tout autant que le seigneur se livrerait avec eux. Dans tous les cas le seigneur sera tenu de les dédommager de toutes les dépenses qu'ils auront pu exposer à cause de ces obligations,

XIII.

Lors de l'arrivée du seigneur dans les sudites limites du terrrain affranchi, les habitans sur son ordre ou celui de son bailli, devront préparer des écuries pour ses montures, et de bons lits pour lui et les personnes composant sa suite; de telle sorte néanmoins que leurs hôtes ou les marchands hébergés ou à héberger ne soient pas incommodés; à moins que ceux de la suite du seigneur étant en grand nombre, ne pussent être logés dans d'autres maisons d'une manière commode et décente*.

---

* Il était rare qu'à chaque visite du seigneur, la ville, qui s'en serait fort

XIV.

Les habitans susdits seront tenus de moudre leur blé et de cuire leur pain au moulin et au four dudit seigneur de Calmont, toute fraude laissée de côté par l'une et l'autre parties. Si toutefois par hasard, les habitans susdits ne pouvaient, par une cause quelconque, moudre leur blé, ils pourront après avoir attendu trois jours au moulin banal, le porter à un autre.

XV.

Nulle personne habitante des terres du seigneur, ne pourra fixer sa résidence dans les limites du terrain affranchi, sans l'autorisation dudit seigneur. Sur l'ordre de celui-ci, de son bailli ou du sergent, les susdits habitans seront tenus de faire le guet et la garde nécessaires, dans les limites du terrain précité.

XVI.

Le seigneur de Calmont-d'Olt devra faire con-

---

bien passée, ne perdit une partie du linge et des autres objets qu'elle était tenue de mettre à sa disposition. Si le tout n'était pas dérobé, c'était grâce à la précaution qu'on ne manquait jamais de prendre de graisser, comme on dit, la patte au maître-d'hôtel, au valet de chambre et à tous les autres serviteurs du seigneur.

fectionner des mesures exactes pour le blé, le vin et l'huile, ainsi que des poids et des livres, des aunes et des cannes, pour que les vendeurs puissent y conformer les leurs. La recherche des faux poids et des fausses mesures ne pourra avoir lieu hors de la présence des consuls, ou de deux ou trois prud'hommes dudit bourg d'Espalion. Le vendeur qui aura employé de fausses mesures pour le vin et le blé sera condamné à sept sous d'amende pour chacune des deux premières fois. S'il se rend encore coupable en employant les mêmes fausses mesures, l'amende sera pour chaque contravention de soixante sous.

La contravention à l'égard des aunes et des cannes fausses sera punie de soixante sous d'amende; en cas de récidive, la peine sera laissée à l'appréciation du seigneur.

XVII.

Sera condamné à soixante sous d'amende celui qui en aura menacé un autre du couteau sans le frapper. A l'égard de celui qui aura frappé quelqu'un de son épée, la peine est laissée à l'appréciation du seigneur. Pour un léger coup sans effusion de sang, la peine sera de quatorze sous; et pour un coup grave, encore sans effusion de sang, elle sera de soixante sous.

XVIII.

Le seigneur sera tenu de faire enlever des vignes, comme par le passé, la portion de la récolte qui lui appartient.

La pêche et la chasse sont permises à tous les habitans dudit bourg; exceptée toutefois la chasse aux lapins; nul ne pourra s'y livrer sans avoir le bon plaisir du seigneur. Et pour la chasse des perdreaux, le seigneur se réserve le côteau qui se développe à partir du fleuve d'Olt, vers Alayrac et les montagnes. Le seigneur se réserve encore pour son pêcheur, depuis la chaussée jusqu'au pré de l'*Albarède*, et de plus le ruisseau de Coussanes et celui de la Durance (Merderic!).

XIX.

L'usage des paccages et des bois est maintenu comme par le passé.

XX.

Et pour le prix des susdites libertés et franchises, les habitans d'Espalion et de ses dépendances paieront au seigneur, une seule fois seulement, pour lui et tous ses successeurs à l'avenir, dans l'octave de la prochaine fête des apôtres Pierre et Paul, dix-sept mille sous rodanois*. Moyennant ce les libertés et les franchises sus-mentionnées sont concédées à perpétuité. La seigneurie haute, moyenne et basse, ainsi que la pleine juridiction sur ledit bourg, et tous les autres droits généraux et particuliers, restent toujours assurés au seigneur dans les limites du terrain affranchi.

---

* Le sou rodanois valait huit deniers tournois.

IV.

ADMINISTRATION COMMUNALE.

LES CONSULS. — LES CONSEILLERS. — LES PRUD'HOMMES. — LE SYNDIC DE L'HOSPICE ET CELUI DES CONSULS. — LES COTISATEURS ET AUDITEURS DES COMPTES. — LE SERGENT-BANNIER. — LE CONSEIL COMMUNAL.

Grâce à la constitution qu'on vient de lire, l'état social des Espalionais jusque-là *taillables et corvéables à merci*, devint sensiblement meilleur. La qualification de vassaux leur reste à la vérité, mais dépouillée du caractère avilissant qu'elle imprimait naguère, à cause des droits absolus et exorbitans qui en étaient comme la conséquence forcée. La charte jurée deviendra pour nos pères une puissance formidable, avec laquelle le seigneur devra nécessairement compter ; et contre laquelle viendront se briser plus d'une fois les efforts coupables de son despotisme impuissant. Sans doute, à son aurore, la liberté se montrera timide et peu agissante ; la volonté du maître, absolue hier encore, conservera quelque temps son ascendant redouté; mais peu à peu nos pères se feront à la vie politique; ils comprendront de mieux en mieux leurs droits acquis, et sauront en tirer toutes les conséquences favorables. Les abus révoltans du pouvoir féodal, le sentiment profond de leur dignité propre les animeront d'une légitime audace. Et afin de sauvegarder leurs privilèges ou pour les étendre encore d'avantage, leur dévouement n'aura pas de bornes. Chaque membre de la communauté ne craindra pas au besoin d'affronter les dangers les plus imminents, et de s'exposer à l'implacable colère du maître en faveur de la liberté. S'il faut, pour défendre les droits acquis, s'exposer aux complications ruineuses et interminables des procès, la ville le fera résolument. S'il faut encore fermer les portes au seigneur qui vient en ennemi, et résister comme assiégés à des forces imposantes, on verra les remparts de la ville se couvrir de nombreux combattans sans distinction d'âge et même quelquefois de sexe, tous bien déterminés à répandre un sang généreux pour le triomphe d'une sainte cause.

Les preuves décisives à l'appui des assertions que nous venons d'émettre trouveraient naturellement ici leur place; mais pour ne pas contrarier l'ordre, que nous nous sommes tracé en commençant, le lecteur voudra bien nous permettre de les lui taire encore et considérer comme un tout petit à-compte le simple récit que voici.

Le 27 novembre 1661, les Consuls ayant été informés de la prochaine arrivée du seigneur en ville, se mirent en mesure de faire préparer un logement convenable pour lui et les hommes de sa suite. Ainsi qu'on a pu le voir, les compositions de 1266 leur en imposaient l'expresse obligation. Le seigneur arrive en effet au jour indiqué; mais soit mauvais vouloir, soit peut-être encore par suite d'habitudes trop fastueusement aristocratiques, le logement n'est pas à son gré, et il se retire boudeur et menaçant chez son beau-frère le seigneur de Monmaton. Peu de jours après les consuls reçoivent l'invitation pressante de se rendre auprès de lui. En l'absence de ces magistrats, les sieurs Bernier et Antoine Ayral font le voyage. Il arrivent à l'heure qui leur avait été assignée, mais le Seigneur n'est pas au rendez-vous; seulement on leur fait savoir de sa part qu'il exige cent écus de la ville pour défaut de logement; et qu'en cas de refus, il saura bien la contraindre à les payer. Au retour des envoyés, le conseil communal s'assemble; la demande du seigneur est considérée comme extravagante et folle, et chaque membre ne craint pas d'apposer sa signature au bas de la lettre dont voici la teneur.

« Monsieur le comte — le conseil qui connait
» vos prétentions, les trouve fort étranges et tout-
» à-fait inadmissibles. En vue de votre entrée à Es-
» palion, l'autorité avait fait préparer comme par
» le passé un logement dont vous n'avez pas voulu
» profiter. A qui la faute, nous vous le demandons?
» La ville n'est-elle pas entièrement quitte envers
» vous sur ce point? Si la menace dont vous avez
» fait accompagner votre demande venait à recevoir
» le moindre commencement d'exécution, soyez-en
» sûr, la ville entière prendrait fait et cause pour
» celui que votre mauvais vouloir essayerait d'attein-
» dre; elle se considérerait, n'en doutez pas, com-
» me blessée dans la personne d'un de ses ha-
» bitans ».

Celui qui voudra suivre le développement successif de nos libertés par l'étude patiente des titres originaux, celui-là devra sûrement s'attendre à éprouver de très vives émotions. Si dans son cœur, libre de tout préjugé, brille une seule étincelle d'amour pour la vraie liberté, de cet amour qui n'est, à le bien prendre, que le désir trois fois saint du triomphe de l'ordre ici bas; oh! alors, soyez-en convaincus, l'énergique et persévérante lutte de nos devanciers étreindra son âme d'un irrésistible enthousiasme; et s'identifiant tout-à-fait avec eux, oubliant que les jours d'épreuve sont passés il désirera aussi ardemment que nos pères le succès de la bataille dont l'indépendance est l'enjeu; disposé comme eux encore à tout sacrifier pour l'assurer à jamais.

Soyons justes : si des droits éternels, trop longtemps méconnus, triomphent aujourd'hui; si ceux prétendus légitimes, d'une foule de petits tyrans, ne sont pour nous qu'un souvenir des temps barbares qui les enfanta et les vit se développer, reconnaissons que toutes ces précieuses conquêtes sont l'œuvre immortelle de ces vils roturiers, comme on les appelait dédaigneusement, contre lesquels leurs dominateurs n'avaient pas d'insultes assez outrageantes, et pour lesquels nous n'aurons jamais au cœur, nous qui jouissons chaque jour à présent des fruits de leurs nobles et pénibles efforts, une assez vive reconnaissance.

Les Consuls.

Au premier rang de ces valeureux soldats de la liberté, il faut d'abord placer les consuls, dont l'institution remonte à 1266. Les fonctions de ces magistrats communaux n'étaient autres que celles du maire de nos jours; mais pourtant avec cette différence énorme qu'il fallait pour remplir les premières s'exposer journellement aux plus dangereux périls, ce qui, grâce au ciel, n'a plus lieu aujourd'hui. Les passages fréquens de troupes indisciplinées; la peste, pour ainsi dire, endémique autrefois dans le pays; les voyages nombreux qu'il fallait faire dans l'intérêt de la communauté; le mauvais vouloir du seigneur; l'audace de ces agens, en général trop bien disposés à épouser son animosité contre la ville; les rixes qui se renouvellaient souvent entre les habitans de la commune et la garnison du château de Calmont; les querelles de ce même seigneur avec d'autres seigneurs ses voisins; tous ces faits étaient pour les consuls autant d'occasions des plus dangereuses, et qui exigeaient de leur part un dévouement absolu aux intérêts de la communauté. Cette qualité, ou mieux cette vertu si précieuse brilla chez eux du plus vif éclat; et, sauf quelques très-rares exceptions, Espalion n'eut jamais qu'à se féliciter de ses choix.

Il nous serait aisé dès à présent de prouver par une foule de citations combien les temps étaient critiques pour nos premiers magistrats : chaque mois presque voyait se produire des faits qui compromettaient gravement leur vie. Nous nous bornerons ici au rapport de deux seulement. Dans plusieurs des récits qui suivront, le lecteur trouvera d'autres témoignages à l'appui.

Premier Fait.

En l'année 1426, Antoine de Castelnau, dont le règne seigneurial fut un des plus longs, avait établi, au mépris des accords jurés, sa cour de justice à Saint-Côme. Cette cour devait siéger, ainsi que cela s'était pratiqué jusqu'alors, au point milieu du pont d'Espalion, ou bien en tout autre endroit de la ville, mais jamais hors de ses murs. Un beau jour de la susdite anneé, Bernard Benezech, l'un des deux consuls, reçoit une invitation fort honnête à comparaître devant elle. Au dire du seigneur, qui avait lui-même mandé venir le magistrat, il s'agissait d'y traiter d'affaires intéressant à un haut degré la communauté. Notre consul, bon homme s'il en fut jamais, pas plus méfiant en cette circonstance qu'en mainte autre, malgré les dures leçons du passé, se met sans plus de retard en route, seul et sans armes, se félicitant peut-être intérieurement de pouvoir contribuer à la conclusion de quelque bonne affaire pour la ville. Il part donc; mais qu'arriva-t-il : Benezech venait de franchir la petite rivière de Boraldes, quand tout-à-coup deux individus armés jusqu'aux dents, à la physionomie farouche et aux allures décidées, lui barrent brusquement le passage, et lui demandent, le poignard sur la gorge, s'il n'est pas l'un des consuls d'Espalion. Sur sa réponse affirmative, il est saisi violemment, accablé d'injures, roué de coups, et, les mains liées derrière le dos, attaché, comme un veau destiné à l'abattoir, sur une mauvaise monture que les assassins avaient emmenée afin d'accomplir plus expéditivement leur criminel dessein. Benezech ignorant la qualité des agresseurs, qui avaient pris la précaution de se déguiser, avait d'abord tenté d'opposer la force à la force, mais ce fut en vain. Ses énergiques protestations ne lui réussirent pas davantage; il fallut se résigner à tout événement. Les deux hommes armés, dont l'apparition avait été si brusque et l'attaque si résolue, étaient des gens du seigneur, et envoyés par lui avec les instructions nécessaires pour cet audacieux coup de main. L'histoire qui a conservé leur nom, les appelle *Lapierre* et *le Trouvé*, deux noms de scélérats au premier chef, dignes vraiment de passer à la postérité au même titre que celui de leur infame maître.

Le malheureux Benezech tout meurtri, et dans une position à la fois pénible et dangereuse sur sa monture, fut conduit par des chemins détournés, étroits et profonds, impraticables en partie, au château de Mandailles, et déposé dans le cachot de la tour. Trois jours durant il y fut en butte aux douloureux traitemens que peut inventer une âme haineuse, tandis que ses parens et ses amis, dans l'ignorance de ce qu'il était devenu, souffraient des cruelles angoisses de l'incertitude. Sa vie plus d'une fois y fut sérieusement menacée. Et sans la crainte du roi et du parlement qui se rangèrent à peu près toujours du côté du peuple contre les seigneurs, le misérable Antoine de Castelnau aurait sacrifié le pauvre vassal à son implacable vengeance.

Second Fait.

Dès les premières années du quatorzième siècle, le château de Calmont cessa d'être la résidence ordinaire du seigneur. Par des motifs qu'il est inutile de rechercher, Castelnau de Bréthounous, dans le quercy, et la maison seigneuriale de Saint-Côme furent préférés au vieux manoir, bien que sa position cependant fut à la fois agréable et sûre *. Huit soldats sous les ordres d'un chef eurent mission de le garder.

En 1664, le sieur Blancard commandait cette troupe, trop peu nombreuse sans doute pour inspirer la moindre crainte aux Espalionais, si elle n'eut joint au désir incessant de nuire, l'audace qu'inspire toujours à un homme déjà mal intentionné,

---

* Le château de Calmont-d'Olt fut bâti antérieurement à l'an 1000 sur une montagne de formation volcanique. la nature et l'art s'étaient donnés la main pour en faire une demeure inexpugnable. Il reposait sur d'énormes basaltes dressés à pic qui en rendaient les abords très-difficiles. Tout autour régnait une enceinte d'épaisses murailles crénelées, protégées elles-mêmes par huit bastions circulaires et voutés, et percés chacun de plusieurs meurtrières. On remarque de plus sur quelques points, au dehors de l'enceinte, des murs de plus d'un mètre d'épaisseur, formant des terrasses disposées en amphithéâtre, et qui devaient ajouter singulièrement à sa défense. Les deux parties principales du château proprement dit consistaient en deux tours, l'une très-haute au couchant où se trouvaient les appartemens du seigneur, l'autre à l'est, avec un revêtement de pierres de grès ; c'est là que logeait la garnison. Sous chaque tour on avait ménagé un cachot obscur, humide et profond, où ceux-là même qui avaient élevé tout cet amas de constructions formidables, vinrent tour-à-tour pleurer et gémir dans les angoisses de la solitude et de la douleur.

l'espoir trop souvent fondé d'une impunité scandaleuse. Blancard, vieux soldat de la régence et témoin des premières armes du grand roi, avait contracté au sein de nos discordes civiles un caractère brutal et hautain parfaitement au gré du seigneur. Il fallait à celui-ci, en effet, qu'on nous passe le mot car il est juste, des hommes de sac et de corde, peu ou plutôt point soucieux des droits d'autrui, inaccessibles à la pitié, et habitués par une longue série d'actes coupables à braver de gaîté de cœur la réprobation et l'exécration publiques. Sous tous ces rapports, nous le répétons, le capitaine répondait admirablement aux vœux du maître. Le trait qui suit, du reste, le prouve péremptoirement.

La garde des clefs de la ville revenait aux consuls comme chargés de la police. Blancard prétendait, au contraire, qu'il n'appartenait qu'à lui seul d'en être le dépositaire. Rien, à la vérité, ne justifiait une aussi étrange prétention, mais que lui importait? Il voulait, c'en était assez pour constituer un droit légitime à ses yeux. Un jour que Pierre Ayral, premier consul, était occupé dans sa grange, au quartier Saint-Sauveur, le capitaine, qui pour lors habitait Espalion, lui dépêcha le nommé *Lapierre*, soldat du château, avec mission de réclamer impérieusement la livraison immédiate des clefs. Le soldat obéit; mais la réponse du consul fut ce qu'elle devait être : — « Je n'ai pas de clef à vous remettre ; au surplus, dites à celui qui vous envoie que d'ici à peu j'aurai en une explication avec lui.

On se fait aisément une idée des impressions que dûrent produire ces paroles sur un homme de la trempe de Blancard. En apprenant le refus du consul, sa fureur devint extrême, et les injures et les menaces qu'il proféra furent en parfaite harmonie avec elle. Mais comme il n'était pas homme à trouver suffisante une telle manière de se venger, il ceignit vite son épée, prit ses deux pistolets, et courut, suivi de Lapierre et d'un autre soldat, tous deux armés comme lui, se porter au devant de son adversaire. La rencontre eut lieu devant l'église paroissiale. — Est-il vrai, dit le capitaine au consul, que tu t'obstines à vouloir garder les clefs? — Oui, répond fermement celui-ci, c'est mon droit, et Dieu me garde d'y renoncer jamais! — A ces mots du courageux magistrat, les injures et les coups pleuvent sur lui. Seul contre trois, il ne peut qu'opposer une faible résistance. En un instant ses habits sont en lambeaux, et lui-même tout couvert de sang et de boue, étendu aux pieds de ses ennemis. Blancard et Lapierre tirent l'épée et veulent le percer, mais le troisième les arrête en leur disant : — n'usez pas de vos armes, les étrivières et cent coups de bâton sont tout ce qui convient à ce chien, à ce scélérat de consul. — Le malheureux Ayral eut infailliblement péri si quelques habitans accourus au bruit d'une attaque aussi subite qu'audacieuse, après l'avoir dégagé des mains de ces forcenés, n'eussent favorisé sa retraite jusque dans sa maison.

Là ne se borna point cette criminelle tentative : Blancard et ses deux dignes ministres, contrariés dans leurs mauvais desseins, se mirent à la poursuite du consul, proférant toujours contre lui des menaces de mort. Certes, il ne dépendit pas d'eux qu'ils ne les réalisassent. Pierre Ayral, à qui le sentiment du devoir parlait bien plus haut que celui de la conservation, ne resta chez lui que le temps nécessaire pour revêtir les insignes du consulat; croyant en imposer sous ces dehors de l'autorité, il reparut aussitôt dans la rue. Rien n'y fit : plus que jamais Blancard était disposé à en finir avec l'homme qui avait osé lui résister en face. Grâce cependant à la foule protectrice, les jours du consul furent encore une fois préservés. Le capitaine alors, voyant ses efforts inutiles pour ressaisir sa proie, s'introduisit de force, suivi des siens, dans une maison voisine, et courut se placer aux croisées qui dominaient la foule, bien décidé à décharger sur le consul ses deux pistolets. Celui-ci avait deviné cet infernal projet. L'avancement sur la voie publique de la maison même où se trouvaient les trois malfaiteurs, le protégea contre ce nouveau danger. Bientôt après il put arriver sans plus de dommage au lieu habituel des réunions du conseil communal, où se rendirent ensuite la plupart de ceux qui en faisaient partie. La conduite du capitaine y fut traitée comme elle le méritait; et à l'unanimité des suffrages il fut décidé que le coupable serait immédiatement poursuivi aux dépens de la communauté.

Les poursuites judiciaires étaient une arme dont la ville fit souvent usage, mais sans en obtenir toujours les résultats qu'elle pouvait espérer à bon droit. Ce fait est surabondamment prouvé par la conduite des serviteurs du château, qui ne se lassèrent jamais de se montrer tracassiers et violens à son égard. On eut dit que l'impunité, quoi qu'ils fissent, leur était acquise d'avance. Nous n'oserions affirmer du reste que ces tyrans subalternes ne se prévalurent pas, pour commettre le mal, de l'influence du seigneur sur certains tribunaux. Sous le rapport de l'influence en pareil cas, la ville ne pouvait aller de pair avec lui; ce qui nous remet en mémoire ces deux vers de Lafontaine :

> Selon que vous serez puissant ou misérable,
> Les jugemens de cour vous rendront blanc ou noir.

V.

ADMINISTRATION COMMUNALE.

(SUITE.)

Les Consuls.

Espalion avait deux consuls. Bien que l'un et l'autre reconnussent la même origine et fussent investis d'une égale autorité, il y avait cependant entre eux quelque différence. Le premier de ces magistrats, toujours plus instruit, possédait à un plus haut degré que son collégue la pratique des affaires; c'est lui qui prenait ordinairement la parole au sein du conseil communal, et qui représentait au dehors la ville auprès des personnes appartenant par leur emploi ou leur rang aux premières classes de la société. La charge des consuls était annuelle, mais ils pouvaient être réélus, après toutefois un intervalle d'un an. Leurs attributions consistaient dans l'administration pleine et entière de la police; dans la nomination, de concert avec le conseil communal, d'un préposé aux portes durant les temps de paix; de deux ou trois sonneurs des cloches, autrefois presque constamment en branle, des trois églises de la paroisse, Perse, Saint-Sauveur et Saint-Jean; dans la mise aux enchères, au profit de la caisse communale, du droit attribué à une seule personne de voiturer en ville les denrées et les marchandises nécessaires à la consommation ou au travail industriel; dans la surveillance des écoles publiques et de l'hospice dont ils étaient les patrons. Ils poursuivaient en outre au nom de la commune les nombreux procès qu'elle avait à soutenir. Mais chacun de leurs actes tant soit peu important, devait préalablement être soumis à l'approbation du conseil; d'où la nécessité des convocations fréquentes.

On comprend très-bien que la promotion à cette magistrature, la première de la localité, devait se faire dans des formes assez solennelles. Voici de quelle manière on y procédait. Chaque chef de famille prenait part à la nomination : la coutume avait. le bon goût de n'exclure aucun de ceux qu'intéressait la gestion des affaires publiques ; c'est assez dire que l'absurde condition du cens n'avait pas encore été imaginée. Les choix, certes, n'en étaient pas moins bons pour cela. Sur l'ordre des consuls, le messager ou sergent-de-ville prévenait domiciliairement les électeurs. Ceux-ci se rendaient le vingt-trois juin, veille de la Saint-Jean-Bapliste, dans l'église paroissiale; là, après une messe du Saint-Esprit célébrée avec toute la pompe désirable, commençait l'opération électorale. Le premier consul proposait quatre candidats à l'assemblée. Cette proposition se faisait par la remise d'un billet ou *tillet*, sur lequel étaient écrits les noms, prénoms et qualités des quatre candidats. On allait aux voix, et la majorité relative des suffrages désignait le remplaçant. Le second consul faisait ensuite une semblable proposition, et l'assemblée se prononçait également de la même manière.

Pendant près de deux siècles, les consuls ne se distinguèrent des autres habitans par aucun signe extérieur particulier. Ce fut en 1447 qu'ils désirèrent affubler la robe et le chaperon de drap moitié rouge, moitié noir ; probablement afin de réhausser aux yeux de leurs administrés l'autorité consulaire, ou peut-être encore pour donner satisfaction à l'amour-propre, qui proposait à leur imitation l'exemple des consuls des localités voisines. Dans ce but donc ils adressèrent une demande très-bien motivée à Charles VII qui, par lettres patentes datées de Bourges, du dernier de juillet de la même année, obtempéra à leurs désirs. Le Seigneur Antoine de Castelnau, qui trouvait déjà trop grande l'influence de ces magistrats, prit ombrage de cette innovation et agit de son côté auprès du parlement de Toulouse, dans le ressort duquel la baronie se trouvait placée, pour obtenir des lettres de révocation. Elles lui furent accordées le vingt-neuf août 1448. Les consuls de cette année, Amans Benezech et Etienne Triadou, forts de l'assentiment royal, et ne considérant pas leur cause comme trop compromise, se disposèrent résolument à subir les chances d'un long et ruineux procès. L'affaire fut d'abord portée devant le lieutenant du juge de Sévérac. Celui-ci ne se croyant pas la capacité nécessaire pour juger entre des parties aussi puissantes, les renvoya devant le juge lui-même à Villefranche. Les débats prirent plusieurs années sans toutefois avancer beaucoup la question. Une enquête contradictoire fut ordonnée. Elle eut lieu selon les usages d'alors en plein air sur la place du *Griffoul*. C'est dans l'une des dépositions reçues à ce propos, qu'il est dit que les armoiries de la ville consistent en deux lions rouges armés d'une épée, et qu'elles ont été données par Charlemagne. Après l'enquête intervint un arrêt du parlement tout à l'aventage du seigneur, qui se hâta de le faire mettre à exécution [*]. Les chaperons furent mis en lambeaux et brûlés en présence de la foule sur la place que nous venons de nommer, sous les yeux d'un commissaire député tout exprès pour y assister. Les dispositions hostiles du Seigneur ne changeant pas, les consuls eurent recours à l'argent pour tacher de se les rendre favorables. — *La clef du coffre-fort et des cœurs ; c'est la même.* — Ce moyen qui leur avait toujours réussi, n'échoua pas cette fois ; et dès 1528 ils purent revêtir le costume tant souhaité.

« *Play à mondit senhor donnar licentia et conged*
» *et doña de presen alz cossols, manentz et habi-*
» *tantz de ladita villa d'Espalieu, que lous dits*

---

[*] Toutes les pièces de ce procès forment un grand beau volume manuscrit sur parchemin, couverture en bois, qui fait partie des archives de la commune. La ville l'acheta le dix-sept avril 1653, du sieur Sabrier, Guilhaume, docteur et avocat, pour le prix de deux pistoles et demie. Nous en avons extrait entre autres choses les lettres de concession du roi Charles VII, lettres qu'on trouvera dans leur entier au dernier chapitre.

» *cossols de ladita villa puescou fayre et portar*
» *cappayrous et raubas mipartitz de roge et de*
» *noir, et poyran uzar dels cappayrous tant so-*
» *lamen et de las raubas quant lour playra, à*
» *lour libertat.* » Cependant ils furent forcés de renoncer, au moins temporairement, à ce costume en 1563 : les dépenses qu'il occasionnait (plus de soixante livres à chaque consul) étant trop lourdes pour une communauté dont les revenus propres ne faisaient pas une somme de cent livres.

Après la division de la taille *octroyée au roi*, le vingt-trois octobre 1538 par les états du Rouergue réunis à Villefranche, il fut arrêté entre les représentans des divers membres de la baronie de Calmont-d'Olt, que dorénavant un consul d'Espalion et un autre de Saint-Côme se rendraient tous les ans aux états aux frais de la baronie. Avant cette époque le gouverneur l'y représentait; mais sa dépendance du Seigneur inspirait peu de confiance, et d'ailleurs ses droits de représentation coûtaient beaucoup trop cher.

Jusqu'en 1685, l'élection des consuls et celle de quelques autres fonctionnaires communaux eurent lieu régulièrement la veille de la saint Jean-Baptiste. Cette année là, par ordonance royale du sept août, les Espalionais durent renoncer à un usage pratiqué depuis plus de quatre cents ans, et procéder à la nominatiou de leurs mandataires le premier dimanche de septembre. Peu d'années après, le jour de l'élection changea encore ; il fut définitivement fixé au premier janvier de chaque année. Là ne se bornèrent point les changemens introduits par le grand roi dans l'administration de la communauté. Vers 1705, il créa l'office de maire, dont l'investiture obligeait dans le principe au paiement de six cents livres. Sur la demande de la municipalité, les fonctions de maire purent être exercées par le premier consul, mais cette combinaison ne dura pas longtemps, l'autorité du second consul primitivement égale à celle son collègue, nous l'avons dit, s'affaiblit dès lors sensiblement; il n'en restait plus la moindre trace en quatre-vingt-neuf. Le maire administrait la commune, aidé de quatre personnes de son choix, auxquelles on donnait indifféremment le nom de *Conseillers politiques* ou de consuls. Ici se place fort naturellement, à propos de ces magistrats secondaires, une petite anecdote qui pourra plaire au lecteur.

Le sieur Ayral, l'un des derniers maires de l'époque antérieure à la révolution, avait choisi pour adjoints quatres personnes peu capables de le seconder dans sa tache. Dans ce même temps Bonneval nourrissait sous ses voûtes dégénérées un moine plus spirituel que pieux, à qui cette quadruple nomination ne convenait guère : car il ne laissait échapper aucune occasion de la ridiculiser aux yeux de tous. Un jour que le réfectoire du monastère voyait s'ébattre de nombreux convives autour d'une table somptueusement servie, l'esprit, grâce au vin des meilleurs crûs, ne cessait d'égayer la bruyante assemblée. Notre moine, plus docile aux conseils du bon Horace qu'aux salutaires prescriptions de saint Benoît, avait trouvé dans de fréquentes et abondantes rasades un surcroît de spirituelle malice. Entre la poire et le fromage, comme on dit, l'épigramme coulait de ses lèvres avec même facilité qu'un verre de champagne dans son estomac. Malheur aux absens ! Les conseillers-politiques ne furent point épargnés ; encore moins celui qui les avait élus. Mais de tous les traits qui amusèrent beaucoup les convives, le plus goûté fut sans contredit le suivant :

> Caligula, grand empereur,
> Fit son cheval consul de Rome;
> Mais Ayral, notre gouverneur,
> A fait bien plus que ce grand homme,
> Car il a créé d'une voix.
> quatre ânes consuls à la fois.

Les Conseillers.

Dans les premiers temps de leur création, les deux consuls suffisaient et de reste aux exigences de leur charge. Le seigneur dans ce temps-là et ses délégués prenaient une part très-active aux affaires de la communauté. A mesure que cette part s'amoindrit, les fonctions consulaires devinrent de plus en plus laborieuses. Il arriva un moment où la nécessité de donner des adjoints à nos premiers magistrats se fit impérieusement sentir. Dès lors furent élus quatre conseillers. Ce nombre resta toujours le même, à l'exception toutefois des temps de peste, où les affaires ordinaires se compliquaient de tous les tracas inséparables de la présence du fléau, souvent très-meurtrier. Les consuls à la cessation de leur charge devenaient conseillers de droit, ce qui réduisait à deux annuellement les élections d'adjoints à faire. Ces élections avaient lieu en même temps et de la même manière que celle des consuls. On y procédait comme suit : les deux conseillers élus l'année précédente proposaient chacun deux personnes pour les remplacer. Dans ce cas ci encore la proposition avait lieu par écrit

L'assemblée allait aux voix, et les nominations étaient faites à la majorité des suffrages.

Les Prud'hommes.

On a déjà vu que le *Ban* date de 1266. Le rôle du *Bannier*, c'est ainsi qu'on appelait la personne qui était chargée du *Ban*, n'était pas tout-à-fait celui du garde-champêtre de nos jours. Il avait de plus dans ses attributions le prélèvement de certains droits que ne spécifient aucune des compositions passées entre la ville et le seigneur. A partir de 1341, la charge de bannier fut donnée aux enchères, sur la place que nous avons souvent nommée. Le juge, son lieutenant ou le procureur fondé du seigneur faisait les criées en la présence indispensablement nécessaire des consuls. La somme payée par le plus offrant était également partagée entre la ville et le baron. Voici, dans le langage de l'époque, l'avis pour l'afferme du *Ban*, qu'on affichait à chaque coin de rue, et dont un prêtre donnait en outre connaissance au prône de la messe paroissiale.

« Auziats que vos fam assaber de part de mos-
» senhor de Calmont, que totz homs que vuelha

» comprar aquest an propdanamen venen lo Ban
» d'Espalieu et de las pertinencias, venha lo pre-
» mier dimergue del mes de mars, per davan lo
» bayle ho son luoctenen els cossols del dich luoc
» d'Epalieu, en la plassa de la dicha viala appe-
» lada al Griffol, per arrendar lodich Ban e l'émo-
» lumen d'aquel, quar hom lhi penra dichas, so
» es saber lo bayle o sou loctenen, o lo procurayre
» del dich senhor de Calmon els cossols davan
» dichs. »

Le Syndic de l'hospice et celui des Consuls.

La création du Ban donna naissance aux prud'-
hommes, dont la charge consistait à terminer les
différens qui s'élevaient à son sujet. Ces fonctionnaires d'une utilité reconnue, étaient au nombre
de deux pour chaque paroisse de la baronie. A Espalion ils étaient élus dans les mêmes formes et en
même temps que les consuls et les conseillers.

Après les nominations dont nous venons de parler, on procédait à celle de deux syndics. Nous parlerons plus loin du syndic de l'hospice. Quant au
syndic des consuls, c'était tout simplement un notaire de l'endroit, chargé à la fois de la rédac-

tion de beaucoup d'actes de procédure dans les procès que la ville avait à soutenir, et de la tenue des registres affectés aux délibérations du conseil communal. Cette charge, à la différence des autres, pouvait être conférée à vie.

Ces diverses élections terminées, les élus étaient admis au serment qui, pour être valable, devait être reçu par le seigneur ou son fondé de pouvoirs. Dans les temps de lutte entre la ville et le château, celui-ci, par un motif d'hostilité, se refusait à le recevoir. Dans ce cas la communauté avait recours au sénéchal qui ne refusa jamais un commissaire afin de remplacer valablement le seigneur. En 1594, par exemple, ce recours de la ville étant devenu nécessaire, M. de Saint-Venza, sénéchal et gouverneur au pays de Rouergue, dépêcha M. de Bouges, docteur-ès-lois, pour recevoir le serment. Nous croyons devoir rapporter ici quelques passages du procès-verbal de ce commissaire :

« L'an 1594 et le vingt-sept juin, heure de mi-
» di, en la ville d'Espalion et église Saint-Jean-
» Baptiste, pardevant nous Pierre de Bouges, etc.,
» se sont présentés Pierre Pétiot et François Le-
» tellier, marchands, consuls de ladite ville l'an-
» née passée, lesquels ont dit et narré que suivant

» la bonne et louable coutume de tout temps obser-
» vée en ladite ville, que la veille de la fête Mon-
» sieur Saint-Jean-Baptiste, ont accoutumé faire la
» nomination et élection de deux consuls, de deux
» conseillers, un syndic de l'hôpital et deux prud'-
» hommes; et ladite nomination et élection faite,
» les présenter à M. le baron de Calmont, seigneur
» de ladite ville, pour lui bailler le serment; ou
» en son absence à ses officiers. Suivant lequel pri-
» vilège et liberté, ils auraient procédé à leur dite
» nomination et élection des personnes de Mᵉ Pier-
» re Sabrié, notaire royal, d'Antoine Ayral, mar-
» chand, pour consuls; Jean Dumas, bourgeois, et
» François Bley, marchand, pour conseillers; An-
» toine Ayral, syndic et administrateur de l'hôpi-
» tal; gens de bien et dignes de telles charges ;
» et comme tels, auraient été, ci-devant présentés à
» Mᵉ Jean de Fleyres, juge de ladite baronie, le-
» quel sans propos ni raison, aurait refusé leur ad-
» ministrer le serment requis; ensemble les autres
» officiers du seigneur, auxquels ont été faites pa-
» reilles et semblables réquisitions. Et vû leur re-
» fus, pour éviter les éminens dangers de ladite
» ville, par délibération d'icelle, auront été con-
» traints d'avoir recours audit sénéchal de Saint-
» Venza, et lui présenter requête, à ce qu'il fut

» de son bon plaisir d'enjoindre audit de Fleyres,
» juge, procéder promptement à ladite réception et
» administration dudit serment, en refus, commettre
» ladite réception au premier magistrat gradué.....
» et par nous, dit de Bouges, commissaire, après
» avoir reçu ladite commission, avons offert procéder
» au fait d'icelle, et ce faisant, ordonner que lesdits
» Sabrié, Ayral, consuls, autre Ayral, marchand,
» syndic de l'hôpital, Dumas et Bley, conseillers,
» prêteront devant nous le serment en tel cas
» requis.

» Et présentement leur ont été exhibé les saints
» canons de la messe et grande croix de ladite égli-
» se au-dessus, lesquels s'étant mis à genoux, les
» deux mains posées sur lesdits saints canons et
» croix, ont tous univoquement, l'un après l'au-
» tre, promis et juré de bien et fidèlement régir et
» administrer les affaires et négociations de ladite
» ville et république; procurer le profit et l'utilité
» d'icelle, ensemble conserver leurs privilèges, et
» et les droits dudit seigneur, baron de Cal-
» mont, etc. »

Cotisateurs et auditeurs des Comptes.

Sous le rapport financier, la baronie de Calmont-d'Olt, faisait partie de la généralité de Montauban, où résidait l'intendant général de la justice, de la police et des finances. Pour cette dernière branche de l'administration, l'intendant était représenté par un délégué résidant tantôt à Rodez, tantôt à Milhau, et dans les mains duquel il fallait à des époques déterminées, verser le montant des impositions *réales* ou royales.

Dès que la *mande*, c'est-à-dire la sommation d'avoir à payer la somme fixée par les états du Rouergue, parvenait à Espalion, un prêtre, du haut de le chaire, en donnait avis aux habitans avant le prône de la messe paroissiale. Au jour indiqué les chefs de famille s'assemblaient et procédaient à la nomination de cinq *cotizateurs et auditeurs des comptes*, nombre correspondant aux cinq quartiers de la ville : la rue Droite, la rue Méjanne, la rue du Plô et ses dépendances, le Moulin et la Grave. Il était expressément défendu de porter son choix sur des parens ou alliés des fonctionnaires comptables. Le titre de ces élus du peuple fait assez connaître la nature de leur charge. Après avoir reçu les comptes de ceux que les règlemens obligeaient à en rendre, ils procédaient, aidés des consuls et de leurs conseillers, à la répartition des tailles. Et à propos des tailles, qui de tout temps ont été la branche principale dans l'administration des états, on nous permettra quelques détails.

La part contributive de chaque membre ou arrondissement de la baronie, était représentée par un ou plusieurs *feux*, dont la valeur variait suivant la quotité de la somme imposable. Le feu se divisait en demis, tiers et quarts, ou bien en cent *bellugues*. D'après les travaux qui furent faits en 1666, par ordre du ministre Colbert, la baronie se trouvait imposée pour quatre-vingt-deux feux. Espalion demanda un dégrèvement de la portion à sa charge, mais les autres membres de la baronie, Saint-Côme, notamment, mirent tout en œuvre pour empêcher qu'Espalion prouvât son trop allivré. Leur opposition n'aboutit pas, et cette dernière localité fut déchargée. Voici quelle était à cette époque la base de répartition pour chaque membre.

Espalion, 20 feux, 92 bellugues. — Saint-Côme, 20 feux, 1/3 et 31 bellugues. — Bieunac, 2 feux. — Alayrac, 2 feux 1/3. — Les Bosses, 1 feu 1/3. — Aunac, 4 feux, 15 bel. — Castelnau, 12 feux, 46 bel.

— Mandailles, 9 feux, 34 bel. — Flaugeac, 3 feux. — Roquelaure, 3 feux. — Les Chungs, 1/2. feu. — Calmont, 2 feux 1/4, 7 bellugues.

Les diverses cotes particulières étaient exprimées en deniers, mailles et pogèzes. Le denier valait deux mailles, la maille deux pogèzes, et celle-ci se divisait en demis, tiers et quarts. La valeur du denier dépendait non-seulement du total de la taille, mais encore de la nature de la matière imposable, et de la valeur relative de cette matière. On distinguait le denier du possessoire, celui du meuble et de l'industrie, et le denier forain. En 1580 le premier avait une valeur de trois sous huit deniers; le second, de cinq sous quatre deniers; le troisième de sept sous six deniers. Ajoutons qu'en 1535, la taille *réale*, pour Espalion, se portait à trois cent vingt-trois livres, quinze sous, sept deniers.

Les cotizateurs et les auditeurs des comptes étaient tenus de prêter serment avant d'entrer en fonctions entre les mains des consuls. Pendant toute la durée de leur travail, ils étaient nourris en même temps que leurs coopérateurs aux frais de la communauté. Mais que les temps sont changés! En 1554, chacun de leurs repas était estimé trois sous. Trois sous pour huit, dix et quelquefois douze personnes! et dans cette estimation était comprise la dépense en bois, chandelles et autres *compendi* de maison. Les travaux étant terminés, la levée des deniers était donnée à l'adjudication et au rabais. Ordinairement, le taux de l'adjudication était de six liards à deux sous par livre. S'il ne se présentait pas d'adjudicataire, les consuls demeuraient chargés d'effectuer les rentrées, ce qui arrivait fréquemment. De là est venu l'expression patoise de *Couossoul* (consul), dont on se sert encore dans le pays pour désigner le percepteur; qu'on appelait aussi collecteur ou exacteur des deniers publics.

Le Sergent-Bannier. — Le Conseil communal.

Pour compléter ce tableau de l'administration municipale, disons quelque chose du *sergent-bannier* d'abord, puis du conseil communal. Le sergent-bannier était le messager ou serviteur des consuls, chargé de faire les affiches, les proclamations, tous les actes, en un mot, qui sont aujourd'hui du ressort du sergent de ville. Sa nomination dépendait de ceux dont il était le subordonné immédiat; toutefois le choix des consuls devait être approuvé par le conseil de la communauté. Le costume de ce subalterne différait de celui qu'avaient adopté nos premiers magistrats en ce que la robe était de cadis bleu, et le chaperon moitié vert, moitié bleu. Le bas prix des étoffes nécessaires pour ce costume, permit de ne pas le supprimer. Au temps où il était d'usage d'avoir un prédicateur étranger, un Dominicain dans le principe, plus tard un père Jésuite, pour prêcher l'avent et le carême, les consuls, hommes de foi par-dessus tout, et qui comprenaient la grande autorité de l'exemple surtout en matière religieuse, ne se dispensèrent jamais d'assister aux sermons. Pendant le temps du saint exercice, le sergent-bannier en grande tenue, la pique en main et l'épée au côté se tenait respectueusement debout devant le banc qu'ils occupaient. Avant d'entrer en charge, il prêtait serment entre les mains des consuls.

Le conseil communal, ainsi que nous l'avons déjà dit, se composait de tous les chefs de famille sans en excepter aucun. L'indication du jour, et pendant long-temps celle du lieu des réunions, étaient portées à la connaissance de chaque membre à domicile par le sergent-bannier, ou bien quelquefois par un prêtre, à l'église paroissiale. Le premier consul et en son absence le second les présidait. Durant de longues années après l'octroi de la constitution communale, le seigneur fut représenté à ces assemblées par un de ses hommes. C'était là, il faut en convenir, une présence gênante à l'excès pour nos pères, dont les intérêts furent si souvent opposés à ceux du maître. Aussi s'en affranchirent-ils le plus tôt qu'ils le purent.

Trois siècles durant, nos bons aïeux, de la simplicité desquels il ne reste plus de trace parmi nous, surent se passer de maison commune. Les réunions, quel qu'en fut l'objet, se tenaient indifféremment dans l'*ouvroir* ou boutique de l'un des consuls, dans l'église paroissiale, ou bien sur les places publiques ; et même lorsque la ville se trouvait sous l'influence de la peste, ce qui arrivait fréquemment, elles avaient lieu hors des murs dans un pré voisin. La vaste prairie faisant naguère partie du beau domaine de *Pradis*, était souvent préférée à toute autre.

Le vingt-un septembre 1574, la ville acheta, moyennant quatre-vingt-dix livres tournois, de Pierre Assezat, marchand de Toulouse, fils d'autre Pierre, notaire d'Espalion, le *Cazal*, situé au haut de la rue Méjanne, confrontant d'une part avec ladite rue et *la place du Puits*, d'autre part avec la rue qui va de cette place à celle de Saint-George. (C'est aujourd'hui la maison de M. Girou, négociant) Les réparations nécessaires furent faites immédiatement;

et peu d'années après, la ville avait là ses archives, ses armes de défense et ses munitions, une vaste salle pour les séances du conseil, et, au rez-de-chaussée, les boucheries et le poids public. Plus tard, lorsqu'elle eut fait l'acquisition du bâtiment que nous nommons le *Tribunal*, et dont nous allons bientôt parler, elle y fixa les réunions du conseil, qui s'y tinrent jusqu'à la création des tribunaux de première instance.

VI.

EDIFICES PUBLICS.

Nous ne prétendons pas donner ici sous ce titre la description de monumens dignes d'un intérêt du premier ordre; personne d'ailleurs ne s'y attend. Espalion n'ayant jamais eu comme ville une très-grande importance, n'a pu en aucun temps s'embellir par la construction d'édifices remarquables. Les sommes qu'eusssent nécessitées des ornemens de ce genre, n'auraient pu lui venir que du dehors; et il n'est hélas ! que trop certain qu'Espalion ne fixa jamais l'attention des dispensateurs de la manne budgétaire, que pour voir ses minimes ressources diminuer sensiblement chaque année. Mais notre récit sera-t-il pour cela sans le moindre intérêt? Telle n'est pas notre pensée. Nous espérons, au contraire, que nos compatriotes, pour qui nous écrivons presque exclusivement, eux qui sont si profondément attachés au pays natal, liront avec quelque plaisir ces pages consacrées à rapporter son histoire. Mais afin de mettre plus de variété dans nos récits, nous parlerons en même temps et de l'édifice et des faits dignes d'être connus qui s'y rattachent. Outre l'avantage de la variété, nous obtiendrons encore celui de ne pas trop multiplier les chapitres de notre ouvrage.

Perse.

On ignore l'époque précise de la fondation de Perse. Les recherches multipliées que nous avons faites jusqu'ici pour arriver à constater l'âge vrai du monument qui se présente à nos yeux comme le plus intéressant de la localité, ne nous ont rien appris de positif là-dessus. La tradition regarde Charles-Martel comme son fondateur. Nous croyons pour notre compte à son témoignage; mais hâtons-nous de le dire : il nous parait démontré que Perse a partagé le sort de Conques qui, plusieurs fois, s'écroula sous le marteau impie des Vandales; et que notre édifice actuel est une reconstruction élevée au commencement ou vers le milieu du onzième siècle.

Ce qui nous porte d'abord à ne pas rejeter la tradition, c'est, en premier lieu, la certitude de l'existence au même endroit d'une église de Perse, antérieurement à l'an neuf cents ; c'est surtout, en second lieu, la représentation, parmi les figures diverses qui décorent le tympan de la porte principale, d'un personnage à la tête couronnée, et dont les mains tiennent un objet qu'il est impossible de ne pas prendre pour un marteau. Chacun sait à quelle occasion Charles, duc et prince des Français, reçut le surnom de Martel; personne non plus n'ignore qu'il était autrefois d'usage de représenter sur l'une des parties saillantes d'un édifice religieux, le personnage qui en était le fondateur.

Nous avons ajouté que l'église actuelle date du commencement ou du milieu du onzième siècle; on ne peut révoquer en doute cette assertion si l'on considère que jusqu'au dixième siècle inclusivement, les chapiteaux consistent en quelques moulures grossières, ou sorte de corniche sans grâce et sans correction; et que pendant le onzième siècle les chapiteaux sont historiés, à feuillages, mais le plus souvent chargés de figures et de scènes historiques, comme le sont précisément ceux de l'église qui nous occupe. Ce n'est pas tout : plusieurs des soldats représentés sur ces mêmes chapiteaux de Perse, portent de grands boucliers arrondis par le haut et dont le bas se termine en pointe. Or cette forme est précisément celle qu'on vit apparaître vers le milieu du onzième siècle; les archéologues sont à peu-près unanimes sur ce point. Jusqu'alors le bouclier avait été circulaire ou ovale, plus ou moins bombé, et présentant à son centre une protubérance qu'on appelait *umbo* *.

Cette église d'un aspect si gracieux, surtout dans sa partie orientale, reçut d'abord la forme d'une croix latine terminée par une abside semi-circulaire, aux côtés de laquelle s'élèvent deux chapelles de même forme, mais d'une moindre dimension. Nous dirons un peu plus bas à quelle époque et comment cette forme primitive se trouva profondément modifiée. Son orientation est parfaite : les fidèles qui y venaient prier avaient la face tournée vers la contrée qui fut le berceau du christianisme. Ses dimensions, prises à l'intérieur, donnent vingt-cinq mètres environ du levant au couchant ; les trans-

---

* M. Prosper Mérimée, inspecteur des monumens historiques de France a visité Perse en revenant de Conques. Son opinion est la même que la nôtre quant à l'âge du monument.

septs n'en mesurent pas tout-à-fait quinze. L'abside est une partie que les architectes ont traitée avec beaucoup de soins tant au dedans qu'au dehors. Dans la nef la voûte est en berceau renforcée d'arcs doubleaux fort épais. Dans les transsepts seulement les voûtes sont d'arètes et garnies de nervures carrées. Les colonnes, sans être des chefs-d'œuvre d'art, offrent des chapiteaux chargés de sculptures qui ne sont pas sans quelques mérites d'exécution. Ici, ce sont des gladiateurs à pied ou à cheval, armés de l'épée ou de la masse d'armes et du bouclier, qui s'observent attentivement, se mesurent et se préparent évidemment à une lutte des plus acharnées. Là, ce sont deux colombes qui se désaltèrent en plongeant leur bec effilé dans la même coupe. Ailleurs, c'est la personne du Christ, facile à reconnaître au nimbe crucifère, assis au milieu de ses apôtres ou des docteurs de la loi. Il parle, et ses paroles sont écoutées avec la plus religieuse attention. A l'extérieur, les nombreuses colonnettes qui décorent l'abside, au-dessus desquelles règne un cordon de figures fantastiques des plus variées, présentent un aspect qui captive, et que l'archéologue admire long-temps sous l'influence d'une émotion ineffable.

La porte principale, à l'aspect du midi, est pratiquée dans la partie inférieure de l'église. C'est le point privilégié, celui que l'ouvrier prit plaisir à décorer avec le plus de luxe et de magnificence. On y distingue au centre d'un multiple bandeau d'archivoltes ornés avec soin de rinceaux, d'arabesques et de différentes espèces d'enroulemens, d'abord les trois personnes augustes de la Trinité. Viennent ensuite sur un second plan, les apôtres assemblés dans le cénacle et recevant l'esprit vivificateur que Jésus leur avait promis. La vierge Marie est au milieu d'eux. Chaque personnage, à l'exception de la Mère de Dieu, tient dans ses mains un rouleau de parchemin à demi déplié, sur lequel on peut encore lire, à droite et à gauche de la Vierge, les noms de saint Jean, le disciple bien-aimé, de saint Jacques et de saint Pierre. Au-dessous, enfin, sur un troisième plan, on remarque une représentation complexe, par laquelle évidemment l'artiste s'est proposé d'agir sur les imaginations en inspirant une terreur salutaire : nous voulons parler du jugement dernier, du pèsement des âmes, et des supplices de l'enfer.

Au centre de cette scène multiple apparait un cercueil que dominent les deux plateaux de la terrible balance. Des âmes, sous forme de têtes, entassées çà et là, attendent dans l'anxiété la plus vive que leur tour d'être jugées soit venu ; tandis qu'un ange, armé d'un fléau et dominant la scène, s'efforce de maintenir l'ordre, et veille à ce que plusieurs démons qui se pressent à côté de l'instrument d'épreuve, n'enlèvent pas injustement, comme ils paraîtraient vouloir le faire, une part de l'héritage céleste. A droite est Jésus entouré d'anges qui l'adorent ou reçoivent ses ordres. Un oiseau, probablement une colombe, semble l'écouter. Ici comme dans l'église, le Fils de Dieu se reconnaît au nimbe crucifère. Il est assis et tient sur ses genoux un enfant emmaillotté : c'est une âme sans doute qui a été trouvée juste; Jésus qui est la *résurrection et la vie*, l'introudira au séjour d'éternel bonheur. Cette âme est seule, apparemment pour rappeler aux chrétiens ce passage peu rassurant de l'écriture, et très-propre à exciter la ferveur : *Multi vocati, pauci verò electi*. A gauche une gueule énorme de monstre aux dents robustes et acérées, y figure le lieu ou plutôt l'entrée du lieu des supplices éternels. Derrière elle, dans un pèle-mêle effroyable, les damnés et les démons, ceux-ci sous des formes horribles, luttent de désespoir, de rage et de fureur, Tout autour, sur l'archivolte, on remarque trois figures placées sur le même cordon, qui représentent Raphaël, Gabriel, et, selon-nous,

Charles-Martel, le fondateur présumé de l'église. Enfin, au dehors de l'archivolte, à gauche du fronton, on voit trois personnages couronnés qu'il est impossible de ne pas prendre pour les trois mages adorant le Rédempteur enfant assis à côté sur les genoux de sa mère.

En 1471 Perse, qui était l'église paroissiale d'Espalion, fut modifiée dans sa forme primitive par trois chapelles ajoutées à l'édifice du côté du nord. D'après deux inscriptions en caractères gothiques, placées diversement dans deux chapelles différentes, cet agrandissement de l'église fut l'œuvre de deux familles généreuses qui jouissaient à Espalion dans ce temps-là d'une haute considération. Nous voyons, en effet, par plusieurs titres de nos archives, qu'Arnaud de Belloc et Pierre Triadou, chefs de ces deux familles, furent nommés à diverses reprises consuls de la communauté. Pendant long-temps ces inscriptions en langue romane sont demeurées illisibles pour tous ceux qui les ont examinées de près. C'est à tort que l'abbé Bosc, l'un d'entr'eux, a tiré de leur existence la preuve certaine de la grande ancienneté de Perse. Elles n'ont aujourd'hui rien de caché pour nous. La principale des deux, celle qu'on voit sur une face latérale de l'une des trois chapelles, porte :
L'an mil quatre cent soixante-onze et le dix d'avril

Arnaud de Belloc et Flore, sa femme, (Molher) firent la chapelle. La seconde gravée sur une pierre qui forme une clef de voute donne quatre noms propres : *Pierre Triadou, Jeanne, sa femme, Arnaud de Belloc, Flore, sa femme.*

Le style architectonique de la construction nouvelle est tout-à-fait différent de celui qui règne dans le reste de l'église. Persuadé peut-être qu'il ferait mieux, ou bien encore ne croyant pas devoir s'écarter des usages reçus, l'architecte a soigneusement évité de marcher sur les traces de son prédécesseur; et tandis que partout ailleurs se montre le plein-cintre le plus correct, les arceaux, les voûtes et les fenêtres des trois chapelles présentent la forme ogivale la mieux caractérisée.

A l'ouest de l'église, sur le terrain même au dépens duquel le cimetiere vient d'être agrandi, s'élevait jadis un prieuré dépendant de l'abbaye de Conques et soumis à la règle de saint Benoît. Ce bâtiment dont il ne reste plus aujourd'hui de trace, existait encore en 1546, mais inhabitable et dans un état de délabrement très avancé : car à cette époque, la ville ayant à soutenir un procès contre son seigneur, la cour du parlement ordonna, sur la demande des consuls, qu'une enquête serait faite sur les lieux. Afin d'amoindrir le plus possible les influences locales, le commissaire chargé d'y procéder établit ses audiences dans l'une des pièces dudit prieuré; mais il est expressément rapporté dans le titre qui nous a fourni ces renseignemens, que ce magistrat rentrait tous les soirs en ville, n'y ayant pas au prieuré de chambre suffisamment en état pour pouvoir y dresser un lit. Il est à présumer que quelques années plus tard les calvinistes, desquels nous raconterons bientôt les tristes exploits parmi nous, achevèrent la ruine du bâtiment. Aujourd'hui on peut encore en voir les matériaux dans plusieurs murs de clôture des champs voisins.

Quiconque était prieur de Perse l'était en même temps de Cannac et de Campanhac*, son annexe. Sa nomination dépendait entièrement de l'abbé de Conques, à qui appartenaient de droit les revenus de la première année, mille livres environ, de

---

* Les noms de lieux terminés en *ac* sont très-multipliés dans notre pays. Voici ce que dit à ce sujet M. Mary-Lafon dans son intéressante *Histoire du midi de la France*.

« Tel fut le premier mode de formation des noms de lieu. Le second et
» le plus général consista dans un procédé bien simple: les Gallo-Romains
» employaient, toutes les fois qu'il devait exprimer une idée de possession,
» un adjectif terminé en *acus*. La campagne d'Avitus *Avitacus* (sous-en-
» tendu pagus ou vicus, le bourg ou le canton Avitatien); celle de Cal-
» minius, Calminiacus. On se contenta donc au dixième siècle de retran-

quelque manière que le bénnéfice vint à vaquer. Indépendamment de cette retenue, le prieur était obligé de délivrer annuellement au chapitre de l'abbaye, le jour anniversaire de la passion de Sainte-Foi, patronne des deux églises, trente-deux sétiers de froment, et quarante petits écus, *revenant, réduction faite, à cinquante cinq livres*. Outre cela, par transaction du vingt-un novembre 1312, le prieur s'obligea à nourrir cinq religieux vivant en communauté, et envoyés par l'abbé de Conques. Une seconde transaction du trente décembre 1420, réduisit ce nombre à deux. Enfin, il entrait encore dans les obligations du prieur de donner chaque année vingt-cinq écus pour être distribués aux pauvres de la paroisse, et d'entretenir à Espalion les prédicateurs de l'avent et du carême, ce dont la ville par honnêteté le dispensa souvent.

Les prieurs de Perse, au nombre desquels il faut ranger plusieurs évêques de Vabres et de Rodez, et d'autres hauts personnages dont les noms

---

» cher la terminaison, et du Vicus, Ager ou Pagus, Salviacus, Maniacus,
» Titiniacus, Albiniacus, Marciacus, Floriacus, Calviniacus, bourg, canton ou champ de Salvius, Manius, Titinius, Albinius, Marcius, florius, Calvinius, on fit Salviac, Maniac, Titiniac, Albiac, Marciac, Floriac, Calviniac, et tous les noms terminés en *ac* de la Loire aux Pyrénées. »

intéressent ici fort peu, n'habitèrent jamais sur leur bénéfice *. Il y avait pour remplacer dans les travaux du service actif ceux d'entre eux qui étaient prêtres, un recteur ou curé, et un vicaire désigné communément sous le nom de secondaire de perse ** le recteur était nommé sur la présentation du prieur. Ses revenus n'excédaient pas cent cinquante livres, ce qui porte naturellement à penser que les ressources du secondaire devaient être bien minimes. Ces messieurs, en effet, malgré l'éminence et l'inappréciable utilité de leurs saintes fonctions, n'avaient juste, qu'on nous passe le mot, que ce qu'il leur fallait de toute rigueur pour pouvoir mettre le pot au feu tous les dimanches.

Le Temple.

Aux portes de la ville, à droite du chemin qui conduit à Saint.Côme, s'élève modeste et isolée une

---

* Messire Charles de Durfort de Rozines, chevalier de Saint-Jean-de-Jérusalem, chambellan de monseigneur le duc d'Orléans (le père de Louis-Philippe) a été l'un des derniers prieurs de Perse et de ses annexes Campagnac, Trélans et l'Hospitalet.

** M. Reyniés, curé en 1755, demanda et obtint un second vicaire. L'établissement d'un troisième vicariat à Espalion date de 1819 ou 1820.

antique chapelle connue vulgairement sous le nom de *temple*. Les templiers, en effet, dont elle rappelle le nom, la firent bâtir lorsqu'ils voulurent établir chez nous une commanderie. On ne saurait dire précisément à quelle époque, mais il est certain que ce fut peu d'années après l'institution de l'ordre lui-même, car elle existait déjà en 1165. Son architecture quoique fort simple, offre pourtant matière à cette observation intéressante que le tiers-point et le plein-cintre s'y montrent concurremment, et en font, à n'en pas douter, un édifice de transition. Lors de l'anéantissement des templiers, anéantissement qui restera toujours comme un sceau de réprobation sur la mémoire de Philippe-le-Bel, la commanderie devint la propriété de l'ordre de Saint-Jean de Jérusalem. Le chevalier qui en était pourvu pouvait prétendre à un revenu d'au moins huit mille livres. L'espace attenant à la partie sud de la chapelle, a longtemps servi de cimetière à la ville. Aujourd'hui la bêche du cultivateur le travaille ; et de temps à autre, parmi des ossemens humains ramenés à la surface, se trouvent des objets chers à l'antiquaire. Nous possédons un de ces objets : c'est une bulle de plomb très bien conservée, portant sur l'une des faces les têtes de saint Pierre et de saint Paul, et sur l'autre le nom du pape Innocent IV, qui mourut vers le milieu du treizième siècle.

Saint-Sauveur.

Ce que nous savons de cette église construite ainsi que Perse en dehors de la ville, se réduit à fort peu de chose. Elle était bâtie sur une éminence au bout de la rue qui lui doit son nom, et qui s'appelle encore de nos jours la rue Saint-Sauveur. L'époque de sa fondation nous est inconnue. Le plus ancien titre de nos archives qui en fasse mention, porte la date de 1300. C'est une donation consistant en quelque deniers, faite par une femme du hameau de Calmont, pour l'entretien à perpétuité d'un *luminaire* devant le saint tabernacle. Par une singularité assez remarquable, saint-Sauveur était considéré comme placé en même temps sur la paroisse de Perse et sur celle de Calmont, dont la petite église était alors sur la montagne en dehors et à côté du château. Par suite les recteurs de ces deux églises en étaient tour à tour les desservans, mais avec des droits inégaux : le recteur de Perse en avait l'administration pendant les deux tiers de l'année ; et celui de Calmont durant l'autre tiers.

Par sa position hors des murs de la ville, cette église se trouvait exposée aux dangers les plus sérieux. Les ennemis d'Espalion, autrefois si nombreux, ne manquaient jamais d'en faire l'objet de leurs profanations sacrilèges. Sa destruction, c'était facile à prévoir, ne pouvait être l'œuvre insensible du temps; voici en effet ce qui arriva : En octobre 1568, les Huguenots, après l'avoir souillée par mille infamies, la livrèrent aux flammes qui la détruisirent entièrement. Nous dirons plus bas ce à quoi furent employés les matériaux qu'épargna l'incendie. Quelques années après on contruisit en ce même endroit un petit oratoire, mais qui ne tarda pas à partager le sort de l'église dont il avait pour but de perpétuer le souvenir. Et aujourd'hui, sur ce même emplacement où résidait naguère le Saint des saints, où chaque jour de fidèles adorateurs du très-haut faisaient monter vers les cieux le doux parfum de leurs ferventes prières, ou bien l'expression salutaire d'un repentir profondément senti, le jardinier, sans penser peut-être à celui qui donne l'être et la vie, cultive avec un égal succès et la plante potagère qui nourrit, et la fleur aux formes symétriques et aux couleurs variées qui satisfait si délicieusement le regard. Depuis bien long-temps le souvenir de ces deux petits édifices était tombé dans le plus complet oubli, lorsque une découverte due au hasard, est venue les rappeler à la mémoire de chacun. En préparant un carreau en vue d'une récolte prochaine, le jardinier a senti la pelle refuser net de pénétrer plus avant; il a voulu en connaître la cause, et sa curiosité, qui sans doute n'était pas une curiosité coupable, a eu pour résultat la trouvaille, certes fort intéressante, d'un pot de grès assez gros, dit-on, rempli de pièces d'argent et de billon; toutes à l'éfigie de nos rois témoins des luttes malheureuses entre catholiques et calvinistes.

L'Eglise Saint-Jean-baptiste, autrement l'Eglise paroissiale.

Dans des temps où il fallait se tenir constamment en garde contre de dangereux adversaires, les églises de Saint-Sauveur et de Perse, cette dernière surtout, étaient trop éloignées d'Espalion pour que l'accomplissement des devoirs religieux n'exposat point à de graves périls. Lorsqu'aux jours des grandes solennités religieuses les fidèles se rendaient en foule à l'une ou à l'autre de ces deux églises, la ville à peu près déserte et partant sans défense, pouvait très facilement devenir la victime d'un envahissement imprévu. Ce malheur faillit arriver plusieurs fois, ainsi que nos titres l'attestent. Afin donc de parer à ce danger sans porter la plus légère atteinte aux saintes exigences de la conscience, les Espalionais résolurent de faire bâtir dans l'enceinte même de la ville un temple suffisamment vaste, qui permit au fidèles, dans toutes les occasions, l'exercice du culte sans trop les éloigner du foyer domestique. Et c'est à une telle résolution, que ne put affaiblir la considération de l'exiguité des ressources communales, que nous devons l'église paroissiale actuelle, dédiée à la Mère de Dieu et a saint-Jean-Baptiste. Si cet édifice quoique fort modeste était à construire, qui pourrait se promettre d'en voir jamais sortir de terre les fondemens? On reculerait devant l'œuvre, nous en sommes sûrs, en alléguant le manque de fonds. Mais nos devanciers n'étaient-ils pas beaucoup plus dépourvus que nous? Quelle misère fut donc comparable à la leur? Et cependant livrés à eux-mêmes, sans espoir de secours d'aucune sorte, ils surent mener à bonne fin leur pieuse entreprise. Ah ! c'est que la foi qui centuple les forces, qui féconde le rocher dans les déserts, qui opère par milliers des prodiges, était chez eux autrement vive et agissante qu'elle ne l'est de nos jours parmi nous. L'époque à laquelle ils appartenaient était encore celle où l'enthousiasme religieux semait sur le sol de la patrie ces cathédrales magnifiques dont l'aspect émerveille si puissamment l'observateur. Chaque chrétien alors, quelle que fut sa position dans la société s'imposait l'étroite obligation de coopérer à l'œuvre pie. A ses yeux, c'eut été une offense au Tout-Puissant que de chercher à s'y soustraire.

Le seigneur sans l'assentiment duquel on ne pouvait entreprendre une construction de cette importance, fit parvenir son autorisation aux consuls le dix-neuf mars 1471. Celle de l'évêque de Rodez, Bertrand de Chalençon, ne se fit pas long-temps attendre, bien qu'elle ne fut donnée aux impétrans qu'après une enquête de *commodo et incommodo* ordonnée par le prélat *.

L'église fut bâtie sur l'emplacement même de l'hospice, d'après un plan des plus simples. Une nef oblongue et quelques chapelles ménagées dans les murs latéraux, au-dessous du chœur, composèrent d'abord tout l'édifice. La porte principale est partagée en deux par un pilier dont on connaît la des-

---

* Voir au dernier chapitre l'autorisation de l'évêque.

tination symbolique : le sculpteur chrétien, dans le but de produire une profonde et salutaire impression sur la conscience, a voulu que la porte présentat deux voies, l'une à droite, l'autre à gauche, l'une pour les bons, l'autre pour les méchans suivant les paroles de la terrible sentence. Chacun en franchissant le seuil du lieu saint devait se rendre témoignage de ses bonnes ou mauvaises actions et choisir sa voie. C'était une imposante leçon! La voûte traversée en tout sens par des nervures délicates qui la soutiennent, sans être d'une exécution hardie, n'est pas cependant dénuée de toute beauté. La partie surtout qui domine le sanctuaire et le chœur, offre une régularité qui plait par sa perfection. Ses clefs manquent d'ornemens; une seule porte les initiales A. M. (ave Maria). Celles des voûtes accessoires, au contraire, sont ornées des trois lettres J. H. S. (Jesus hominum salvator) qui forment un gracieux entrelacement.

L'église reçut la même orientation que celle de Perse; mais, à la différence de cette dernière, le maître autel, par un motif de convenance purement locale, s'y trouve au couchant. Quant au genre d'architecture, la date seule de la construction le fait assez connaître. Les monumens construits en France à cette même époque portent tous, les caractères distinctifs du style ogival tertiaire ou flamboyant. Et sans prétendre le moins du monde comparer notre modeste église à celle de Saint-Remi, d'Amiens, ou de Notre-Dame de Brou, par exemple, élevées à la même époque, nous pouvons cependant dire ici que les architectes des unes et des autres ont évidemment travaillé d'après des principes communs, ceux, en un mot, qui présidèrent aux constructions religieuses durant les années qui précédèrent immédiatement l'époque de la renaissance.

S'il s'agissait ici d'un ouvrage d'une haute portée, moins humble à beaucoup près que celui qui nous occupe en ce moment, nous n'en doutons pas, les détails les plus minutieux que nous pourrions fournir à son égard seraient lus avec intérêt. Mais à quoi bon, au sujet d'une simple église de paroisse, dont ne dit mot aucun ouvrage d'histoire ou de géographie, faire connaître, par exemple, les noms de tous les ouvriers qui y travaillèrent, les carrières d'où furent extraites les pierres, le nombre même et les dimensions de ces matériaux ? Assurément nous pourrions sur ce point satisfaire la curiosité du monographe le plus difficile. Mais, encore une fois, ce ne serait qu'une amplification sans utilité comme sans intérêt ; et nous pensons qu'on nous saura gré de n'avoir pas dit autre chose que ce qui suit.

Commencée vers le milieu de 1472, l'église était assez avancée en 1478 pour pouvoir être livrée au culte. Cette année là, les habitans et les consuls d'Espalion y prêtèrent serment de fidélité au seigneur de Calmont, Jean de Castelnau; et celui-ci à son tour promit par serment, à l'exemple de ces prédécesseurs, de garder intacts les priviléges de la ville octroyés jusqu'à ce jour.

Le vingt avril 1503, les consuls et les *ouvriers-marguilliers* traitèrent avec le nommé Jean Agassa, maçon de Cordes, en Albigeois, pour la construction du clocher. Les principales dispositions du forfait furent qu'on donnerait à l'entrepreneur cent livres tournois, six sétiers de blé seigle, mesure de Rodez, deux pipes de vin de la prochaine cueillette, et l'usage d'une pièce à deux lits pendant tout le temps de la durée des travaux. Par un esprit d'étroite tracasserie, le seigneur s'opposa vivement à l'érection du clocher, dont la hauteur projetée l'offusquait beaucoup. Son opposition, quelque déraisonnable qu'elle fut, dura plusieurs années; elle ne prit fin qu'en 1552. Cette année là un acte d'accord étant intervenu entre le seigneur baron et ses vassaux, ceux-ci entre autres droits se réservèrent celui de continuer le clocher, car il était déjà commencé.

Le dix-sept juillet 1508, autre forfait avec les

maîtres maçons Delmas, de Cruéjouls, et Antoine Salvard, du hameau de Vernet, paroisse d'Ayssène, pour la façon du portail et de l'ouverture en rosace qui le domine, moyennant *onze-vingts livres tournois*. Le vitrage de la rosace représentant les principales scènes du Nouveau-Testament n'existe plus aujourd'hui. Il avait été exécuté par Antoine Volpelier, prêtre de Laguiole.

Le six novembre 1521, Jean Delpuech, religieux d'Aubrac, se chargea de confectionner deux livres de chant moyennant que les ouvriers-marguilliers lui fourniraient les matériaux à ce nécessaires, et qu'on lui compterait quatre-vingts livres tournois pour la main d'œuvre. Il fut donné deux ans pour terminer ce travail.

L'église fut pavée en 1580. Cette même année fut fait le rétable du maître-autel, par Michaud Robert, menuisier de Rodez. On remarque de chaque côté du rétable une paire de colonnes du genre le plus relevé, qui supportent un riche entablement, surmonté lui-même d'un fronton brisé par un tableau représentant en demi-relief la mère de Dieu. Les piédestaux offrent sur leurs dés une représentation du martyre de saint Hilarian et de la décollation de saint Jean-Baptiste.

Le principal ornement du rétable est un tableau

représentant la Cène, tableau qui ne doit pas être l'œuvre d'une médiocrité artistique. Des gens très-capables de le juger ont pu l'examiner de près; tous se sont accordés à lui trouver des beautés véritables. La tête de Saint-Jean en est, dit-on, le morceau le plus fini. C'est sans doute pour sa belle exécution qu'un touriste, de passage à Espalion, il y a quelques années, en offrait une somme assez forte, qu'on eut le bon esprit de ne pas accepter. Les comptes des ouvriers-marguilliers de la paroisse, assez nombreux dans nos archives, nous laissent ignorer le nom du peintre qui en est l'auteur.

Les tribunes ont été construites en 1668, l'année même de l'établissement des pénitens blancs à Espalion. Nous en sommes redevables au père Miguel, jésuite, envoyé pour prêcher le carême dans notre ville.

Ce que nous appelons la petite église, c'est-à-dire cette espèce de nef qui est à droite, fut ajouté à l'édifice vers le milieu du dernier siècle. A son extrémité du côté de la rue, se trouvait une chapelle dédiée à saint Joseph, construite en exécution d'un vœu fait par la ville en 1653, au milieu des horreurs de la peste dont il sera question plus loin. A l'autre extrémité on voyait la sacristie de l'église, qui n'a éprouvé aucun déplacement. La commune acheta l'espace intermédiaire, et le réunit à la chapelle pour former la nef dont nous venons de parler. Pour ajouter à la régularité de l'église et lui donner l'ampleur que nécessite l'état actuel de la population, il serait à souhaiter qu'on se hâtat de pratiquer une seconde nef du côté opposé. Cette construction eut été un jeu pour nos devanciers; que sera-t-elle pour nous? Nous n'osons le dire. On voit de chaque côté du chœur des stalles qui sont aujourd'hui, à l'exception de quelques-unes réservées au clergé, les places des premiers venus. Là se mettaient jadis les prêtres de l'*Université*. Il faut entendre par là une sorte d'association fraternelle de tous les prêtres de la ville, qui ne vivaient pas en commun, mais qui possédaient un fonds destiné à soulager les plus nécessiteux d'entre eux. Le nombre de ces ecclésiastiques, toujours fort élevé proportionnellement à celui des fidèles, varia suivant les époques. Vers 1550, on en comptait plus de cinquante-cinq; et il est aisé de comprendre que la paroisse avait trop peu d'étendue, et que les ressources des paroissiens étaient trop restreintes, pour pouvoir assurer à chacun d'eux un casuel suffisant pour vivre. Le prêtre sans patrimoine, se voyait dans l'obligation de se livrer à des occupations profanes. C'est ainsi que nous en trouvons à diverses époques qui se firent nommer régens des écoles publiques ; et d'autres qui sollicitèrent la charge de sonneurs des cloches des trois églises Saint-Sauveur, Perse et Saint-Jean-d'Espalion. En 1538, trois prêtres exercèrent cette dernière fonction. Jean Gralhet, membre aussi de l'Université, était carillonneur en 1564, aux appointemens de quelques deniers payables par chaque feu de la paroisse. En 1632, c'était encore Etienne Conquet, prêtre, qui remplissait cette même charge aux gages de trente livres par an. La plupart de ces ministres du Seigneur n'avaient pas beaucoup d'instruction, ils manquaient même parfois de celle qui leur était absolument nécessaire pour exercer leur état. A une époque dont la date n'est plus présente à notre mémoire, il fut porté un arrêté qui éliminait du service actif tout prêtre incapable de remplir certaines conditions déterminées de savoir.

Les officiers du seigneur, toujours disposés à inquiéter de pauvres sujets qui ne demandaient qu'à vivre en paix dans l'obéissance aux lois et sous leur protection, intentèrent en 1545 un procès à l'Université qui leur déniait le droit d'occuper les stalles les plus rapprochées de l'autel, à droite du chœur. ils n'étaient pas, disaient-ils, assez avantageusement au banc qu'occupent aujourd'hui messieurs les membres de la fabrique · leur qualité de représentans du Seigneur assurait leur droit à des places plus privilégiées. Le syndic des prêtres de la Fraternité déclina la compétence du présidial du Rouergue, séant pour lors à Villefranche, et en appela à l'official. Il n'est pas dit devant lequel des deux tribunaux l'affaire reçut sa solution; mais nous savons qu'elle fut vidée à l'avantage des prêtres, dont les principaux moyens de défense consistèrent à dire que le seigneur n'était nullement le fondateur de l'église, qu'il n'en était pas le patron, et qu'en aucune circonstance elle n'avait reçu le moindre don de sa part.

L'administration temporelle des églises était le fait de deux ouvriers-marguilliers que le peuple nommait par élection chaque année au premier janvier. Les deux fonctionnaires sortans présentaient chacun deux candidats. Les élus rendaient leurs comptes devant les mêmes personnes chargées de recevoir ceux des autres comptables de la communauté. Ils prêtaient serment entre les mains des consuls assistés du curé. Au moment de leur retraite les ouvriers-marguilliers étaient tenus de donner un repas auquel pouvait prendre part chaque chef de famille. Ce repas fut supprimé en 1632, et les dix-huit livres de dépense à laquelle il pouvait donner lieu, dûrent être affectées annuellement à l'entretien des églises.

Outre ces administrateurs, il y en avait encore d'autres qu'on appelait les *quêteurs* ou *bassiniers*, élus par les marguilliers, et chargés de faire des quêtes pour le luminaire, les âmes du purgatoire, les pauvres de la paroisse, etc. ils prêtaient serment sur la croix et les évangiles de bien remplir leur mandat. Enfin, plusieurs dames, nommées *baylesses*, avaient pour mission de quêter aussi, et de plus de suivre le saint-sacrement aux processions et d'entretenir le linge qui servait au culte. Ces dames étaient habillées aux frais de la fabrique.

Voici la liste, que nous croyons complète, des recteurs ou curés de l'église Saint-Jean-Baptiste depuis sa fondation.

MM.	Jean Péchoultrez.
Jean Bardet.	Ruolz.
Pierre Dumas.	Reyniés.
Brenguier Baras.	Ricard.
Autre Brenguier Baras.	Verdier *.

---

* Monsieur Verdier, curé à l'époque de la révolution, prêta serment à la constitution civile du clergé. Il se produisit alors comme une sorte de schisme dans notre petite église. Les uns, qui s'intitulaient les *patriotes*,

Etienne Bardet.   Puech.
Pierre Dumas.   Clédon.
Pierre Baras.   Moussac.
Guilhaume Hémard.   Baduel.

Le Tribunal.

Ce bâtiment construit sur un rocher sans cesse battu par les eaux du Lot, doit le nom qu'il porte aujourd'hui à la mise en vigueur de la constitution de l'an VIII qui créa les tribunaux de première instance. Sa position passablement pittoresque, ses deux tours noircies par le temps, le lierre qui se montre çà et là en touffes épaisses lui donnent un aspect assez remarquable pour fixer l'attention des touristes qui nous font de temps à autre l'honneur d'une visite. Ils l'appellent le château de la ville. Noble Bernardin de la Valette, seigneur de Coppadel, long-temps gouverneur d'Espalion au nom

---

fréquentaient l'église de la paroisse qui continua d'être desservie par son ancien curé ; les autres, qu'on désignait sous le nom d'*aristocrates*, se rendaient à la chapelle du collége et à celle des Pénitens Blancs, où MM. Dijols, de Najas, et Bouqiés, de Calmont, deux prêtres non-assermentés, célébraient les saints mystères. Même durant les jours de la terreur, le saint sacrifice ne cessa pas d'être célébré à Espalion.

du roi, après l'avoir été de la baronie, en fit jeter les fondemens en l'année 1572. A cette occasion la ville consentit à lui céder la pierre de l'église Saint-Sauveur détruite par les Huguenots depuis peu d'années; mais à la condition qu'il ajouterait à l'édifice une tour ayant vue sur le Foiral et sur la rivière, dont elle aurait la libre et exclusive disposition aux époques de troubles. Cette proposition fut en effet acceptée. La tour en question se distingua de sa voisine par un travail mieux soigné, surtout à sa partie inférieure, où l'on peut encore voir dans des arabesques gracieuses les efforts heureux d'un ciseau de la renaissance.

A la mort du fondateur, ses héritiers bénéficiaires, Jeanne de la Valette, épouse du seigneur de Pagnas, et noble Bernardin de Bessuéjouls, écuyer, seigneur dudit lieu, se trouvèrent en cette qualité débiteurs de la commune d'Espalion de toutes les tailles imposées sur le bâtiment depuis sa construction, car elle en avait fait toujours les avances pour le propriétaire. Ces héritiers qui tenaient fort peu à demeurer possesseurs d'une maison qu'ils n'auraient probablement jamais habitée, et plus désireux de palper des écus que d'avoir à en donner, firent offrir à la ville de la lui vendre moyennant une somme qui serait débattue entre les parties intéressées. La ville en fit l'acquisition le six septembre 1599, au prix de trois mille six cents livres payables en trois annuités. Bientôt après elle fit de ce bâtiment la maison communne; et cette destination lui resta jusqu'à la constitution que nous avons mentionnée plus haut.

La Chapelle des Pénitens-Blancs.

En 1668 la piété se trouvait très-affaiblie chez un grand nombre d'Espalionais. Des inimitiés assez profondes divisaient même plusieurs familles, dont l'exemple exerçait une influence décisive sur les classes inférieures et peu éclairées. Le mal était manifeste, il réclamait de prompts et puissans remèdes. C'est à la religion qui a du baume pour toutes les plaies, que le père Miguel, jésuite, prédicateur de l'avent et du carême, demanda les moyens de raviver dans les âmes les deux précieuses vertus de la ferveur et de la charité. Il proposa l'établissement dans notre ville de la confrérie des Pénitens Blancs. Sa proposition sourit à quelques personnes demeurées fidèles au culte de la piété; elle trouva des cœurs sympathiques au sein du conseil communal; et bientôt l'homme de Dieu vit ses louables efforts atteindre le but désiré. Le huit mars de la même année la confrérie s'organisa définitivement. Dès-lors on put voir à Espalion le touchant spectacle de personnes qui semblaient irréconciliables, vivre en vrais disciples de l'évangile, dans les doux liens d'une étroite et sainte Fraternité.

La chapelle de l'hôpital fut mise provisoirement à la disposition de la confrérie naissante. Un peu plus tard il lui fut permis de la mettre en rapport avec le nombre toujours croissant de ses membres, en l'agrandissant aux dépens du jardin de l'établissement; à la condition toutefois de payer une légère redevance annuelle aux pauvres : quelques cannes de toile s'il nous en souvient bien. Enfin en 1700 la société de Confalon se trouva posséder les ressources nécessaires pour faire bâtir une chapelle qui serait exclusivement consacrée aux exercices de ses membres. Le sept mars, la ville lui fit l'abandon des matériaux qui proviendraient de la démolition, ordonnée par le gouvernement, d'une tour située à l'entrée du pont du côté de la place. Les frais de démolition furent laissés à la charge de la société. Après quatre ans de travaux quelquefois interrompus, le petit édifice se trouva terminé. La confrérie s'y installa avec toute la solennité désirable. Elle y célébra les grandeurs et les louanges du Très-Haut jusqu'au jour où la révolution commit le crime de l'en chasser, et déclarer la maison trois fois sainte de Dieu propriété nationale. Après être restée plus de quarante ans livrée à des services profanes, la chapelle a recouvré sa première destination. Fasse le ciel qu'elle n'en connaisse pas d'autre à l'avenir; et qu'elle devienne au sein de notre population, une source d'édification de plus en plus abondante.

Saint-Jean de Carnéjac près d'Espalion.

Vers le milieu du huitième siècle, sous le règne de l'illustre père de Charlemagne (ainsi parle le titre qui nous a fourni les principaux renseignemens contenus dans cette notice), Espalion vit s'élever dans ses dépendances la poétique chapelle de Carnéjac. Sa situation au milieu des bois, sur une petite éminence qu'entourent de nombreuses collines à l'aspect sauvage et triste, le silence qui règne autour d'elle, interrompu seulement de temps à autre, par les cris plaintifs du rouge-gorge, ou les sifflemens aigus du merle qui fuit; tout, dans cet endroit, rappelle au visiteur pèlerin la vie solitaire et pénitente du saint précurseur, de Jean-

Baptiste qui, depuis bientôt onze cents ans, est le patron de la chapelle.

Jusqu'à nous, dont la piété est loin d'égaler celle de nos pères, Carnéjac fut toujours l'objet de la vénération la plus tendre et la mieux sentie.

Le lendemain du jour témoin de ce feu mystérieux, si joyeusement couronné par nos enfans de lys et de roses, de nombreuses processions des paroisses voisines de la nôtre, s'acheminaient vers ce lieu pour y rendre un éclatant hommage aux vertus de l'homme de Dieu, dont le vêtement se composait de simples peaux, et la nourriture de sauterelles et de miel sauvage. Les Espalionais seuls ont maintenu ce pieux et antique usage; mais, hélas! combien n'a-t-il pas perdu de son ancienne splendeur!..... Non-seulement les malades de la contrée s'y rendaient en foule pour implorer la protection toute-puissante du saint, mais ceux encore de l'Auvergne, de la Lozère et du Quercy ne craignaient pas d'affronter les dangers d'un pays sans chemins, et presque toujours en état de guerre, pour venir solliciter la même faveur. Dans une foi ardente comme celle des martyrs, active comme le zèle qui poussait au moyen-âge des milliers de chrétiens vers les saints lieux, ces malheureux trouvaient une force qui ne connaissait point d'obstacles.

Le cœur plein d'espérance et d'amour, ils venaient déposer au pied de l'autel champêtre leurs offrandes et leurs vœux. Si les souvenirs du passé qui se sont transmis jusqu'à nous ne sont pas infidèles, Dieu récompensa plus d'une fois par une guérison éclatante une confiance aussi absolue qu'elle était fondée.

Au commencement de 1661 le modeste édifice était menacé d'une ruine totale : le temps et la main sacrilège des religionnaires en avaient ébranlé les fondemens. La piété des fidèles s'en émut; il fut arrêté que la chapelle serait entièrement démolie, et une nouvelle reconstruite avec les mêmes matériaux, à huit cannes au-dessus de l'ancienne. La pose de la première pierre eut lieu solennellement le six mai de la même année. M. Guilhaume Hémard, recteur de Perse, fit les pratiques d'usage. Il était assisté d'un grand nombre de prêtres de notre ville, et de M. Ferrié, prêtre aussi d'Espalion, et prieur de Saint-Jean-de-Carnéjac. Disons ici que la nomination du prieur dépendait de Monseigneur de Rodez. Les travaux de construction poussés activement, grâce au zèle de M. Ferrié, l'édifice se trouva terminé le vingt-quatre juin suivant. Nous allons rendre compte en peu de mots de ce qui eut lieu ce jour-là.

Le soleil venait de se lever sur un horizon sans nuages, et dorait de ses premiers rayons, si frais et si beaux en ce mois de l'année, quelques points de notre magnifique vallon. L'air enivrait les sens, embaumé qu'il était de l'odeur des arbres et de la première haleine des fleurs. Au son bruyant des cloches une nombreuse procession sortit de la ville, se dirigeant vers l'antique solitude. On voyait apparaître d'abord, formant une double haie, l'innocente et joyeuse troupe des enfans, parmi lesquels l'œil vigilant et paternel du maître faisait régner l'ordre et le silence. Venaient ensuite les congrégations et les divers corps de métier, chacun sous sa bannière sainte; *le capitaine du château de Calmont suivi de quelques archers; les magistrats municipaux; la majeure partie des prêtres de la Fraternité, enfin une multitude d'hommes et de femmes qui n'appartenaient à aucune catégorie particulière. Comme on le voit peu de personnes manquaient à l'ap-

---

* On comptait alors à Espalion onze corporations. La plus anciennement établie était celle des tisserands qui avait commencé le 23 janvier 1475. Venait ensuite celle des tailleurs d'habits fondée en 1488. Enfin, en troisième ligne la corporation des vitriers, couteliers, selliers, chaudronniers, cordiers, serruriers, maréchaux et forgerons, etc., qui avait pris naissance en 1565.

pel; mais qu'on ne s'en étonne point : ce qui intéressait la religion ne fut jamais indifférent pour nos pères; c'est elle qu'ils avaient en vue dans presque toutes les actions de la vie. La joie visible de tous, l'aspect radieux de la nature, si souriante dans nos campagnes au début d'un beau jour de juin, après une nuit calme et sereine, le bruit cadencé des pas, le chant mélodieux des oiseaux succédant aux chœurs mâles et pleins de foi de nos pélerins d'un jour, tout donnait à cette cérémonie matinale un attrait irrésistible, qui s'emparait de l'âme pour l'inonder de ces émotions ineffables que peut seul produire en elle le spectacle des fêtes catholiques.

Un moment cependant la joie générale fut suspendue; les lignes saintes s'arrêtèrent, et l'attitude humiliée de tous, ainsi que les prières mêlées de regrets qui s'échappaient des poitrines oppressées, annonçaient une disposition subite et nouvelle des esprits et des cœurs : la troupe chrétienne était arrivée au pied de Perse où reposaient les cendres de personnes tendrement aimées. Quoi de plus éloquent, en effet, que le silence du tombeau ! quelle nature d'homme se montra jamais insensible à la triste réalité de ses enseignemens ?..... Après une fervente invocation

9

au Dieu des vivans et des morts en faveur des âmes absentes, nos pélerins poursuivirent pieusement leur route sur les bords du faible ruisseau qui conduit jusqu'à l'hermitage.

Les côteaux de *Costevieille* fertiles en vin généreux, eurent bientôt disparu derrière les collines de *Combres*, aux châtaigniers robustes et productifs. Les échos de *Cabalou*, où de nos jours le murier fait effort pour détrôner le chêne; du *prince*, dont la méridionale exposition plait tant à la vigilante abeille; du *Peyrou*, moins favorisé de la nature, répétèrent tour à tour les chants sacrés de la troupe chrétienne. Enfin, une triple invocation au Saint honoré particulièrement ce jour là, apprit aux fidèles que le but venait d'être atteint.

Après un léger repos eut lieu la bénédiction solennelle de la chapelle, et l'office divin suivit immédiatement. Plus de deux mille personnes, confondues dans un même sentiment de charité, assistaient à la cérémonie. Pour preuve de cette affluence considérable, un historien du temps, témoin occulaire de ce qui se passait, nous dit positivement *que le prieur reçut à l'offrande mille deniers et deux mille chandelles*. Un discours de circonstance termina la cérémonie religieuse. Le père Dusel, jésuite, de la maison de Rodez, sut constamment captiver l'attention de son auditoire. La vie du saint précurseur lui fournit matière à des considérations du plus haut intérêt. Répétons, après l'historien déjà cité, que l'éloquence de l'orateur ne fut jamais au dessous du sujet qu'il avait entrepris de traiter. Prévoyans en tout point, nos pélerins, qui n'avaient pas manqué de se munir d'un chapelet ou d'un livre de prières, n'eurent garde non plus d'oublier la besace et la gourde. C'était bien fait à eux : l'air frais du matin et une marche d'une heure et demie environ, avaient singulièrement disposé les estomacs pour une réfection confortable. En quelques minutes, la troupe divisée en groupes nombreux, dévorait plutôt qu'elle ne mangeait les provisions préparées la veille. Chaque arbre autour de la chapelle était devenu le toit protecteur d'une famille et de ses amis. Ceux, en petit nombre, dont la délicatesse ne pouvait s'accommoder entièrement de la vie commune, s'étaient faits, les uns une assiette, les autres une coupe des feuilles qui ombrageaient leurs fronts. Grâce à cette industrie de l'appétit, personne ne jeûna.

Cependant la nature, quoique reverdie, assistait triste et silencieuse à la fin d'une aussi agréable fête. Avare en cet endroit de points de vue délicieux, elle n'offrait aux regards des convives ni les vignes en amphithéâtre, ni les prairies émaillées de fleurs, ni le cours sinueux et tranquille du Lot, ni les cultures variées des champs, qui font le charme de notre vallon. Mais, en revanche, la gaîté des propos, l'oubli absolu du tracas des affaires, le calme d'une conscience pure, tout cela joint à la satisfaction d'avoir coopéré à une œuvre pie, suppléait surabondamment à ce qui pouvait manquer d'ailleurs. Et lorsque la voix aimée du vénérable pasteur donna le signal des actions de grace et du départ, le troupeau fidèle prenait joyeusement ses ébats sans regret de la veille et sans souci du lendemain.

Sous le rapport architectural, la chapelle Saint-Jean de Carnéjac offre peu d'intérêt. Deux colonnes à demi engagées dans le mur, à droite et à gauche de l'entrée, prouvent suffisamment par les grossières sculptures dont leurs châpiteaux sont couverts, l'antiquité de son origine. Nous devons cependant faire remarquer que les boucliers, sculptés sur ses châpiteaux, en tout pareils à ceux qu'on voit sur les massives colonnes de Perse, semblent contredire ce que nous avons avancé, d'après un titre de 1661, sur l'ancienneté de cette chapelle. Nous dirons à propos de Carnéjac ce que nous avons déjà dit à propos de Perse : que si elle date du règne de Pepin, elle a été détruite par une cause quelconque, et rebâtie au commencement du onzième siècle.

Nota. Dans un des chapitres suivans nous parlerons du collège et de sa chapelle.

VII.

LES SEIGNEURS DE CALMONT-D'OLT.

Certains passages des chapitres qui précèdent ont déjà fait pressentir combien fut peu édifiante la conduite de nos Seigneurs. Achevons de le démontrer dans celui-ci; prouvons par de nouveaux faits que la féodalité chez nous fut une époque bien malheureuse. Regretter le régime ancien, en présence des mille témoignages dont notre histoire locale fourmille, ce serait assurément regretter le règne du mal. Car les quelques beaux faits chevaleresques qu'on pourrait citer à la louange de nos Seigneurs, et la protection, toujours grassement payée, du château, ne compensent pas à beaucoup près les persécutions incessantes et raffinées, les larmes, le deuil et le sang dont il demeurera éternellement responsable. La condition du peuple de la ville et celle des habitans de la campagne ne pouvaient être pire.* Après avoir péniblement déposé dans le sillon le grain que la Providence devait y féconder, le laboureur ne pouvait pas le moins du monde compter sur le fruit de ses travaux; le commerçant ne trafiquait point en sûreté; le domicile n'était pas un asile inviolable; la morale publique avait souvent à rougir; les exactions étaient intolérables; rien n'était aisé comme le crime aux maîtres qui n'eurent presque jamais d'autre mobile qu'un despotisme sans frein ou une rapacité insatiable. Habitués à se regarder comme des hommes d'une nature privilégiée, ils exigeaient que tou-

---

* Vers le milieu du seizième siècle, le Rouergue adressa au roi ses griefs et doléances; entre autres plaintes on y remarquait celle-ci :

« Le tiers-état paye tailles, crues, soldes, commutations, emprunts,
» censives, surcensives, quarts, quints, dixmes et prémisses, terraiges
» et infinis autres subsides; et néanmoins il faut qu'il ensemence et cul-
» tive les terres tant pour lui que pour l'église et pour la noblesse; et
» toutefois c'est le tiers-état qui détient la moindre partie des biens ru-
» raux. Mais ce que l'église tient ne paie rien, ayant eux amortissement,
» ni aussi la noblesse; par quoi le peuple voudrait qu'il plût au roi que
» tant la noblesse, que l'église, que l'ordre de Saint-Jean-de-Jérusalem
» et autres ordres, payassent la taille pour les biens ruraux qu'ils
» tiennent. »

tes les volontés fussent aveuglément soumises à la leur. Quand leurs vassaux, à bout de résignation et de patience, se permettaient un peu d'opposition, soudain leur orgueil blessé imaginait mille moyens plus criminels les uns que les autres, pour les faire repentir d'en avoir appelé aux règles de la justice indignement méconnues. Ici se place naturellement une citation. Elle fera comprendre mieux que nous ne saurions le faire nous-mêmes, de quelle façon les Seigneurs de Calmont traitèrent leurs sujets. Jamais magister sot et pédant n'affecta des allures plus hautaines à l'égard de ses élèves.

Depuis longtemps la ville était en procès avec l'un d'eux, lorsque, d'un commun accord, les parties convinrent d'en finir par la médiation d'arbitres choisis par elles. Ceci se passait en 1455. Chacun respectivement exposa ses griefs et prit des conclusions conformes. Voici un fragment de celles du Seigneur : elles méritent à plus d'un titre d'arriver à la connaissance de nos arrière neveux.

« De plus, les consuls et les habitans précités doi-
» vent être condamnés à faire amende honorable dans
» la forme qui suit : les susdits, joints à eux d'autres
» Espalionais des plus coupables, pour compléter
» le nombre vingt-quatre, seront tenus de sortir de la
» ville un jour de dimanche ou de fête, sans autre vê-

» tement que la chemise, et portant chacun, passée
» autour des bras, une couronne de cire du poids
» de cinq livres. Ils se rendront au château de Cal-
» mont; et là, à genoux devant le seigneur; ils lui
» demanderont humblement pardon au nom de tous
» les membres de la communauté des torts qu'ils ont
» à se reprocher à son égard. Ils se rendront ensuite
» dans l'église paroissiale dudit château, pour y fai-
» re l'offrande desdites couronnes, où elles seront
» employées à l'usage d'icelle et de la chapelle du
» seigneur, qui s'y trouve. »

Ce morceau, certes, est bien digne de ces hommes qui traitèrent leurs malheureux serfs comme de véritables brutes, les employant à tout propos et à toutes sortes d'usages, sans égard aucun pour la dignité humaine, sans respect pour cette pure et fraternelle religion chrétienne à laquelle pourtant ils se faisaient gloire d'appartenir. On se demande après l'avoir lu comment il s'est fait que 89 soit arrivé si tard : la chaudière trop tendue par la vapeur éclate aussitôt; et la société française ne s'est dégagée de ses entraves qu'après dix siècles d'une effroyable anarchie. Mais venons à des faits bien plus graves encore.

Arrestation d'Arnaud Garrigues.

Le 11 novembre 1501, François d'Estaing, neveu du Dom d'Aubrac, fut élu par le chapitre de Rodez évêque de ce diocèse. Le choix ne pouvait être meilleur assurément. François réunissait à la pratique fervente des vertus du sacerdoce un savoir éminent ; sa vie brillera toujours dans les annales du Rouergue comme une des plus pures et des mieux remplies. Cette élection faite à l'unanimité des suffrages ne devait pas trouver de contradicteurs ; mais rien ne saurait être un obstacle pour une ambition déçue. Charles de Tournon, prévot de l'église de Viviers, qui convoitait le siège naguère vacant, mit toute sorte de moyens en œuvre pour faire révoquer la nomination. Soutenu par la faveur de César de Borgia, duc de Valentinois, il obtint d'Alexandre VI des provisions en vertu d'une bulle de réservation. De là naquirent dans le diocèse des dissensions et des troubles qui durèrent plusieurs années. Béraud de Cassagnes et Alexandre de Tournon, bâtard de cette famille, soutinrent vivement les prétentions du prévot. Au nombre des plus ardens à défendre les droits si bien établis de François d'Estaing, se faisait remarquer Arnaud Garrigues, marchand d'Espalion. Cet homme d'une énergie peu commune, jouissant de l'estime publique et très-influent auprès de ses compatriotes, ne négligea rien de ce qui pouvait délivrer François de son ambitieux compétiteur. Mais son dévouement devait aboutir pour lui à de cruelles épreuves. Charles de Tournon trouva moyen d'évoquer l'affaire au grand-conseil du roi. Il obtint en outre de sa majesté, le 29 mars 1502, des lettres-patentes datées de Lyon, en vertu desquelles tout trouble devait cesser contre lui jusqu'à la décision du grand-conseil sur le différend; et de plus encore un ordre pour le seigneur de Calmont d'appréhender au corps le dévoué Garrigues et de l'écrouer dans les prisons de Rodez. Ce seigneur, toujours en quête des occasions de nuire aux malheureux Espalionais, reçut avec joie la commission royale; et c'est de la manière brutale avec laquelle il l'exécuta qu'il convient de parler tout d'abord.

Vers les neuf heures du soir, le 4 février 1503, une vingtaine d'individus, serviteurs, ou vagabonds, armés de hallebardes, de bâtons et d'arbalètes quittaient le château de Masse et se dirigeaient vers Espalion, après avoir reçu les instructions précises du fils aîné du seigneur. La nature semblait seconder leur coupable dessein : la lune, légèrement gazée, répandait une lumière suffisante sur la campagne couverte de neige; le froid était vif et le silence régnait partout. Au bout d'une demi heure de marche, la petite troupe, sous les ordres d'Erailh de Belvezet, arrive devant les portes de la ville. Le signal d'avance convenu est donné. Ozilis et Riols, employés du château et détenteurs en ce moment des clefs, l'introduisent traitreusement. Dix minutes plus tard la maison du malheureux Garrigues se trouve forcée et envahie. Cet homme qui ce soir-là avait régalé chez-lui quelques amis, se disposait à prendre du repos au moment d'une attaque aussi soudaine qu'imprévue. A la physionomie farouche de ses agresseurs, ses yeux s'ouvrirent vîte à la lumière, il comprit à quelles gens il avait affaire. Son premier mouvement fut d'opposer la force à la force; mais ses adversaires ne lui donnèrent pas le temps de se mettre en garde. Fondant sur lui avec l'impétuosité d'une bête fauve, ils lui passent une serviette autour du cou pour l'empêcher d'appeler au secours; l'accablent d'injures, le frappent avec rage sur toutes les parties du corps, et l'entraînent plus mort que vif et tout sanglant hors des murs de la ville, dirigés par les mêmes deux traitres qui les y avaient introduits. Tout cela se fit avec beaucoup de rapidité et si peu de bruit que personne n'en eut l'éveil. Au reste les héros de ce coup de main n'en étaient pas à leur premier essai. Dans la crainte cependant d'être poursuivis et de se voir ravir une proie à laquelle le seigneur tenait fort, les auteurs de ses violences se dirigèrent vers Saint-Côme de préférence à Calmont moins éloigné pourtant et mieux défendu. Garrigues, tête et pieds nus, attaché comme un scélérat, sans cesse menacé dans ses jours, y fut déposé dans la prison du château. A quelques jours de là, après mille et un mauvais traitemens, on le transféra de nuit dans les cachots de Calmont, d'où il ne sortit que pour se voir trainer encore et toujours secrètement dans d'autres prisons, où les avanies, les injures et les privations ne lui furent pas non plus épargnées.

Le lendemain du jour témoin de cette arrestation, une émotion des plus vives régnait en ville. La haine bien connue du seigneur, et ses brutalités précédentes, avaient fait deviner aux Espalionais ce qui était advenu. Peu s'en fallut qu'ils ne se portassent à de graves extrémités. Une députation, les deux consuls en tête, se rendit à Masse auprès du fils aîné du seigneur, seigneur lui-même et frère de l'abbé de Bonneval. Elle demanda avec instance l'élargissement du prisonnier, et alla même jusqu'à lui offrir deux mille livres de caution. Tout fut inutile, la députation rentra en ville n'ayant obtenu à la place de la satisfaction qu'elle attendait que des grossièretés et des menaces. Son recours auprès du juge de la baronie ne fut pas plus heureux; ce résultat, il était facile de le pressentir. Le sieur Juberti n'était pas homme à accorder ce que le seigneur avait une fois refusé; d'ailleurs il partageait trop bien l'animosité de celui-ci contre la ville. Plus d'une fois dans l'exercice de ses fonctions on lui avait entendu dire ces paroles d'une partialité révoltante : « par le saint Dieu ! parce que tu es d'Epalion tu paieras tant. » ou bien ce qui est équivalent : « par le saint Dieu ! si tu étais d'Espalion tu en paierais tant. » Les infortunes du pauvre Garrigues ne finirent qu'avec l'opposition que le prévot de l'église de Viviers faisait à François-d'Estaing. Mais ajoutons à la louange du parlement de Toulouse, que le seigneur traduit devant ce corps pour réparation de ce fait et d'une foule d'autres encore, se vit condamner sans indulgence suivant toutes les rigueurs de la loi.

**Conduite du Seigneur à l'égard de Béral Parayre,
François Letellier et autres d'Espalion.**

Le récit textuel qu'on va lire est tiré d'un cahier de dépositions faites à Espalion, devant M. de Bouge, lieutenant royal, commissaire nommé. Les faits qui s'y trouvent consignés ne sont pas les moins probans du procès que nous instruisons; ils peuvent se passer de tout commentaire. Seulement afin d'en rendre la lecture plus facile, nous avons cru devoir modifier l'orthographe.

« Dit et révèle savoir (François Letellier l'une des
» victimes), que le sept juin 1597 le révélant fut
» prié d'assister sire Béral Parayre, bourgeois dudit
» Espalion, au contrat et fiançailles qu'il allait faire
» à la Roche-Canillac, en Auvergne, où ils arrivè-
» rent le même jour, et furent de séjour le lende-
» main et de retour le neuf. Où étant en che-
» min, près des montagnes de Laguiole, à l'endroit
» d'un village nommé la Bessière, dans le grand
» chemin tendant de Curières à Espalion, ils n'au-
» raient eu garde que messire Alexandre de Cas-
» telnau, seigneur et baron de Calmont-d'Olt, leur
» seigneur, serait sorti d'un coin dudit village et

— 144 —

» accompagné d'une troupe de soldats nommés Pier-
» re Molinié, Pierre Gauffre, Pierre Alauzi, An-
» toine Certain, Julhac, le capitaine Labarre, au-
» trement nommé Robert, tailleur dudit seigneur,
» et autre nommé le seigneur de Mels; qui tous en
» gros et ledit seigneur baron tout le premier à
» cheval, ayant ledit baron, l'épée nue à la main,
» et les autres le pistolet chacun, le chien abattu,
» ledit seigneur criant toujours, tue! tue! dont le
» révélant et les autres qui étaient avec lui furent
» étonnés à cause qu'ils étaient en temps de paix;
» lequel baron s'adressa au révélant, reniant le
» nom de Dieu qu'il en mourrait, et lui fit met-
» tre pied à terre, lequel dévalisa de l'épée qu'il
» portait, le menaçant de le faire mourir; comme
» aussi trois ou quatre des autres prirent ledit Pa-
» rayre, lui tenant le pistolet au cou, le désar-
» mèrent et le démontèrent de son cheval; et après
» l'avoir dévalisé le firent monter sur une méchante
» monture harassée, et les mirent avec d'autres
» que ledit Parayre avait pris pour lui faire com-
» pagnie audit contrat de mariage, et les condui-
» sirent tous par des chemins détournés afin de
» n'être pas découverts; et firent route le reste du-
» dit jour et la moitié de la nuit sans s'arrêter,
» jusqu'au château de Galinières dépendant de Bon-

» neval, où on les enferma tous en une chambre
» au plus haut d'une grosse tour, où ils furent dé-
» tenus, sans pouvoir parler ni ouïr personne, trois
» ou quatre jours. Et après ledit seigneur même ac-
» compagné d'autres, auraient conduit ledit Pa-
» rayre et le révélant à son château de Calmont;
» et à l'instant qu'ils y furent arrivés, commanda
» audit Goffre de mettre le révélant et Parayre
» chacun à part et séparément en une prison, ce
» qui fut exécuté. Et le révélant fut mis à la plus
» basse station et croton * de l'une des tours dudit
» château, en un lieu puant et tout-à-fait miséra-
» ble, et il entendit qu'ils menaient Parayre en une
» autre tour dudit château, de même senteur, où
» ils furent détenus l'espace de trois semaines ou
» environ. Parfois le seigneur les faisait tirer des-
» dits crotons pour comparaître devant lui; et en-
» tre autres jours le 15 juin il voulut leur parler;
» et comme le révélant et Parayre furent devant

---

* Ce cachot est situé au-dessous de la tour dont on voit encore les ruines à l'angle sud-est du château. Il n'y pénétrait un peu de jour et d'air que par de rares soupiraux étroits et peu élevés, percés au niveau du sol intérieur, dans des murs prodigieusement épais. On y arrivait par un escalier en voute, des plus raides. De faux monayeurs s'y cachèrent à une époque où le château n'avait plus d'habitans, pour y exercer en sûreté leur coupable industrie.

» le seigneur baron, en la salle du château, ledit
» baron leur dit que de tant que leurs parens n'a-
» vaient voulu accorder ce qu'il voulait et s'étaient
» retirés à la justice, il jura Dieu qu'il ferait mou-
» rir le révélant ; et que pour Parayre il serait
» quitte avec tous ses biens. Alors le révélant le
» supplia à jointes mains de ne le faire mourir
» de sang-froid, ni tenir en si grande détresse ni en
» lieu si abject; à quoi ledit seigneur répondit avec
» serment qu'il ferait étrangler le révélant en prison
» et que personne ne saurait qui l'avait fait. Et il dit
» à Parayre qu'il n'en mourrait point, mais que tout
» son bien s'en irait, quand même il le devrait met-
« tre entre les mains de l'Espagnol, comme il lui
« était facile par le moyen d'un sien parent. Et
« ayant tenu ledit propos, commanda de les remet-
« tre en une prison plus haute, où ils furent con-
» duits avec un religieux nommé Dom Pierre Caze-
« bonne, dit Bonneterre, de Bonneval; lequel Bon-
» neterre devint malade d'un mal de côté qui lui ar-
» riva sur la nuit. Et à la pointe du jour l'en tirè-
» rent et y laissèrent le révélant et Parayre. Et au
» bout d'un jour les tirèrent de ladite haute prison
» et furent remis aux plus basses et premières pri-
» sons à eux baillées. Et advenu la nuit de la veille
» de saint Jean-Baptiste, environ la minuit, ledit

» seigneur se fit ouvrir la prison, où étaient le ré-
» vélant et Parayre, acompagné de six ou sept sol-
» dats, portant chacun l'épée à la main; et sur
« l'entrée de ladite prison, ledit seigneur s'adres-
» sant au révélant, jura Dieu qu'il en mourrait;
» et appelant un soldat nommé Sérieys, il lui com-
» manda d'aller chercher des cordes, et les ayant
» portées il lui ordonna, avec lesdites cordes, lier
» les bras et les jambes du révélant, ce qui fut exé-
» cuté. Et l'ayant ainsi lié et attaché un temps avec
» menaces de le faire mourir, l'aurait fait délier
» après et le lendemain au soir, comme la lune
» commença d'éclairer, aurait fait sortir desdites
» prisons ledit révélant et Parayre et fait monter
» sur deux méchantes montures, et toute la nuit
» les fit marcher; et, ledit seigneur y étant en per-
» sonne, accompagné de plusieurs soldats, traduits
» et emmenés au château de Calmont-de-Plancatge,
» appartenant au sire d'Arpajon, son beau-frère.
» où arrivés les aurait fait mettre en prison, à la-
» quelle arrivés, ils furent avertis que le sieur vi-
» comte d'Estaing et d'autre noblesse, gens d'hon-
» neur, étaient venus visiter ledit sieur d'Arpajon,
» qui étaient tous encore dans le lit, sauf le maî-
» tre-d'hôtel et un autre gentilhomme dudit sei-
» gneur d'Estaing, qui entendant que ledit sieur

» de Calmont emmenait des prisonniers, les vou-
» lurent voir; et ayant vu et reconnu ledit Parayre
» et le révélant s'en rendirent étonnés, et aussitôt
» en allèrent avertir ledit d'Estaing; lequel enten-
» dant ce dessus se leva et alla prier M. d'Arpajon
» de n'endurer point à sa maison que l'on retînt pri-
» sonniers des gens de bien; et de le représenter à
» M. de Calmont, son beau-frère, qui les y avait
» amenés. A la faveur duquel sieur vicomte d'Es-
» taing le révélant et Parayre furent élargis par le
» château. Et étant ainsi élargis, le révélant et Pa-
» rayre allèrent faire la révérence audit sieur d'Es-
» taing, lequel sieur après avoir entendu le cruel
» traitement que leur dit seigneur leur avait fait,
» alla tout aussitôt trouver le sieur de Calmont,
» pour lui représenter le tort qu'il faisait à sa répu-
» tation, et le malheur qui lui en pourrait arriver
» par la justice, si l'acte en venait en lumière. Le-
» quel sieur baron de Calmont se piqua, et lui dit
» qu'il n'avait que faire de justice, car étaient de
» ses sujets, et qu'il voulait de l'argent comment
» que ça fut; et une bonne somme ou autrement
» il ferait mourir ledit Parayre et le révélant en
» prison; et qu'ils n'échapperaient jamais qu'il n'en
» eut dix mille écus le moins; et que s'il les avait
» une fois à Castelnau-de-Bréthounous, sa maison,

» hors du pays et de leurs amis, il leur donne-
» rait tant de tourment qu'il leur ferait accorder
» encore d'avantage. Lequel révélant et Parayre
» pour conserver leur bien, appréhendant le mal-
» heur où ils allaient être plongés, prièrent ledit
» sieur d'Estaing de se vouloir employer pour eux,
» et avec de l'argent les tirer des mains dudit baron
» de Calmont. Lequel sieur vicomte trouva tout-à-
» fait étrange de parler de bailler aucun argent;
» et s'en revint représenter audit baron le tort
» qu'il se faisait à soi-même de prendre d'argent
» de ses sujets de cette façon; et qu'il aimerait
» mieux lui donner le meilleur cheval qu'il avait et
» qu'il se départit de ladite affaire, ce que ledit
» sieur de Calmont n'avait voulu accepter, se ré-
» solvant toujours à en avoir de la rançon, à quoi
» le révélant et Parayre furent contraints condes-
» cendre, et lui promettre la somme de six cents
» écus; laquelle promesse étant close et arrêtée,
» ledit sieur baron se ravisa, et dit audit sieur d'Es-
» taing que ce n'était pas tout et qu'il désirait,
» qu'il fallait qu'il pensât avecque conseil com-
» ment il se devait gouverner et pourvoir à ses af-
» faires en cas que ledit révélant et Parayre revien-
» draient contre lui par la justice et que en attendant
» qu'il eut envoyé à sondit conseil, ledit révélant

» pourrait aller à Espalion pour avoir un désaveu de
» la ville de la poursuite que le syndic et les consuls
» avaient faite contre lui. Et au cas ledit révélant
» ne put obtenir ledit désaveu, serait tenu de se faire
» remettre entre ses mains dans deux jours, à Cal-
» mont de Plancatge, ce qui fut exécuté par le ré-
» vélant. Et fut audit Espalion prier le corps de
» la ville de le vouloir servir de ce désaveu, et que
» sans icelui il n'y avait remède qu'ils se puissent
» sortir de la captivité où ils étaient. Et ayant le
» général de la ville ouï telle plainte, se résolurent
» audit désaveu, et le baillèrent au révélant pour
» le porter au seigneur audit château de Plancatge,
» où ledit Parayre était encore arrêté. Et ayant
» ledit sieur baron lu ledit désaveu, dit que cela
» ne suffisait point, et que la ville l'en pouvait
» rechercher un jour; que pour son assurance
» il fallait que lesdits révélant et Parayre se
» résolussent à deux choses l'une : ou à mourir
» en prison, ou à se charger du meurtre d'un
» nommé Jean Conquet que ses soldats avaient
» tué, et qu'il ne voulait mettre sa tête en ha-
» sard pour six cents écus; ce que ledit révélant
» et Parayre ne voulurent faire; et dirent qu'ils
» étaient plutôt prêts à recevoir la mort qu'à se
» charger d'un si misérable acte. Quoi vu par le-

» dit baron, leur fut dit qu'il ne voulait se fier à
» leur parole, et qu'il exigeait que ledit sieur d'Es-
» taing entrat en obligation et contrat de faire en
» sorte que ledit révélant et Parayre n'en fissent
» point de plainte et poursuite, ni leurs parens.
» Lesquels parens sur ce traité allèrent trouver le-
» dit sieur d'Estaing à sa maison de Salmiech où il
» s'était retiré, et le prièrent de retourner jusques
» audit Calmont pour faire en sorte d'accorder tout
» ce que ledit baron demanderait pour soi tirer de
» captivité ledit révélant et Parayre, à la prière des-
» quels ledit sieur d'Estaing monta à cheval et vint
» audit Calmont-de-Plancatge; et fut contraint,
» quelques remontrances qu'il fit audit baron, de
» lui acorder ce qu'il demandait. De quoi enfin
» fut passé contrat par un notaire dudit Calmont,
» le dernier jour de juin. Après la passation du-
» quel le révélant et Parayre furent élargis. Et de-
» puis la ville ayant pris la cause, a payé en deux
» fois quatre cents écus en déduction des six cents
» de ladite rançon. »

Indépendamment des actes, nous ne dirons pas il-
légaux, mais horriblement criminels dont il vient
d'être parlé, il est bon d'en relater d'autres afin
d'édifier complètement sur le sujet qui est en cause.
Beaucoup assurément seront passés sous silence, car

une énumération telle qu'on pourrait la faire nécessiterait un in-folio, ce qui serait de nos jours un véritable hors-d'œuvre. Nous devons seulement faire observer que les faits consignés dans ce chapitre et ceux qui pourraient y trouver place, appartiennent à des époques bien différentes. Cette observation sera, nous le pensons, une réponse suffisante au reproche qu'on croirait pouvoir nous faire à bon droit de réprouver injustement l'institution féodale à cause des méfaits de quelques seigneurs. S'il y eut chez nous de ces derniers dont l'autorité fut supportable, ils se trouvèrent former une imperceptible minorité, et ne sauraient modifier sensiblement l'opinion qu'il est impossible de ne pas avoir sur l'ensemble.

Le seigneur fait prendre en violation de toutes les règles de la justice, le nommé Jean Rigal, du Cros, et ordonne son incarcération dans la prison du chateau de Beaucaire. Rigal ne recouvra la liberté qu'au bout de onze semaines et trois jours, après avoir donné cent écus d'or au seigneur pour sa rançon, onze écus au capitaine du château pour la dépense, et trois écus d'or à ceux qui lui avaient fait l'agréable surprise de l'arrêter.

Autre capture et incarcération de Jean Calvet, d'Espalion. Après quinze jours de détention dans les cachots du château de Calmont, il en fut tiré pour être jeté dans ceux du château de Castelnau de Bréthounous, où il languit encore vingt jours.

Le même abus de pouvoir frappa à des époques diverses Amans Benezech, Jean Marolhs, Pierre Baleste, Mathieu Cavalier, Jean Pétiot, jeune, et Blaise Bousquet. Tous ces malheureux, habitans d'Espalion, gémirent plus ou moins longtemps dans les cachots de Calmont.

Une orpheline fille de Jean Romieu, d'Espalion, vivait tranquille et heureuse chez des parens qui lui avaient donné asile et qui en prenaient le plus grand soin. Un jour cette pauvre jeune fille manqua à sa famille adoptive, et les démarches de celle-ci n'aboutirent qu'à constater un enlèvement. Cette fille avait été conduite par ordre du Seigneur à son château de Bréthounous, où sa captivité dura quinze mois. Ses parens ne purent la recouvrer qu'en donnant au ravisseur seize écus d'or.

En l'année 1589, sous le consulat de Jean Dumas, bourgeois, le Seigneur fit son entrée à Espalion, accompagné, ni plus ni moins, de quatre cents hommes de guerre. C'était agir au mépris des franchises de la communauté. La ville, les faubourgs et les villages voisins eurent énormément à souffrir de la présence de ces gens qui s'y conduisaient absolument comme en un pays conquis. Déprédations, violences, abominations de toute nature, tels furent les actes ordinaires de ces hôtes par trop importuns. Les prières et les supplications adressées au Seigneur pour obtenir l'éloignement de ce véritable fléau, n'aboutirent à aucun bon résultat, il lui fallait, on le devine, autre chose que des démonstrations de ce genre. Il ne consentit enfin à quitter le pays qu'après avoir reçu en présent des consuls *trois beaux mulets d'un grand prix garnis de coffres, de harnais, de bâts, en un mot de toutes les choses requises.*

Deux ans plus tard la ville fut menacée de voir se renouveler une semblable visite. Elle ne l'esquiva qu'en comptant 400 écus au Seigneur, et 60 à son maître-d'hôtel, nommé Amadou, qui ne l'avait pas desservie dans cette occasion.

Combien de fois n'est-il pas arrivé que le Seigneur a fait ouvrir de force les boutiques des marchands d'Espalion, et en a fait emporter une foule d'objets sans avoir jamais songé à en payer le prix ! Citons un fait entre mille. Lorsque Antoine de Castelnau perdit sa mère, il fallut se procurer du drap pour porter le Deuil. Plusieurs marchands de la ville en avaient à vendre, mais non au Seigneur qui ne payait jamais. Dans cette circonstance les portes des boutiques lui furent fermées sans merci ni pitié. Pour les rouvrir sans blesser la justice, le moyen était très simple : il n'y avait qu'à se présenter l'argent à la main, mais c'eût été par là déroger à une trop vieille et trop profitable habitude; d'ailleurs tout n'était-il pas permis à celui qui s'appelait le Seigneur ? on trouva donc plus à propos de forcer le magasin de Guilhaume Cayron et d'y prendre vingt-quatre cannes de drap. Quant au prix, nous l'avons dit, Cayron l'attend encore.

Combien de fois le même personnage n'a-t-il pas usé de violence afin de se procurer de belles montures pour son usage ou celui de ses amis! on n'a jamais vu, à la vérité, que le pauvre animal fut tout-à-fait perdu pour son propriétaire; mais il était toujours rendu dans un état de délabrement tel qu'on ne pouvait plus l'employer qu'à tourner une meule. Le coursier quittait fringant et vigoureux le logis de son maître, il revenait à coup-sur méchante haridelle.

Combien de fois encore n'est-il pas advenu que le Seigneur, par un motif détestable, s'est efforcé de rendre nos foires mauvaises ou nulles! pour arriver à son but, il dépéchait assez tôt ses hommes dans les localités voisines, avec la mission expresse de défendre aux habitans, sous les peines les plus sévères, de se rendre dans nos murs au jour indiqué. Ce moyen ne réussit que trop souvent, tant était grand l'effroi qu'inspiraient dans le pays le maître et ses odieuses créatures.

Combien de fois, enfin, n'a-t-il pas été pour ses malheureux vassaux un sujet de très lourdes dépenses en dehors des cas dont nous venons de parler ! ses contestations à main armée tantôt avec messire Christophe, comte d'Apcher, comme en 1624,* tantôt avec son parent le vicomte d'Ar-

---

* Le château fut pris le neuf août par les troupes du comte d'Apcher, après une courte mais sérieuse résistance qui coûta la vie à Pierre Tournié, soldat de la garnison. L'autorité ignorant à quelles gens le manoir féodal avait affaire, fit aussitôt sonner le tocsin, fermer les portes de la ville, mettre des hommes sur pied, et informer le seigneur de ce qui se passait. D'Apcher, absent lors de l'attaque, arriva au château le 24 du même mois, et se hâta d'écrire aux consuls la lettre que voici : messieurs, je suis arrivé céans tout-à-l'heure et j'ai bien désiré vous voir. Comme je vous en prie avec affection, donnez-moi ce contentement que de venir avec ce mien gentilhomme que je vous envoie, vous ne recevrez que toute sorte de satisfactions de moi, je vous en donne ma parole ; sur quoi je suis, messieurs, votre très affectionné à vous servir. A Calmont ce 24 août 1624. — Nos magistrats ne voulant causer du déplaisir ni au seigneur ni à d'Apcher, ne surent quel parti prendre après la réception de cette lettre. Le conseil communal assemblé, pajon, comme en 1640, entrainèrent nécessairement pour la ville des maux qui doivent lui être imputés. Si l'on ajoute à cela les procès incessans qu'il lui suscita, dans les temps bien plus ruineux, sous ce rapport, que les temps actuels, desquels pourtant on ne peut faire l'éloge, les obligations qu'il fallut contracter à son sujet; les désordres de tout genre qui durent accompagner inévitablement un régime de vexations et de terreur, on pourra se faire une idée du pitoyable état de notre société à une époque pour laquelle quelques personnes semblent, o douleur! éprouver de sincères regrets.

Et maintenant que n'aurions-nous pas à dire des serviteurs du château! on devine aisément ce qu'ils devaient être sous des patrons aussi dignes. Un homme qui avait une réputation incontestable et

---

décida qu'il fallait sortir d'embarras en répondant comme suit : — Monsieur, en l'absence de mon collègue, étant ici moi seul fort occupé, la ville n'a pas trouvé bon que je quittasse; étant marri que je ne vous aie pu contenter sur le sujet de celle que vous a plû nous écrire, vous assurant que je suis, monsieur, votre très humble et obéissant serviteur. — Pradier, consul. — Tant que Calmont resta au pouvoir de d'Apcher, les Espalionais, dans la crainte d'une surprise, ne cessèrent de tenir leurs portes fermées et d'agir comme en temps de guerre. Des questions d'intérêt qui divisaient le seigneur et le comte amenèrent la prise du château.

incontestée d'audace et de scélératesse, était toujours sûr de devenir le familier du Seigneur. Il fallait, pour être selon son cœur, se sentir capable de détrousser les passans, de porter le déshonneur dans les familles, d'exciter une sédition, de ne pas reculer même devant le meurtre et l'incendie. Malheureusement pour les Espalionais et les autres membres de la baronie, le Seigneur ne fut sous ce rapport que trop bien secondé. Le château de Calmont, témoin muet de tant de gémissemens et de tant de larmes, était constamment gardé par huit hommes de sac et de corde commandés par un chef plus scélérat qu'eux, et qui, à ce titre, méritait le nom de capitaine qu'on lui donnait. Aussi effrontés en plein midi qu'au sein des plus épaisses ténèbres, toutes les heures leur étaient également favorables pour commettre le mal. Sûrs de l'assentiment de leur maître, il n'est pas d'excès qu'ils ne commissent journellement. C'était en vain que les victimes de tant de forfaits avaient recours au juge de la baronie : les loups ne sauraient se dévorer entre eux. * L'on eut

---

* Outre ce que nous avons rapporté précédemment à l'égard des juges de la baronie, voici une lettre du seigneur lui-même qui vient encore corroborer notre opinion sur le compte de ces magistrats. — Messieurs

dit que la justice n'avait d'autre mission que celle de protéger les persécuteurs. Aussi lorsque ces grands criminels, que le ciel a trop long temps tolérés, regagnaient leur immonde repaire, chargés de butin, de déshonneur et de malédictions, ils y prenaient de joyeux ébats sans le moindre remords apparent, comme si les horreurs dont ils venaient de se rendre coupables, étaient plus dignes de louanges que d'éternelle réprobation.

Pour clore comme il convient d'aussi affligeans tableaux, rapportons un arrêt qui fut rendu en la cour des grands-jours séant à Nîmes, le 28 février 1667, contre le seigneur et plusieurs de ses affidés. Abondance ne nuit pas. Nous estimons d'ailleurs que des citations dans le genre de celle-ci sont d'une grande autorité pour les esprits même les plus prévenus.

---

les consuls. — On m'a escript que Fleires (c'était le nom du juge) aiant mescogneu son devoir a voulu faire le capitaine dans ma ville d'Espalion. Vous vous y estes gouvernés sy saigement que je ne puis que vous en louer et vous prier de me continuer tousjours les effects de la bonne volunté que vous m'y aves tesmoignée; et que ces suffisans quy ont failly a estre cause de la ruine de vostre ville y aient dor en avant autant de crédit qu'ils méritent. Ce sont enfin des personnes qui ne pouvant profiter en servant veulent s'honorer en brouillant. Vous les recognoitres tousjours pour aussi peu fidèles à vostre ville que je suis vostre plus affectionné ami. — Clermont.

« Vu le procès extraordinairement fait par MM.
» Clément de Long, de Gara et Jean de Burta,
» conseillers en la cour, et commissaires par elle
» députés au pays de Rouergue et de Gévaudan, à
» la requête du procureur général du roi deman-
» deur en excès, et requérant l'utilité de certains
» défauts et ajournemens à trois brefs jours, d'une
» part; et messire Louis de Guilhem de Castelnau,
» comte de Clermont-Lodève, prévenu, ajourné
» auxdits trois brefs jours, et défaillant d'autre.
» Dit a été que la cour a déclaré et délare les dé-
» fauts et ajournemens à trois brefs jours avoir été
» bien et dûment obtenus. Pour le profit desquels
» a condamné et condamne ledit de Guilhem, comte
» de Clermont au bannissement perpétuel hors du
» royaume, lui faisant défense de s'y trouver à pei-
» ne de la vie. Déclare en outre ses biens acquis et
» confisqués au roi, distraite la troisième partie
» d'iceux pour sa femme et enfans si point en a ;
» et la somme de vingt mille livres d'amende à l'or-
» donnance de la cour et les dépens et frais de jus-
» tice au profit de ceux qui les ont exposés. Si a
» ladite cour ordonné et ordonne que le château
» de Calmont-d'Olt sera démoli et rasé, avec inhi-
» bitions et défenses de rebâtir icelui, à peine de
» désobéissance. Ordonne aussi que les nommés Cof-

» finial, Blancal, Maury dit Bascou, Récusal et Bru-
» net seront pris et saisis au corps; conduits et em-
» menés avec bonne et sûre garde à la conciergerie
» de la cour; et en cas ne pourront être appré-
» hendés, seront criés à trois brefs jours ; leurs
« biens saisis et annotés et régis par commissaires;
» prononcé, etc. »

Liste par ordre chronologique des seigneurs de Calmont-d'Olt, depuis l'an 1000 jusqu'à nos jours.

1 Hugues Ier du nom, seigneur de Calmont-d'Olt, né vers l'an 1000, et Engelberge, sa femme, sont rappelés dans une charte accordée vers l'an 1050, par Astorg de Marcenac, en faveur des églises de St.-Mamet et de St.-Jean, en présence d'Odalric, abbé de Saint-Sauveur de Conques et de Sainte-Foi, et de ses religieux, charte par laquelle Gilbert de Félines devint vassal de l'église de Saint-Mamet, pour une maison qu'il avait fait construire sur le domaine de cette église. Hugues Ier eut pour fils Hugues II, qui suit :

2 Hugues II, épousa vers l'an 1040, une dame

nommée Foi, avec laquelle il fit une donation à l'église de Pomairol, par charte passée la 3ᵐᵉ série du mois de mars, sous le règne de Henri, vers l'an 1045, en présence d'Odalric, abbé de Saint-Sauveur de Conques. Foi survécut à Hugues de Calmont, qu'elle avait rendu père de Bégon Iᵉʳ, qui suit :

3 Bégon Iᵉʳ, chevalier, seigneur de Calmont. Par charte datée du monastère de Conques, le 3 des nones de janvier, sous le règne de Philippe Iᵉʳ vers l'an 1065, charte souscrite par l'abbé Odalric, par Bégon et par Foi, sa mère, en présence et avec l'agrément des seigneurs de sa cour, il rendit à l'ancien monastère de Conques sa prééminence sur le nouveau établi à Figeac. Et, pour prévenir tous différens ultérieurs, entre les deux monastères, il fit donation de celui de Figeac à l'abbaye de Conques; avec la réserve pour lui et sa famille de concourir à la nomination de l'abbé de Figeac. Bégon de Calmont vivait encore au mois de mars 1100, ainsi que Florence, sa femme, dont il eut trois fils et une fille.

4 Geoffroi, vivant vers l'an 1120, laissa deux fils et une fille. Il était frère de Guilhaume de

Calmont, évêque de Cahors, qui fit fonder l'abbaye de Bonneval, sur des biens fonds donnés par lui à cet effet. Ce prélat abdiqua en 1143, et mourut en 1145.

5 Bégon II, chevalier, confirma en 1169 les dons que Guilhaume, son oncle, avait faits à l'abbaye de Bonneval, et y ajouta des biens considérables. Bégon II ne vivait plus en 1175. Il fut père de Bégon III, qui suit :

6. Bégon III, fut appelé en 1183, pour prononcer comme arbitre sur un différend qui s'était élevé entre les religieux de Bonneval et Bermond de Lévédo. L'an 1214 et le 7 des ides de novembre, Bégon fut présent avec Bernard, seigneur de Calmont-de-Plancatge, à l'hommage que Hugues, comte de Rodez, rendit à Simon de Montfort.

7 Guilhaume, fils du précédent, seigneur de Calmont, fit hommage-lige au roi Louis VIII, à Espalion, en octobre 1226. (Voir la teneur de cet hommage au dernier chapitre.)

8 Bégon IV, seigneur baron de Calmont en 1245,

bienfaiteur de l'hôpital d'Aubrac et du monastère de Bonneval. Donna des coutumes aux habitans d'Espalion en 1266, et fut arbitre en 1276 avec Henri de Bénavent d'un accord passé entre Henri, comte de Rodez, et l'évêque Raymond de Calmont, frère de Bégon. Celui-ci mourut peu après en 1284, laissant trois filles.

9 RAYMOND DE CALMONT, évêque de Rodez, succéda à son frère comme baron et seigneur de Calmont-d'Olt. Par son testament qu'il fit en 1297, il institua pour héritiers Hugues de Castelnau, son petit-neveu, fils de Alazie de Calmont et de Matfred de Castelnau de Bréthounous; et Pierre Pelet aussi son petit-neveu, fils d'Alixènt de Calmont, femme d'Astorg d'Aurillac, et en second lieu de Raymond Pelet, 3e du nom. Au premier il donna la partie de son patrimoine sise au-dessous de Conques et qui comprenait : Saint-Lantin, Saint-Constant, etc.; au second il donna l'autre partie de son patrimoine sise au-dessus de Conques et qui comprenait le château de Calmont, près d'Espalion et ses dépendances, Alayrac, Saint-Côme, Castelnau, Mandailles, etc.

Les armes des Calmont-d'Olt étaient d'argent, au lion de sable.

10 Pierre Pelet, qui mourut vers 1309.

11 Raymond Pelet, possesseur de Calmont-d'Olt par la succession de Pierre, son fils, transféra cette baronie à Hugues de Castelnau, vers 1315. Son testament est du 27 juillet 1315, et il mourut peu de temps après l'avoir fait.

12 Hugues de Castelnau, seigneur en 1317, encore en 1343.

13 Jean de Castelnau, qui mourut en 1395. Il institua pour son héritier Pons de Caylus, son neveu. Son épouse, Marguerite de Villemur, fit beaucoup de bien aux prêtres de l'*Université* de Saint-Côme, par son testament qu'elle fit en 1389, en fondant une messe au point du jour pour chaque jour de l'année. A cet effet, elle chargea son mari héritier, de payer aux prêtres deux mille florins d'or dans trois ans, ou de leur assigner de ses rentes, de la valeur annuelle de 50 livres, dans la baronie avec droits de lods et justice. En 1392, le seigneur assigna ces rentes aux prêtres, et chargea no-

ble sieur de Thénières, son procureur fondé, de les leur désigner, ce qu'il fit en assignant toutes les rentes des huit villages suivans: Ruolz, la Passe, Auriech, Labastide, les Ors, Aunac, Salgues et le Pouget.

14 Pons de caylus, appelé aussi Pons de Castelnau. Il reçut des Espalionais en qualité de nouveau seigneur, le 17 février 1395, le serment qu'ils lui devaient ; et il confirma en même temps à l'exemple de tous ses prédécesseurs, les franchises et libertés de la ville.

15 Antoine de Castelnau, fils de Pons et de Borgine de Clermont*, était seigneur de Calmont en 1418, sous la tutelle de sa mère. Il jouissait encore de la baronie en 1465. Noble Pierre de Roquelaure, seigneur dudit lieu, reconnait en 1449, que son château dépend et a toujours dépendu de la baronie de Calmont-d'Olt; et se reconnaît vassal d'Antoine de Castelnau.

16 Jean II de Castelnau, seigneur en 1479, mou-

---

* Il est très probable que ce fut par le mariage de Borgine de Clermont-Lodève, avec Pons de Caylus ou de Castelnau, que la famille de Castelnau de Bréthounous devint propriétaire des terres de Clermont de Lodève, en Languedoc.

rut en 1506. Il avait épousé Marie de Culant, qui testa le douze juillet 1466. Un des enfans de ce seigneur fut abbé de Bonneval.

17 Jacques de Castelnau

18 Jean III de Castelnau. Son épouse s'appelait Charlotte de Rochefort.

19 Pierre de Castelnau. Il mourut vers 1538. Sa veuve s'appelait Marguerite de la Tour ou de Turenne.

20 Gui de Castelnau et de Clermont, qui mourut en 1544.

21 Gui II de Castelnau et de Clermont. Ce seigneur vécut plusieurs années sous la tutelle de Jacques de Castelnau, son oncle, abbé de Bonneval et évêque de Saint-Pons de Thomières.

22 Alexandre de Castelnau et de Clermont. Il fit sa première entrée à Espalion en 1589. Son règne se prolongea jusqu'en 1622, au grand détriment des malheureux habitans de cette ville.

23 Gabriel Aldons de Castelnau, de Clermont, Carinan et Foix, comte de Clermont, marquis de Seyssac, vicomte de Lautrec et de Nébozon,

baron des baronies de Castelnau, Calmont-d'Olt, Venez et autres places, épousa en 1626, Marie-Madeleine de Nantolhet, qui fonda à Espalion le couvent des Ursulines. Il mourut en 1657, laissant quatre enfans : 1° messire Louis de Guilhem, comte de Clermont, qui lui succéda; 2° Autre Messire Louis de Guilhem de Clermont, maître de la garde-robe du roi, marquis de Seyssac; 3° dame Louise de Guilhem, douairière de Montmaton ; 4° Charlotte de Guilhem de Clermont, marquise de la Roque. La veuve de ce seigneur mourut à Castres en 1670; son testament est du 24 août de la même année. Elle se montra toujours protectrice généreuse du couvent des Ursulines; mais ses libéralités devinrent pour l'établissement une source de longs procès : les enfans ne partageaient pas la bienfaisante manière de voir de leur mère.

24 Louis de Guilhem de Castelnau, comte de Clermont de Lodève, était seigneur en 1667, époque à laquelle fut rendu contre lui l'arrêt que nous venons de rapporter. Il mourut en 1669 au siège de Cambrai.

25 Emile de Clermont. Nous ne l'avons trouvé

mentionné qu'une seule fois dans nos archives communales, sous la date de 1671. A-t-il réellement existé un seigneur de ce nom, c'est ce que nous ne saurions affirmer.

26 Louis de Guilhem de Castelnau, comte de Clermont-Lodève, marquis de Seyssac, qui avait été maître de la garde-robe du roi. Il épousa en 1698 Jeanne-Thérèse-Pélagie d'Albert, fille de Louis-Charles, duc de Luynes. Il mourut en 1705, laissant un fils qui ne vécut que douze ans.

27 Constance de Guilhem, comte de Clermont, dont il est parlé à l'article précédent. Il mourut en 1715.

28 La marquise de Seyssac, mère du précédent, veuve de Louis de Guilhem. Elle institua en 1756 pour son légataire universel M. le duc de Chevreuse, qui devint par suite seigneur de Calmont.

Les armes des Castelnau-Bréthenous, sont : écartelé; aux 1 et 4 d'or au château de gueules qui est de *Castelnau*; aux 2 et 3 d'argent, au lion de sable qui est de *Calmont*. — devise : *Diex ayde aulx seconds chrestiens.*

Celles des Clermont-Lodève sont, fascé d'or et de gueules, au chef d'hermines.

29 Marie-Charles-Louis d'Albert, duc de Chevreuse, prince de Neufchatel, baron de la baronie de Calmont-d'Olt.

30 de Pégayrolles. Son fils, sous-préfet d'Espalion sous la Restauration, vient de vendre à parcelles les propriétés qu'il possédait autour de la ville, et qui composaient jadis en partie le domaine du château.

VIII.

L'HOSPICE.

A chaque institution selon ses mérites. Si nous avons eu des paroles sévères, quelquefois dures, mais toujours justement méritées, à l'égard du régime féodal, il n'en sera pas de même pour un établissement d'un autre genre qui, bien loin de peser lourdement sur notre localité, n'eut jamais pour ses malheureux que des consolations et du secours. Oui, certes, les bienfaits que l'hospice a rendus depuis son origine commandent à tous le respect, la reconnaissance et l'amour. Aussi pendant que nous nous réjouissons et de bon cœur de voir s'effacer chaque jour un peu de ce qui reste encore de nos vieux châteaux, nous faisons des vœux bien sincéres et bien ardents pour la prospérité toujours croissante de l'asile du malheur. Nos ancêtres l'entourèrent d'une tendre sollicitude. Malgré d'onéreux sacrifices nécessités par de dures circonstances, ils aimèrent à s'en imposer encore afin d'augmenter ses moyens de bienfaisance. Et lorsque la dernière heure approchait pour eux, ils regardaient comme une étroite et sainte obligation de lui léguer quelque chose. Ah! que ne pouvons-nous faire revivre une aussi louable coutume; car, il faut bien le dire, si nous avons hérité de l'amour de nos pères pour l'indépendance, si comme eux nous tentons chaque jour de sublimes efforts pour assurer le règne de la justice, nous sommes loin de les égaler en charité, et nous oublions trop aisément qu'il est écrit : *Vous êtes tous frères, aimez-vous les uns les autres.* —

On ne connait pas la véritable époque de la fondation de l'hospice. La tradition en fait remonter l'origine au milieu du treizième siècle et l'attribue à Saint-Louis. Ce qui ne peut être mis en doute, c'est son existence en 1300, c'est-à-dire trente ans après la mort du pieux monarque. Le fait s'établit par un acte de cette époque, daté du samedi avant la nativité de notre Seigneur, portant constitution de rente de blé seigle en faveur de l'hospice. Le document en question existe encore et se trouve, mais un peu détérioré, dans les archives de la commune. Quant à cette partie de la tradition qui attribue à Louis IX la fondation de l'établissement, elle ne nous parait pas mériter une grande confiance : nous aimons à croire que ce saint roi, dont les ressources financières étaient en rapport avec le haut rang qu'il occupait, et dont l'amour pour les pauvres était si vif, aurait doté plus confortablement une institution qui dût être des plus modestes dans son principe, ainsi qu'on en jugera par l'inventaire qui sera rapporté plus bas. On approcherait, ce nous semble, de la vérité, en disant qu'un homme du peuple, plein de foi et d'amour, mourant sans enfans, eut la pensé généreuse de léguer pour l'entretien de ses frères les plus nécessiteux son modeste avoir : une maison avec son mobilier, et peut-être, quelques arpens de terre dont le revenu suffisait à ses besoins.

Quoiqu'il en soit de ces conjectures et en attendant que lumière se fasse, disons que les consuls ont toujours été considérés comme les patrons de l'hospice. S'il s'élevait quelque difficulté à son sujet, c'est à eux qu'on en référait aussitôt Le Seigneur n'eut jamais rien à voir dans son administration. Le soin des pauvres et tous les autres travaux d'intérieur étaient le fait de deux personnes, le plus souvent mari et femme, qu'on appelait *hospitaliers*. Au dessus des hospitaliers se trouvait un syndic appelé communément le syndic des pauvres pour le distinguer de celui des consuls. Il entrait dans ses attributions d'acheter les provisions nécessaires à la consommation intérieure, et de pourvoir à ce qu'elles fussent employées avec ordre et économie; d'assurer la livraison régulière des rentes, d'accorder ou de refuser la passade aux voyageurs, etc. Mais la bourse de l'hospice était toujours tenue par l'un des consuls qui donnait de l'argent au syndic au fur et à mesure des besoins. La nomination de ce dernier avait lieu à la même époque et de la même manière que celles dont il a été parlé précédemment. Ce fonctionnaire à l'expiration de sa charge, qui devint annuelle à partir de 1578, présentait par écrit deux candidats au peuple assemblé; celui-ci faisait un choix à la majorité des suffrages. Le syndic n'entrait en charge qu'après avoir solennellement prêté serment sur la croix et les saints évangiles, il rendait ses comptes en même temps que les autres comptables de la communauté.

Malgré son utilité incontestable et l'ordre parfait qui régnait dans son administration, l'hospice ne fut jamais l'objet de la générosité des riches et des opulens de ce monde. Toutes ses ressources lui venaient de la petite société au sein de laquelle il était établi : C'est assez dire ce qu'elles devaient être. S'il fut entré en partage des faveurs qui, à toutes les époques, grossirent la fortune d'Aubrac ou de Bonneval, ses services se seraient accrus d'autant; et son avoir, toujours dépensé pour le soulagement exclusif de l'humanité, n'eut probablement jamais excité de coupables convoitises. Voici un document qui donnera une idée exacte de la situation financière de l'hospice plus de deux cents ans après l'époque présumée de son origine. C'est un inventaire du mobilier, dressé en 1465. Pierre Tailhade, prêtre, succédant en qualité de syndic des pauvres à qui Vinhe, prêtre aussi, reconnait avoir reçu de ce dernier:

« Onze lourdiers; une paillasse garnie de plumes;
« sept traversins garnis encore de plumes; quatre
« matelas en bon état; trente draps de lit; quatre
« nappes; sept capuchons; trois petites tables; qua-
« tre grandes tables (quatuor taulas); trois bancs;
« sept bois de lit; trois pintes d'étain; une marmite
« de cuivre en mauvais état; un seau neuf; un canal
« de bois; un trépied de fer n'ayant plus que deux
« pieds; deux mortiers de pierre; une jarre con-
« tenant quinze *coades** (Unam dorcam tenentem

---

* La coade valait quatre *pauques*. La pauque vaut 1/2 litre.

« quindecim coadas); une bouteille de terre (Unam
« botelham terræ); trois chandeliers de fer; une
« cuve vinaire en bois, suffisante pour faire dix
« quartiers [de vin (unam tinam fusti colantem
« decem carteria); trois pipes contenant chacune
« deux quartiers ; un registre des quêtes; un
« livre intitulé *fleurs des saints*; un autre livre de
« lecture.

Ce chétif mobilier ne permet pas de supposer de bien gros revenus à l'établissement public auquel il appartenait. En 1591 ces revenus étaient de deux cents livres environ, et il semble qu'avec si peu il était impossible de produire un bien sensible, surtout dans un temps où la misère comptait tant de victimes. Sans doute l'hospice ne pouvait admettre dans son sein tous les malheureux d'Espalion qui y avaient droit : il eut fallu pour cela un établissement aussi riche que ceux de même genre qui existent aujourd'hui dans nos grands centres de population. Mais si tous ne pouvaient être secourus autant que leur triste état le réclamait, tous du moins recevaient de temps à autre des marques d'une tendre sollicitude. La charité a des ressources que l'égoïsme ne soupçonna jamais. Son imagination toujours féconde trouve d'heureux expédiens quand il s'agit d'essuyer des larmes, de nourrir un corps amaigri par la faim, de vêtir des membres nus. L'administration de l'hospice organisait des quêtes, établissait dans les églises des troncs pour les pauvres, faisait prêcher des sermons de charité, et il était possible avec les ressources qui en provenaient de maintenir deux usages que le temps aurait du respecter. Le premier consistait dans une distribution de pain à tous les pauvres de la ville, depuis le premier lundi de carême jusqu'à la Saint-Jean-Baptiste, le 24 juin. Le second avait pour objet de donner tous les ans, à la Noël, à chacun des pauvres les plus nécessiteux assez de drap du pays pour se vêtir confortablement. Indépendamment de ces deux bonnes œuvres, qui se pratiquaient à des époques si sagement calculées, l'hospice donnait très-souvent l'hospitalité soit à des malheureux étrangers à la localité, soit à des capucins ou autres religieux en pèlerinage dont le passage était jadis très fréquent à Espalion.

La maison où fut primitivement établi l'hospice n'est pas plus connue que le nom de celui qui le fonda. Il est positif qu'à la fin du quatorzième siècle, elle existait sur l'emplacement même où l'on bâtit dans le suivant l'église paroissiale actuelle. La construction de ce dernier édifice, ainsi que nous l'avons déjà dit, fut commencée en 1472, et c'est à cette époque que l'hospice dut être transféré ailleurs. Plusieurs délibérations municipales attestent que dès ce moment les pauvres furent logés dans des maisons particulières affermées pour cet objet par les consuls. La ville cependant ne tarda pas à reconnaître les inconvéniens, sous plusieurs rapports, de ces divers changemens, et elle se mit en mesure d'acheter un local qui permit de les faire cesser, au moins pour un temps illimité. Il y avait alors au faubourg, du côté du moulin, une maison suffisamment vaste[*] ayant cour et jardin, appartenant au nommé Riols, d'Espalion, mais qui depuis quelques années s'était définitivement fixé à Cahors. La ville en fit l'acquisition le 17 juin 1510, moyennant cent quatre-vingt-dix-sept livres qu'elle solda en plusieurs paiemens. Les travaux d'appropriation commencèrent aussitôt, et peu de temps après les pauvres étaient installés dans leur nouveau domicile avec une certaine solennité.

Tout aurait été pour le mieux dans le nouvel

---

[*] Cette maison est celle qu'occupe aujourd'hui, dans la rue du moulin, près le pont neuf, monsieur Poulenq, tanneur. On voit derrière elle la carcasse d'un bâtiment connu longtemps sous le nom de Chapelle des Pénitens-Bleus, et qui était autrefois la Chapelle de l'Hospice.

établissement si l'on y avait ménagé une chapelle pouvant contenir au besoin plus que les malheureux habitans de l'hospice. Les fonds de la commune n'étant pas assez considérables pour en construire une autre, il fallut forcément se contenter de celle qui s'y trouvait. Mais en 1637, un habitant charitable, nommé Salnau, vint en aide à la ville par le don qu'il fit de sa maison attenante au jardin de l'hospice. Il fut dès lors arrêté que la chapelle serait reconstruite, et cette fois avec des dimensions convenables. Ce projet goûté de tous, fut en voie d'exécution à partir de cette même année, et se trouva tout-à-fait réalisé en 1643. Il nous paraît convenable de rapporter ici le procès-verbal d'inauguration. Entre autres renseignemens dignes d'exciter notre intérêt, ce document nous dira à quelle époque et à quel sujet furent instituées les *Dames de Miséricorde*, qui, de nos jours encore, font tant de bien parmi nous.

Bénédiction de la Chapelle de l'Hospice,
LE 7 FÉVRIER 1643.

« Etant certain que l'écrit renvoie à la postérité
» ce qui s'est passé; et afin qu'on puisse témoigner
» le zèle qu'on a eu et peut avoir aux choses di-
» vines particulièrement, a été trouvé bon d'insérer

» dans le présent livre des délibérations, vrai réper-
» toire de ce qui s'est passé, qu'ayant été con-
» sidéré ci-devant par la ville l'incommodité évi-
» dente qu'on ressentait tant pour les pauvres qui
» étaient ou seraient logés à l'avenir dans l'hôpital
» de la présente ville que pour les habitans d'icelle,
» de la petitesse de la chapelle où on avait accou-
» tumé de célébrer la sainte messe soit de fon-
» dation, ou celles qui se faisaient et font dire aux
» dépens de ladite ville et autres, ou plusieurs se
» réfugient pour y assister et l'entendre, aurait été
» trouvé à propos de l'édifier et bâtir en lieu plus
» commode, à la diligence des Messieurs consuls,
» vrais patrons dudit hôpital, et des syndics qu'on
» a accoutumé de créer annuellement pour avoir
» un soin particulier d'icelui; ce qu'ayant été fait,
» et ladite chapelle mise en état de pouvoir avec
» décence faire le service divin, la bénédiction de
» ladite chapelle étant au préalable requise, ladite
» commission en aurait été accordée par le sei-
» gneur évêque à M. Guilhaume Hémard, recteur
» de ladite ville, lequel à ces fins cejourd'hui sep-
» tième jour du mois de juin 1643, s'y serait trans-
» porté avec la procession, assisté des Messieurs con-
» suls et autres, savoir du sieur Gaspard Bancarel,
» marchand, et Me Pierre Blanchy, notaire, consuls

» susdits. Et aurait été en leur présence avec af-
» fluence de peuple procédé à ladite bénédiction
» en la forme ordinaire; et dédié ladite chapelle
» à l'honneur de Dieu sous l'invocation de saint Jac-
» ques Majeur, apôtre, et de saint Roch, confes-
» seur; et ladite messe y aurait été incontinent cé-
» lébrée par ledit sieur recteur; et un tableau re-
» présentant saint Roch y aurait été donné par le-
» dit sieur Bancarel, consul, et depuis y aurait été
» établi une confrérie de mères de la miséricorde
» pour quêter pour les pauvres aux occasions et
» suivant l'ordre qui aurait été prescrit, de l'aveu
» desdits sieurs consuls et de leur conseil, par le révé-
» rend père Agut, jésuite, qui exhorta à la charité et
» libéralité envers les pauvres comme vertu recom-
» mandée par les oracles des écritures divines, et
» de soutenir les intérêts des pauvres, puisque c'est
» exécuter les jugemens divins et humains; et ce
» en un sermon qu'il fut prié de donner à ladite
» chapelle, lors de l'établissement de ladite con-
« frérie. Et tout ce dessus, moi notaire et syndic
» soussigné, présent — AGUT. »

Rien n'est stable ici bas : cette chapelle dont l'inauguration fut une véritable fête pour la ville, est bien loin d'avoir conservé sa destination première. Après avoir abrité sous ses voûtes saintes le pauvre et l'orphelin; après avoir retenti, successivement des cantiques sacrés des Pénitens Blancs et plus tard des Pénitens Bleus, elle devint, dès les premières années de notre grande révolution, la salle du *Club de la Fraternité.* Hélas! jamais dénomination ne fut plus indignement usurpée, car pendant trop longtemps les motions les plus violentes firent vibrer ses échos, fort étonnés sans doute d'avoir à redire après les noms si vénérés dont le christianisme perpétue la mémoire, ceux à jamais exécrables des Robespierre et des Marat. Quand cessèrent nos tempêtes révolutionnaires, l'édifice ne fut point rendu au culte. Il a servi tour-à-tour de grange et d'écurie ; au moment même où nous écrivons ces lignes, l'ouvrier tanneur, armé de sa lunette, y ratisse à son aise la dépouille du cheval ou du bœuf.

L'hospice demeura en cet endroit jusqu'en 1755, époque à laquelle il fut transféré dans le local qu'il occupe aujourd'hui. Ce changement a été tout entier à son avantage. Les bâtimens, accompagnés d'un jardin et d'un bel enclos, situés à l'extrémité d'un des faubourgs de la ville, et séparés par un quai de la rivière du Lot, sont vastes et très-bien aérés. C'est à la générosité de quelques membres de la famille d'Anglars, aujourd'hui tout-à-fait éteinte, que la commune est redevable de ses bâtimens et de leurs dépendances.

La moyenne des admissions temporaires est de deux fiévreux ou blessés par mois. On compte habituellement de douze à quinze indigens, vieillards ou infirmes, de tout sexe, admis à l'hospice pour y finir leurs jours. Le receveur reçoit un traitement. Le médecin donne gratuitement ses soins. L'aumônier remplit en même temps les fonctions d'économe.

L'hospice est desservi par trois sœurs de Macon. En 1834, le bureau de bienfaisance a été réuni à l'hospice, et la somme totale des revenus ne dépasse pas 4500 francs. Qu'il nous soit permis en terminant de rappeler à nos compatriotes la vive sollicitude de leurs devanciers pour cet asile du malheur, et que de nos jours comme autrefois il est vrai de dire : *qui donne aux pauvres prête à Dieu.*

IX.

LES ANGLAIS ET LES ROUTIERS.

La seconde moitié du quatorzième siècle et le commencement du quinzième virent s'abattre sur le Rouergue des ennemis nombreux et puissans, qui lui firent éprouver tous les maux qu'entraînent infailliblement les guerres les plus désastreuses. Nous voulons parler des Anglais d'abord, ensuite des *Routiers* appelés aussi *Malandrins*, *Compagnies*, *Tard-venus*, bien plus dangereux encore que les premiers. « Ces *routiers*, en effet, étaient un mé-
» lange d'hommes de tous les pays, réunis par l'es-
» poir du butin, qui, pour avoir un prétexte de
» piller la France, prétendaient être de *l'obéis-*
» *sance du roi d'Angleterre,* mais qui dans le fait

» ne reconnaissaient pas de maîtres. Ils s'emparaient
« et des petites places hors d'état de leur opposer
» une longue résistance, et des châteaux fortifiés
» qui leur offraient des asiles inaccessibles; d'où
» ils sortaient à des intervalles fort rapprochés
« pour commettre des ravages, des dévastations,
» des meurtres, des incendies, des enlèvemens
» de bétail dans une étendue de pays très-con-
» sidérable, et de manière à causer d'irrépara-
» bles dommages *. » Espalion eut à souffrir de leur
part. Les documens qui l'attestent, quoique en fort
petit nombre, disent assez que l'épreuve fut des
plus terribles pour nos malheureux ancêtres. Du
reste, la tradition populaire s'accorde en ceci avec
les témoignages écrits.

Nos ennemis d'Outre-Manche pénétrèrent dans le
Rouergue en 1345, et s'emparèrent de Saint-Antonin
qu'ils ne purent néanmoins conserver. A quelques
mois de là, la descente en France de leur souverain, Edouard III, et la bataille de Crécy, dont
l'issue leur fut favorable, les encouragèrent à continuer de plus belle leurs courses dans notre province. Ce fut alors (1346) qu'Espalion les vit pour la
première fois sous ses murs. Les habitans, non en-

---

* M. de Gaujal, tom. 1er.

core aguerris au métier des armes, n'étaient pas de taille à lutter avantageusement avec d'aussi redoutables adversaires. Les portes et les murailles croulèrent sous les coups des ennemis, et les Espalionais durent se résigner à subir pour un temps leur brutale domination. Quelques personnes cherchèrent cependant à s'y soustraire, entre autres le juge de la baronie qui se retira à Rodez. M. de Gaujal, dans ses *Essais Historiques*, dit que les Anglais ne purent pas se maintenir chez nous. Quelle cause amena leur retraite, c'est ce que nous ignorons complètement. Il est probable qu'Espalion fut délivré de leur présence jusqu'au jour où Jean-le-Bon, le vaincu de Poitiers, signa le traité de Brétigni, en vertu duquel le Rouergue devint pour plusieurs années une dépendance de l'Angleterre.

Pendant que cette domination étrangère pesait sur le pays en deuil, les *Routiers*, plus à l'aise sous ces nouveaux maîtres, se livraient de tous côtés aux excès les plus abominables. Ils ne laissaient sur leur passage ni une maison sans la piller, ni un château sans le brûler, ni un seigneur sans le rançonner, ni un mercadier sans le tuer, ni une femme sans la violer. La terreur était partout. On n'entendait parler que de nobles, de bourgeois, de chevaliers, de colons, de vieillards, d'enfans égorgés sans pitié. Les plus licencieux et les plus cruels étaient les premiers parmi ces brigands. Au nombre des localités qui furent les victimes de leurs sauvages fureurs, il faut compter Espalion. L'époque précise à laquelle notre ville tomba en leur pouvoir nous est inconnue. Quant aux maux excessifs qu'ils lui firent subir, on les trouve relatés brièvement mais en termes énergiques dans un titre contemporain, dont on nous saura gré de donner ici la traduction.

« Nous, Jean, seigneur des baronies de Castel-
» nau et de Calmont-d'Olt, savoir faisons à tous
» ceux qui ces présentes lettres verront : que, re-
» cevant favorablement la supplique de nos chers
» et fidèles consuls de notre ville et lieu d'Espalion,
» ainsi que d'un grand nombre d'autres habitans
» de la même localité, nous avons appris qu'ils ont
» été dépouillés, pillés et réduits à la plus ex-
» trême misère; et que ladite ville a été prise et
» brûlée par les ennemis et les pillards qui parcou-
» rent en tout sens la patrie, et peu après rachetée
» de leurs mains; que de plus ils ont été réduits
» à un tel état de dénuement, qu'ils sont sans
» moyen aucun de s'acquitter à l'égard de plusieurs
» créanciers, envers lesquels ils ont contracté des
» obligations pour le rachat de la ville; de plus,

» en outre, qu'il existe dans ledit lieu quelques
» forts anciens qui réclament d'urgentes réparations
» pour pouvoir les faire servir à la défense, et
» qu'ils désirent de plus en construire de nouveaux
» pour ajouter à leur sûreté, à celle de la ville et
» de leurs biens, contre l'agression des ennemis ;
» mais qu'ils ne peuvent mener ces entreprises à
» bonne fin si l'on ne vient à leur aide et se-
» cours. Et à ces fins ils nous supplient qu'il nous
» plaise leur accorder la *gabelle* ou *souquet*, qui
» doit être imposé par les susdits consuls dans le-
» dit lieu, sur les denrées, les marchandises et
» les autres objets qui y sont portés pour être
» vendus et achetés, afin d'en employer utilement
» le revenu à la réparation des anciens forts et
» aux nouvelles constructions susdites; nous assurant qu'ils agissent au nom et avec le consente-
» ment de la majeure et plus saine partie des ha-
» bitans dudit lieu. C'est pourquoi, reconnaissant
» la légitimité de la demande des consuls et des au-
» tres à eux joints; et attendu qu'ils veulent et dé-
» sirent ardemment, ainsi qu'ils y sont tenus, pour-
» voir à la sureté de la communauté, des manans
» et habitans d'icelle, de leurs biens et proprié-
» tés, de leurs femmes et enfans, afin de pouvoir
» vivre tranquilles et en paix : nous avons accordé

» et accordons par ces présentes auxdits consuls,
» autant qu'il est en nous, sur ce demeurant ré-
» servé toutefois le bon plaisir, la volonté, l'auto-
« rité et le consentement de notre seigneur le prince
» d'Aquitaine, que la susdite *gabelle* ou *souquet*
» soit établie sur les choses de consommation, les
» marchandises et autres objets qui seront apportés,
» vendus ou achetés dans ledit lieu, en présence de
» notre capitaine, noble Béraud de Marcenac, pré-
» venu d'avance, et que par son intermédiaire, ou
» par toute autre personne députée par nous à
» cet effet, les diverses taxes soient établies en
» notre nom ainsi qu'il sera jugé devoir être fait
» à l'avantage de nos dits sujets; autorisant ceux-
» ci à lever et percevoir eux-mêmes les susdits droits;
» pour la réparation desdits forts et pour la cons-
» truction de nouveaux, sans que les sommes pré-
» levées puissent jamais avoir d'autre destination.
» Cette concession est faite de notre gré et science
» certaine; et voulons qu'elle ait son effet pendant
» quatre ans à partir du jour des présentes. Nous
» ordonnons expressément que ladite *gabelle* ou
» *souquet* ne soit vendu autrement qu'en public et
» aux enchères, en présence du susdit capitaine,
» ou du moins après l'avoir prévenu; et que l'ar-
» gent qui en proviendra ne soit employé qu'aux

» fortifications dudit lieu ; de plus que les con-
» suls susdits soient tenus de rendre compte du
» revenu de ladite *gabelle* ou *souquet* au capi-
» taine ou à toute autre personne que nous dé-
» signerons pour cela, afin de prévenir toute fraude
» et abus. Et dans le cas où la *gabelle* ou *souquet*
» ne serait pas vendue, ou ne pourrait l'être utile-
» ment, qu'il sera procédé à sa perception par un
» homme probe choisi par les consuls et notre ca-
» pitaine ; lequel percepteur sera tenu de rendre
» compte de sa gestion aux consuls en présence du
» capitaine, ou de celui qu'il nous plaira de dési-
» gner pour le remplacer, ainsi qu'il est d'usage
» de le faire pour les autres impositions. Nous or-
» donnons par ces présentes au juge de notre ba-
» ronie de Calmont, et à nos autres officiers et
» serviteurs, de ne rechercher en quoi que ce
» soit nos sujets quant à cet impôt ; mais de les ai-
» der par toute sorte de moyens à en retirer le plus
» de profit possible ; et à s'opposer à ce qu'ils ne
» soient troublés par personne. Bien plus, nous
» voulons qu'ils s'appliquent à leur faire obtenir de
» notre seigneur le prince d'Aquitaine, la ratifica-
» tion et confirmation de tout ce qui est contenu
» dans ces présentes. Et en témoignage de toutes
» et chacunes des susdites choses, nous avons fait

» apposer notre sceau au bas. — Donné au châ-
» teau de Calmont, le dernier jour de novembre
» de l'année 1367. »

X.

LE CALVINISME.

Messieurs Bosc et de Gaujal nous laissent ignorer à peu-près complètement dans leurs écrits sur le Rouergue, les maux que les guerres entre catholiques et calvinistes ont fait peser sur notre localité. A en juger par le petit nombre de faits qu'ils relatent, on dirait qu'Espalion se ressentit à peine de ces luttes fratricides qui, pendant trop longtemps, couvrirent de sang et de ruines le sol de notre patrie malheureuse. Mais, hélas ! il s'en faut de beaucoup qu'il en ait été ainsi, car notre ville eut peut-être alors plus à souffrir qu'aucune autre de la province. Les témoignages qui attestent ses tribulations et ses angoisses sont très nombreux; on ne peut les parcourir sans éprouver la compassion la plus profonde pour une misère aussi grande; et vraiment, bien que l'époque où nous vivons laisse encore à désirer, elle est cependant, nous ne cesserons de le dire, infiniment meilleure que celle dont nous allons esquisser quelques traits, et qui présente tous les caractères de l'âge de fer des poëtes. Non ce n'était pas asssez pour notre pauvre ville, d'avoir à supporter le despotisme si odieux et si lourd en même temps des seigneurs; de se voir enlever journalement, sous mille prétextes, le peu de de numéraire qu'un travail sans relâche lui procurait; d'être condamnée à subir l'invasion fréquente de la peste, et, par suite de tous ces maux, de voir une partie notable de sa population en proie aux tourmens de la plus cruelle indigence; pour que l'épreuve fut complète il lui fallait encore sa bonne part des conséquences désastreuses qu'entrainent les discordes civiles, et cette part, hélas! ne lui fut point épargnée.

Cette aggravation de souffrance fut sans doute un effet de l'importation parmi nous des nouvelles doctrines, qui trouvèrent à Espalion des personnes empresssées à les recevoir; mais il est bien certain qu'elle aurait été beaucoup moindre si la situation de la ville se fut trouvée différente. Placé entre le nord et le midi de la France, possédant un pont réputé le plus beau et le plus ancien de la province, Espalion, ainsi que nous avons eu l'occasion de le constater ailleurs, était depuis des siècles un lieu de passage des plus suivis. Tour à tour durant les guerres de religion, il reçut la visite des amis et des ennemis, et nous devons à la vérité de dire que dans une foule de circonstances les premiers furent aussi dangereux que les seconds : car bien que les Joyeuse, les Condé, les Villeroi, les Richelieu et autres personnages de même opinion eussent toutes ses sympathies politiques et religieuses, cependant les troupes nombreuses et indisciplinées qu'ils commandaient, ne laissèrent pas en passant d'être une occasion de fortes dépenses et de graves désordres de toute nature.

Malgré la rigueur des édits portés contre les hérétiques et leur exécution sévère sur tous les points du royaume, les doctrines de Calvin firent partout de très grands progrès en l'année 1560. On vit dès lors s'introduire dans les villes même d'un ordre tout-à-fait inférieur, des *ministres* remplis de zèle et peu soucieux des dangers dont on les menaçait, qui propageaient avec un succès étonnant la nouvelle hérésie. Dans cette propagande de l'erreur contre la vérité catholique, Espalion ne pouvait passer inaperçu. Un ministre y arriva en effet le 24 février 1561. Il s'appelait Mallet. Les titres où il en est question n'entrent dans aucun détail biographique sur ce dangereux personnage, et se bornent à dire qu'il avait été envoyé par ses coréligionnaires. Soit que les esprits fussent déjà préparés d'ailleurs à recevoir le poison, soit que le nouveau prédicant fut doué d'une éloquence à laquelle on était forcé de se rendre, le nombre des adhérents, d'abord nul, se trouva après quelques jours seulement de prédication assez considérable pour rendre impuissante l'autorité des consuls. Non seulement ceux-ci ne purent assurer le cours régulier des édits, mais pour ne pas se compromettre eux-mêmes, et violer, au moins en apparence, le serment qu'ils avaient fait de vivre soumis à l'Eglise et au roi, en assistant au prêche comme les calvinistes voulaient les y contraindre, ils furent obligés de quitter la ville et d'en demeurer éloignés pendant plusieurs jours. Cet exil volontaire et momentané fut, de la part de ces magistrats, plutôt un acte de prudence et de sagesse que de lâcheté, car ils prévinrent de graves désordres, qu'une opposition qu'ils ne pouvaient appuyer sur des forces suffisantes n'aurait pas manqué de faire éclater. Mais sans perdre un instant de vue les devoirs de leur charge, ils profitèrent de cette absence pour informer de ce qui se passait le cardinal d'Armagnac, évêque de Rodez. Celui-ci en instruisit à son tour M. de Burie, lieutenant-général du roi en Guienne, qui écrivit peu de jours après la lettre que nous reproduisons ici :

A MM. LES CONSULS D'ESPALION, DE ST.-GENIEZ ET DE SAUVETERRE.

« Messieurs les consuls, j'ai entendu par les gens
» du cardinal d'Armanhac que a peu de jours en ça,
» et après la publication de l'édit dernier, l'on a
» introduit dans votre ville un ministre, jaçoit pour
» cy-devant jamais n'en y eut eu, et que ledit sei-
» gneur cardinal, votre évêque, ne l'a trouvé bon
» ni raisonnable. A cette cause s'il en est ainsi ne
» ferez faute donner ordre que ledit ministre dé-
» loge promptement; auquel de ma part ferez in-
» hibition et défense de ne s'en introduire en vo-
» tre ville ni autres villes ès-qu'elles n'en y aura
» eu par cy-devant aucun ministre, sans le congé
» et permission dudit seigneur cardinal, évêque,
» jusqu'à ce que par le roi, notre maître, soit or-
» donné; et au contraire vous conviendra à très-
» expressément entretenir et garder l'édit fait par

» sa majesté en sa forme et teneur, à peine de
» m'en prendre contre qui appartiendra. vous di-
» sant adieu, auquel prix vous trouverez sa grâce.
» — De Cahors, ce 24 mars 1561. »

Les consuls nantis de cette missive se hâtèrent de rentrer en ville, et leur premier soin fut d'en signifier le contenu au ministre. Mais celui-ci n'était pas homme à se séparer ainsi, sur une simple injonction, du nombreux troupeau qu'il s'était créé. Il refusa donc obstinément de se soumettre, disant pour colorer sa désobéissance d'une ombre de raison, que M. de Burie n'avait pas écrit, et que conséquemment sa prétendue lettre devait être considérée comme non-avenue. Cette opinion du ministre Mallet ne fut pas goûtée de tous ses adhérens, car bon nombre d'entre eux, calvinistes moins zélés que celui qui les avait rendus tels, ou craignant de s'attirer une mauvaise affaire sur les bras, revinrent, sur cette lettre, à la croyance qu'ils venaient de rejeter. Mais ce retour à la foi catholique ne fut malheureusement pas chez eux de longue durée. Ne voyant apparaître d'aucun côté de danger sérieux pour ceux qui étaient restés fidèles; vivement sollicités d'ailleurs par leur ancien chef et ses principaux adeptes, dont la plupart exerçaient à cause de leur position sociale une grande influence sur leurs concitoyens, ils n'eurent pas honte de se souiller par une seconde apostasie.

Dès ce moment l'anarchie fut à son comble dans Espalion. Les séditieux, c'est ainsi qu'on appelait les calvinistes, ne gardant plus aucune retenue, se livrèrent à tous les excès que peut imaginer le plus intolérant fanatisme. C'étaient chaque soir, après la cessation des travaux, des réunions tumultueuses et menaçantes, à la suite desquelles les séditieux se répandant dans les rues hurlaient à qui mieux mieux les psaumes de Marot* et de Bèze,

---

* Le célèbre Vatable, ami de notre poète, lui conseilla de traduire en vers les psaumes de David. Cependant les psaumes rimés eurent une vogue immense à la cour. Le roi se plaisait à les chanter ; et quoiqu'ils eussent été mis en musique par Bourgeois et Goudimel, chacun les accommodait à des airs courans, composés sur des paroles licencieuses. Cette profanation eut suffi pour éveiller le zèle de la Sorbonne ; mais ses plaintes furent plus sérieuses. Quelques docteurs prétendirent que le poète s'était écarté de l'esprit du psalmiste, et lui supposèrent à cet égard une intention tout-à-fait luthérienne. Il était injuste de compter aussi rigoureusement avec un poète qui traduisait ce qu'il n'entendait pas. La contrainte de la mesure et de la rime était assurément plus qu'il n'en fallait pour le rendre hérétique. Quoiqu'il en soit, la Sorbonne jeta les hauts cris, et ne fut pas écoutée. Les clameurs recommencèrent. Le roi céda sans être convaincu ; et comme les théologiens demandaient en outre la punition de l'auteur, Marot se réfugia précipitamment à Genève. C'était à la fin de l'année 1543.

Nous n'offrirons au lecteur qu'un seul des psaumes que Marot a mis

et des chansons de la plus monstrueuse obscénité ;
le tout assaisonné de cris de haine et de rage contre ceux que la foi avait trouvés inébranlables. C'étaient encore des insultes, qui se renouvellaient journellement, à l'adresse des consuls dont l'autorité se trouvait gravement compromise, et des membres du clergé, dont les saintes pratiques n'étaient plus aux yeux des intolérans religionnaires, que des momeries ridicules, dignes de la plus franche exécration. C'étaient enfin de constantes provocations faites aux catholiques qui quelquefois à bout de

---

en vers, et cet échantillon de sa poésie sacrée nous justifiera suffisamment de nous être borné là.

Psaume 14 : Domine, quis habitabit in tabernaculo tuo, etc.

Qui est-ce qui conversera,
O Seigneur, en ton tabernacle ?
Et qui est celui qui sera
Si heureux, que par grace aura
Sur ton sainct mont seur habitacle ?

Ce sera celui droictement
Qui va rondement en besoigne :
Qui ne faict rien que justement,
Et dont la bouche apertement
Vérité en son cueur témoigne :

Qui par sa langue poinct ne fait
Rapport qui los d'autrui efface :
Qui à son prochain ne meffaict :

Qui aussi ne souffre de faict
Qu'opprobre à son voisin on fasse.

Ce sera l'homme contemnant
Les vicieux : aussi qui prise
Ceux qui craignent le Dieu régnant :
Ce sera l'homme bien tenant,
Fust-ce à son dam, la foy promise.

Qui à usure n'entendra :
Et qui si bien justice exerce,
Que le droit d'autruy ne vendra :
Qui charier ainsi vouldra
Craindre ne fault que jamais verse.

—

patience acceptèrent le défi, ce qui occasionna des rixes meurtrières et une division plus profonde entre des habitans d'une même communauté.

Au nombre des disciples sur le dévouement desquels le ministre pouvait absolument compter, se faisaient remarquer un certain Pélat et son frère, tous deux hommes de parole et d'action, qui allaient partout dogmatisant dans les campagnes, prêchant effrontément la séparation d'avec l'Eglise, et enrôlant sous leur bannière pour une prochaine expédition contre la ville, que le calvinisme voulait réduire à tout prix, les gens sans aveu qu'ils rencontraient sur les chemins auxquels ils promettaient, afin de les rendre plus dociles, les dépouilles des catholiques vaincus. Nos archives se taisent sur le compte personnel de ces deux frères, comme sur celui du ministre; mais elles ne laissent pas ignorer les grandes craintes qu'ils surent inspirer aux catholiques d'Espalion par leurs menaces d'invasion et de massacre général.

Le mal allait grossissant chaque jour, grâce au zèle infatigable du ministre Mallet, grâce encore à cette passion démesurée de propagande qui avait fait de chaque dissident tant soit peu lettré un fervent apôtre des nouvelles erreurs. Le régent des écoles lui-même, entièrement gagné au calvinisme, faisait journellement des *prêches à la Genévoise*, tantôt en classe en présence de ses élèves, tantôt en public, sur les places, ou dans des maisons particulières devant ceux qui consentaient à l'écouter.

Les choses en étaient là quand les catholiques, presque confus de leur inertie, résolurent d'agir énergiquement afin d'empêcher que la ville ne tombât au pouvoir de leurs adversaires, ce qui arrivant, n'aurait pas manqué d'attirer plus tard infailliblement sur elle les plus extrêmes calamités. Leur premier acte d'opposition fut dirigé contre ce même régent, le nommé Gailhard Bos, qui faisait un abus si étrange du mandat sacré qu'on lui avait confié. Ils provoquèrent à cet effet, vers le milieu du mois d'octobre 1561, une assemblée municipale où les consuls furent sévèrement blâmés de conserver la régence à un homme qui s'en montrait si peu digne. Et en cela certes nos premiers magistrats étaient d'autant plus répréhensibles, que le régent, qui exerçait depuis la Saint-Jean-Baptiste, n'avait pas encore exhibé, quoiqu'il eut promis de le faire sans retard, les lettres de monseigneur l'évêque de Rodez, portant autorisation de régenter: Ces lettres, en règle générale, ne devaient être délivrées à l'impétrant qu'après que celui-ci aurait signé le formulaire de foi dressé par la Sorbonne contre l'hérésie de Calvin, en l'année 1542, formulaire qui ne comprenait pas moins de vingt-cinq articles. Les consuls intimidés sans doute par les menaces dirigées contre eux chaque jour, objectèrent aux reproches qui leur étaient adressés qu'il s'agissait là d'une affaire dont ils ne voulaient en aucune façon se mêler. Ces paroles, fort mal accueillies du conseil, furent relevées comme il convenait de le faire. « Il ne fallait pas, leur dit-on, » accepter le consulat ni en revêtir les insignes, si » vous ne vouliez pas remplir toutes les obligations » qu'il impose. Au demeurant, vous serez seuls res- » ponsables du dommage qui pourra arriver à la » ville à cause de ce. » Il paraît du reste que ce langage si ferme fit rentrer les consuls en eux-mêmes, et que le régent fut révoqué : car on n'aborda plus cette question dans les assemblées municipales qui suivirent.

Le second acte d'opposition de la part des catholiques fut d'amener l'autorité à faire ouvrir une enquête contre le ministre et ses adhérens. On chargea de cette instruction le nommé Vors qui prenait la qualification de lieutenant de Laguiole. Cette mesure exécutée avec autant de promptitude que de sévérité, amoindrit le nombre des dissidens, et fit changer d'avis à plusieurs personnes déjà tentées de le devenir. Il est dit que le clerc qui servait de greffier au lieutenant Vors, était payé à raison de deux livres tournois pour cinq jours de travail.

Sur ces entrefaites parut l'édit donné à Saint-Germain, le dix-sept janvier 1562, qui permettait aux huguenots l'exercice libre de la religion prétendue réformée, par tout le royaume, excepté dans les villes clauses et les faubourgs de Paris. D'après les termes de cet édit, le premier qu'on ait fait en France pour y mettre une autre religion que la catholique, les calvinistes d'Epalion se trouvèrent placés dans l'alternative ou de quitter la ville ou d'abjurer leurs erreurs. Ils ne prirent cependant ni l'un ni l'autre de ces deux partis, se berçant peut-être de l'espoir qu'on userait de tolérance à leur égard ou qu'on n'oserait employer contre eux les moyens coërcitifs. C'était une double erreur : les catholiques avaient appris à ne plus les craindre, surtout depuis l'arrivée en Rouergue de Burie et de Montluc à la tête d'une troupe considérable de cavalerie. Ils savaient d'ailleurs combien serait grand le préjudice que pourrait causer à la ville toute contravention aux édits royaux. Injonction fut donc adressée au ministre et à ceux qui suivaient ses doctrines d'avoir à déguerpir sans délai; et comme sur leur refus les catholiques se préparaient à les y contraindre par la force, arriva la nouvelle de l'approche de M. de Trellans*, qui servait sous M. de Burie, suivi de quelques troupes. Il n'en fallut pas d'avantage pour décider les récalcitrans à la retraite. Après leur départ les portes de la ville furent soigneusement fermées et gardées, et les biens des dissidens mis sous le séquestre.

M. de Trellans arriva en effet peu après. Il insista beaucoup pour obtenir qu'une garnison fut mise en ville, afin de la protéger au besoin contre les compagnies des Huguenots qui s'agitaient extraordinairement dans la province. Mais les habitans, assez écrasés d'ailleurs, se refusèrent obtinément à en recevoir sous aucun prétexte, disant : *qu'ils étaient assez nombreux pour défendre Espalion ; et qu'ils le feraient bravement, car ils étaient bien résolus à demeurer toujours obéissans aux commandemens de l'Eglise et du roi.*

Les calvinistes expulsés de la ville ne furent pas long-temps sans éprouver tout ce qu'a de pénible l'éloignement forcé du foyer domestique. Ils ne pouvaient d'aucune manière s'accommoder des misères

---

* Claude de Nogaret Cauvisson, vicomte de Trellans en Gévaudan, seigneur de Cruéjouls en Rouergue.

inséparables de la position nouvelle qui leur était faite. Aussi résolurent-ils, pour y mettre un terme, de ne négliger aucun des moyens qui étaient en leur pouvoir. Aidés de quelques coreligionnaires des environs, car on en trouvait partout à cette époque, ils essayèrent d'abord de s'introduire violemment; mais leurs tentatives vinrent à échouer devant la surveillance sévère qu'exerçaient les Espalionais, surtout depuis la visite de M. de Trellans. Au reste, chaque habitant était d'autant plus intéressé à se prêter de bonne grâce aux mesures prises par l'autorité, afin d'éviter toute surprise, que la paix, depuis long-temps absente, était rentrée en ville en même temps que les séditieux la quittaient. Les fonctions publiques avaient repris leur cours régulier, les nuits étaient redevenues calmes, et toute cause d'irritation et de troubles avait complètement disparu. Voyant qu'ils n'avaient rien à espérer de l'emploi de la violence, les séditieux jugèrent à propos d'avoir recours à la justice. Ils intentèrent un procès aux consuls comme représentant la communauté, devant le sénéchal du Rouergue, qui résidait alors à Villefranche. Moins malheureux de ce côté ils obtinrent de ce magistrat un jugement assez favorable; mais leur cause ne fut pas complètement gagnée pour cela. Les consuls en appelèrent aussitôt du sénéchal au parlement de Toulouse, et Dieu sait combien cette juridiction était loin de partager les doctrines calvinistes! Aussi, par le fait seul de cet appel la cause des rebelles pouvait être considérée comme irrévocablement perdue. Ils le comprirent bien ainsi, car sans laisser les procédures suivre leur cours et arriver au terme, ils offrirent tous, les uns après les autres, de rentrer dans le giron de l'Eglise, qu'ils n'auraient jamais dû déserter, en se soumettant aux obligations imposées en pareille circonstance,

Les premiers à faire leur soumission furent les frères Gaspard et Guilhaume Benezech, les frères Jean et autre Jean Agut, Antoine Baleste et Ramond Parayre, tous marchands de la ville d'Espalion. L'acte en fut dressé au faubourg, le 12 septembre 1562, en présence d'une centaine d'habitans environ. Outre le paiement de deux cents livres tournois, en déduction des frais exposés par la ville devant la cour du sénéchal et celle du parlement ; la remise immédiate entre les mains des consuls des armes telles que pistolets, pistoles, arbalètes et arquebuses; la promesse par serment d'obéir ponctuellement et à tout jamais à la sentence donnée à Rodez le 4 septembre par le révérendissime cardinal d'Armagnac, lieutenant du roi au pays du Rouergue, Parayre, Baleste et les autres coreligionnaires dûrent encore prendre divers engagemens dont le rapport textuel ne peut, nous le croyons, qu'intéresser vivement le lecteur.

« Et après aussi avoir délivré lesdits actes et attes-
» tatoires et leur profession de foi et abjuration en-
» tre les mains desdits consuls et vicaire, se sont
» obligés l'un pour l'autre et un chacun d'eux pour
» tous et tous pour un seul, de tenir, garder et ob-
» server ladite sentence de point en point selon sa
» forme et teneur, et de n'y contrevenir. Et ce
» faisant, de vivre fidelement et catholiquement sui-
» vant les commandemens de Dieu, notre Seigneur,
» et de notre sainte mère l'Eglise catholique, ro-
» maine, eux et toute leur famille. Et que les jours
» de dimanche et fêtes commandées par l'Eglise,
» eux, leurs femmes, enfans, serviteurs et cham-
» brières viendront à l'église au service divin com-
» me les autres, et assisteront aux sermons qui se
» font et feront dans les temples et églises de la
» paroisse par les prêcheurs qui y sont envoyés par
» monseigneur l'évêque de Rodez et par les recteur,
» vicaire et consuls. Et nommément lesdits diman-
» ches aux prières et mandemens qui se font au
» prône par lesdits curé et vicaire. Les vendredi,
» samedi, veille des fêtes portant jeûne, les quatre-

» temps et la sainte carême, sans nécessité de ma-
» ladie, ils ni leur famille n'useront point de chair.
» Que audit temps du carême eux et ceux de leur
» maison qui sont d'âge viendront au saint sacre-
» ment de confession et de pénitence. A la sainte
» fête de Pâques ils et leur famille recevront le
» corps précieux de Notre-seigneur Jésus-Christ.
» Qu'ils n'useront ci-après ni retiendront devers eux
» aucuns livres censurés ou réprouvés; et iceux qui
» présentement seront en leur puissance, les appor-
» teront à monseigneur l'évêque de Rodez. Que ci-
» après ils ne chanteront publiquement ni en leurs
» maisons, scandalisant le peuple, psalme de Ma-
» rot, de Bèze, ni chansons lascives et injurieuses
» ni autres qu'ils appellent spirituelles, défendues
» par l'Eglise. ne consentiront les dessus dits à au-
» cunes assemblées privées et publiques avec armes
» ou sans armes prohibées par les édits, et moins à
» icelles consentiront ni assisteront eux ni aucun
» de leur familles; ni recevront en leurs maisons et
» compagnies aucun ministre, diacre ni personne
» quelconque qui soit suspecte de la religion; et
» ce sur peine de confiscation de leur corps et de
» leurs biens et d'être hors jetés de ladite ville. Et
» sur semblable peine se sont obligés toutes et quan-
» tes fois que ci-apres sera trouvé qu'ils soient par-

» ticipans et consentans en façon quelconque à la-
» dite secte de nouvelle religion, les susdits Bene-
» zech, Agut, Parayre et Baleste l'un pour tous
» et tous pour l'un seront tenus de tous domma-
» ges, inconvéniens, maux et pertes qui pourront
» survenir en général à tous les habitans de ladite
» ville ou particulièrement à aucun d'eux, ou par
» interposées personnes de leur mandement, sû ou
» consentement par le moyen ou occasion de la
» nouvelle religion. »

Les dissidens qui firent leur soumission peu après ceux dont nous venons de parler furent Jean Lacour, apothicaire, et Marguerite Andrieu, sa femme. Les conditions qu'on leur imposa étaient les mêmes, à l'exception de la somme à payer qui fut pour ces derniers de 33 livres, 6 sous, 8 deniers.

Ces conversions plus ou moins sincères furent sans doute pour la ville un sujet de joie véritable; mais il s'en fallait de beaucoup qu'elles fussent pour elle le terme de ses maux. Des ennemis dangereux et qui auraient pu l'être d'avantage dans des circonstances plus difficiles avaient à la vérité déposé les armes, et se trouvaient, au moins momentanément dans l'impossibilité de nuire; mais il restait encore au dehors des adversaires puissans par le nombre, d'autant plus dangereux qu'ils avaient acquis aux dépens d'une foule de localités malheureuses la triste expérience du pillage, du meurtre et de l'incendie. Aussi ce qu'Espalion avait déjà éprouvé de souffrances de la part des calvinistes, ses propres enfans, n'était, hélas! que le triste prélude de souffrances et d'angoisses plus grandes encore. On en jugera du reste par les faits principaux de cette époque, si féconde en évènemens désastreux, que nous allons relater comme continuation de notre récit.

18 Avril 1563.

La paix est faite entre les Catholiques et les Calvinistes depuis le 19 mars de la même année, et cependant des dangers sérieux menacent la ville. L'autorité provoque une assemblée communale pour aviser aux moyens de défense. Il est fait choix de deux capitaines chargés de commander au besoin; Arnaud Ayral et Antoine Blanchy sont élus à une grande majorité. Chaque chef de maison est tenu de faire à son tour guet et garde, sans pouvoir se faire remplacer. Vingt-cinq sous d'amende, qui seront employés à réparer les murailles, frapperont le défaillant. Injonction à la sentinelle préposée à la garde de la tour bâtie sur le pont, de se

tenir toujours tournée du côté du faubourg afin d'entendre celles qui veillent dans cette partie, et de transmettre incontinent le cri d'alarme aux sentinelles de la ville. Il est arrêté que deux hommes iront se poster l'un au Puy de Castres, à côté de Bieunac, et l'autre à Vielh-Mur. « Et aussi que l'un des gardiens de la tour de la porte
« Saint-George sera tenu demeurer au haut de
« ladite tour, pour, de longue vue, découvrir l'en-
« nemi qui pourrait venir; et sera tenu avertir les
« autres gardiens afin de fermer ladite porte. »
« Immédiatement après l'assemblée, revue des hommes disponibles, sous les armes.

23 Décembre 1563.

La peste sévit à Espalion. Toute réunion est interdite. Les églises demeurent fermées. Entre autres mesures de précaution on remarque celles-ci : « Le meunier prendra le blé et rendra les farines; le
« fornier prendra les pâtes et rendra le pain cuit,
« sans entrer personne dans le four ni molin. »

9 Juin 1564.

Monseigneur de Rodez, prieur de Perse, offre en cette qualité soixante livres tournois à la ville pour la réparation des dégats causés à l'église Saint-Sauveur. Il met en même temps à sa disposition *certains joyaulx et ornemens d'autel et cappes pour le service des églises de Perze et de Saint-Jéhan*

5 Octobre 1567.

Les bruits les plus alarmants sur la reprise des hostilités entre catholiques et calvinistes se répandent dans tout le royaume. Espalion se met en garde. Les mesures qui sont prises sont à peu-près celles que nous avons fait connaître sous la date du 18 avril 1563.

10 Octobre 1567.

Les bruits de guerre prenant de la consistance, les Espalionais s'organisent afin de résister plus efficacement. Douze *dixainiers*, ou chef d'escouade, sont choisis, trois pour chaque rue principale de la ville et trois pour les faubourgs du pont. Chaque dizainier aura dix-sept hommes sous ses ordres. Dizainiers et soldats obéiront à deux *Coronels* élus par le peuple. Le petit pont sur le ruisseau de Merderic sera abattu et les poutres qui le forment portées en ville. Les prêtres seront tenus de faire le service tout comme les autres citoyens.

14 Octobre 1567.

L'un des consuls se rend à Rodez dans le but d'y étudier les moyens de défense mis en usage par cette ville. Il n'en reviendra pas sans être nanti d'une commission qui autorise à poursuivre selon toute la rigueur des lois toute personne qui refusera de faire le service, et à refuser l'entrée de la ville à quiconque étant suspect de calvinisme, en serait une fois sorti.

19 Octobre 1567.

Injonction aux prêtres de la Fraternité (ils étaient plus de cinquante) d'avoir à fournir chaque jour huit des leurs pour la garde des portes. Injonction encore aux habitans de Labro, d'Arribat et de Combefouillouse, qui se sont réfugiés à Espalion, d'avoir à fournir chaque mois deux charretées de bois de chauffage pour les corps-de-garde, et de plus de faire le service comme les autres.

29 Octobre 1567.

La nouvelle se propage que les troupes calvinistes sont à peu de distance. L'autorité fait porter en ville les râteaux, les fourches, les échelles et les autres instruments qui se trouvent dans les maisons sises hors des murs. Les grandes portes de la ville sont murées, à l'exception des guichets ou *portanelles* pratiquées dans ces mêmes portes, auprès desquelles toutefois on dépose des matériaux pour les murer en cas de nécessité. Revue des armes, et fermeture à chaux et à sable de toutes les croisées pratiquées par divers particuliers dans les murs d'enceinte. Les consuls reçoivent la lettre suivante.

« Messieurs les consuls, — vous avertis que l'en-
« nemi est aux environs de Roudés; hont été la
« nuict passée à Vors, à une petite lieue dudit
« Roudés, et y aurait environ cent chevauls et trois
« cens hommes de pié, et ont pillé l'esglise et sa-
« catgé le plus grand nombre des païsans; vous
« priant à faire processions générales, jeusnes, priè-
« res et aultres heuvres méritoyres, car, *nisi Domi-*
» *nus custodierit civitatem frustrà vigilat qui custo-*
« *dit eam.* Toutesfois si Dieu ni met la main, ils se-
» ront nous héritiers, hou nous aultres les leurs.
» Monsieur de Roudés avec un nombre de gens de
» bien fet deux ou trois fois la ronde chasque
» nuict. Je vous prie faites bon guet afin que les
« vrays enfans légitimes ne soient chassés hors l'éré-

« tatge de notre Dieu par leurs impostures meschan-
« tes. Après moy estre recommandé à vous bonnes
« graces, priant le créateur vous tenir en sa saincte
« te guarde. A Roudés ce 29 octobre, par votre
« humble et hobéissant à jamais — de Codray.

1ᵉʳ Novembre 1567.

Les assemblées se pressent ; le danger est imminent. Les compagnies des huguenots, peu éloignées de la ville, ont fait connaître positivement leur dessein d'y entrer. La majeure partie des habitans, réunis dans l'église paroissiale, sont d'avis d'employer d'abord par l'entremise des puissans de l'endroit qui portent quelque intérêt à la ville, les dons et les promesses afin d'obtenir que les ennemis ne réalisent par leur projet; et puis, si ce moyen ne réussit pas, de se défendre jusqu'à la dernière extrémité, car disent-ils, il est glorieux de mourir pour la cause de son Dieu et de son roi.

La providence protégea la ville, qui fut pour cette fois épargnée.

8 Aout 1568.

La paix, dite de Longjumeau, conclue le vingt-trois mars, ne fut pas de longue durée. Les calvinistes s'agitent de nouveau en Rouergue vers la fin de juillet. Espalion, après quelques jours seulement d'un repos mal assuré, se remet sur le qui-vive. Les prêtres devront payer de leur personne comme l'année précédente. Les habitans capables de porter les armes s'organisent en escouades. La porte Saint-George ne restera ouverte que trois jours de la semaine; pendant les autres quatre jours le service se fera par la porte *Neuve* (le portail Saint-Joseph, au fond du plô). L'une et l'autre seront fermées le soir aussitôt après que le *tamborin et le fifre* auront sonné la retraite.

15 Aout 1568.

Les principaux habitans prêtent serment de fidélité dans les termes prescrits par Monseigneur de Rodez.

7 Septembre 1568.

Delort, consul, de retour de Rodez où l'avait appelé le syndic du pays, fait savoir aux Espalionais assemblés que monsieur le Sénéchal exige qu'une garnison de quinze hommes soit mise en ville aux dépens du *tailhable* de la baronie de Calmont;

qu'il veut de plus, suivant l'ordre qu'il en avait reçu de Montluc, gouverneur en la Guienne, imposer une grande somme de deniers en Rouergue pour faire face aux nécessités de la guerre, et mettre un impôt sur le vin.

26 Septembre 1568.

Plusieurs gentilshommes ayant promis de prêter leur appui à la ville contre les rebelles, il est arrêté qu'on leur en témoignera de la reconnaissance par un don en argent. Deux calices sont engagés à l'effet de se procurer une somme convenable.

1er Octobre 1568.

L'effroi est à son comble dans Espalion : les huguenots approchent de tous côtés et menacent plus sérieusement que jamais d'attaquer la ville. De Thoras qui les commande a une réputation exécrable. Les localités, les églises, les couvens qu'il a saccagés et brulés, les victimes nombreuses qu'il a immolées à son fanatisme partout sur son passage, toutes ces atrocités n'autorisent que trop à le comparer aux plus mauvais hommes que la guerre civile a produits. Bernardin de La Valette, seigneur du Colombier*, qui a succédé à Monseigneur de Tholet dans le gouvernement, pour le roi, de la ville d'Espalion et du reste de la baronie de Calmont-d'Olt, et noble Jean de Fornolz, son lieutenant, se concertent avec les consuls pour organiser une résistance proportionnée à l'intensité du danger.

Les dizainiers élus, Arnaud Ayral, marchand, Jean Verdu, vieux, cordier, Pierre Viguier, procureur du seigneur, Antoine Blanchy, marchand, Pierre Husol, marchand, Guilhaume Pollier, Antoine Bardet, Jean Agut, Jean Parayre, Antoine Conogut, Antoine Salnau, Jean Verdu, jeune, Béral Grégoire, et Jean Lamarche reçoivent les ordres les plus précis et les plus formels. Les dix-sept hommes que chacun d'eux commande doivent obéir sous les peines les plus sévères. Les prêtres

---

* Bernardin de la Valette, seigneur de Coppadel, gouverneur d'Espalion, puis de Calmont-d'Olt, était fils d'Antoine de la Valette, chevalier, seigneur de la Poujade et de Coppadel, en Rouergue, capitaine de cent hommes de guerre pour la défense dudit pays de Rouergue, contre les religionnaires. Bernardin de la Valette eut deux filles: Jeanne de la Valette, dame de Coppadel, mariée vers 1570 à Pierre de Moret, baron de Montarnal; Barbe de la Valette, mariée en 1573, à Pierre de Bessuéjouls, fils de Gaspard, seigneur de Bessuéjouls, et de Marguerite de Roquelaure-d'Albiac.

de la Fraternité sont debout sous les armes. Des femmes même s'emploient pour le salut commun. La garnison est à son poste. Le capitaine d'artillerie, qu'on a fait venir de Villecomtal, fait son devoir. Les six tours qui protègent la ville renferment des combattans décidés. Espalion enfin en cas d'attaque, ne se rendra pas sans coup férir.

Quatre jours se sont déjà écoulés depuis le premier octobre et l'ennemi n'a pas encore paru. L'espoir revient presque au cœur des habitans, qui s'imaginent que les calvinistes instruits de leurs formidables préparatifs de défense, ont renoncé à l'attaque et se sont dirigés sur un autre point. Mais ce n'est là qu'une illusion qui bientôt, hélas! va disparaître pour faire place aux préoccupations les plus graves en présence d'une effrayante réalité.

Vers le milieu du sixième jour en effet, les sentinelles du haut des tours poussent un long cri d'alarme, qui trouve en un instant mille échos. Les cloches s'ébranlent et sonnent le tocsin; plus de doute, l'ennemi est en vue d'Espalion. A ce moment solennel la ville présente une animation difficile à décrire. Les travaux cessent; les maisons deviennent désertes; les pleurs des femmes et des enfans se mêlent au bruit du tambour; toute la population valide, que l'ordre du jour avait laissée libre, court aux remparts; la foi se fait sentir plus ardente, et peuple l'église de ceux qui ne peuvent mettre au service de la patrie menacée d'autre arme qu'une fervente prière.

Le premier acte de vandalisme qui signale la présence de l'ennemi au pied des murs, c'est la destruction par le fer et la flamme de l'église Saint-Sauveur. Les Espalionnais voient cet incendie sacrilège et sentent leur ardeur s'accroître à cette vue : car ils jugent par là du sort qui les attend s'ils succombent.

Après ce triste exploit, les calvinistes, dont les forces sont de beaucoup supérieures à celles des défenseurs, se portent en grand nombre vers la porte Saint-George. L'attaque et la riposte sont également vives, et en quelques instans une lutte des plus acharnées se trouve décidément engagée sur ce point. Les couleuvrines et les arquebuses vomissent le fer et la mort sur les assaillans; les arbalètes et les grenades en mettent aussi plusieurs hors de combat; mais les vides se comblent promptement ; et déjà l'on peut avoir le triste pressentiment que la victoire restera aux ennemis beaucoup trop nombreux. La nuit vient suspendre les hostilités. Ce temps d'arrêt est mis de part et d'autre à profit; mais les assiégés ne peuvent pas malheureusement réparer les dommages faits à l'extérieur, aux murailles et aux travaux qui protègent la porte. Aussi après une seconde attaque de quelques heures, malgré une résistance digne d'un dénouement meilleur, la brèche est faite et l'ennemi pénètre dans la place. Les braves Espalionnais résistent encore quelque temps; mais accablés par le nombre ils sont forcés de se rendre à merci.

Ici commence pour les malheureux défenseurs le paroxisme de l'épreuve. Une fois en possession de la ville, les huguenots furieux d'avoir rencontré une aussi vive résistance, et irrités par les pertes nombreuses qu'on leur a fait éprouver, se proposent d'en tirer une impitoyable vengeance. Le premier acte de leur cruelle domination commença par le désarmement des nobles vaincus. Puis, libres de toute crainte, ils se répandent dans les maisons, s'y livrent au pillage et à tous les excès de la plus sauvage brutalité. L'épée fait promptement justice de ceux qui régimbent en ce moment contre la loi du plus fort. Ceux des habitans qui n'ont jamais cessé de faire partie des rebelles, malgré leur conduite en apparence catholique, se joignent à eux sans pudeur pour aggraver encore d'avantage la triste position de leurs malheureux compatriotes. Parmi les plus ardens à faire cause commune avec l'ennemi, se fait remarquer un certain Pierre Rigal; il pille et tue comme les autres, mais ce n'est pas tout, sur ses haineuses indications, plusieurs familles, dont il n'a peut-être jamais reçu que des bienfaits, sont plus maltraitées que d'autres. Leur tort irréparable aux yeux de cet infâme, c'est d'avoir servi avec trop de fidélité la cause de la religion et du roi. Rassasiés de pillage et de violences, les huguenots courent attaquer l'église, dont les portes tombent bientôt sous la hâche de ces nouveaux Vandales. Tout ce qui sert au culte est déplacé, brisé, brulé. Les cloches tombent à leur tour : rien n'est épargné pour les mettre en pièces. Le clocher et la tour de l'horloge deviennent aussi la proie des flammes, et il ne dépend pas de nos barbares ennemis que le temple entier ne soit converti en un monceau de ruines. Les tours et le mur d'enceinte, qui peuvent préserver la ville d'une seconde invasion, sont aussi l'objet de leur rage : ils en abattent le plus qu'ils peuvent; et ce n'est qu'après trente-six heures passées dans la consommation des plus abominables excès, qu'ils consentent enfin à abandonner leur proie réduite à l'état le plus misérable.

Après un évènement aussi désastreux il semble qu'Espalion ne devait avoir d'autre sentiment que celui de ses souffrances, et qu'anéanti et découragé par tant de maux, toute autre préoccupation que celle des larmes devait lui être interdite; mais loin de là : le sentiment du devoir dominait encore les ruines fumantes. Fidèle à sa vieille devise, notre ville ne voulut rien négliger de ce qui pouvait la conserver à la religion et au roi; et, la tempête à peine passée, toutes les volontés furent unanimes pour en prévenir le retour en organisant de nouveau la défense.

Les portes, les murailles et la tour de l'horloge réclamaient au plus vite la main de l'ouvrier. Tous les maçons de la ville se mettent aussitôt à l'œuvre et rivalisent de zèle pour une mesure aussi sainte. Ils ont pour les seconder, des personnes de toute condition et de tout sexe; nul ne se refuse, dans la mesure de son savoir et de ses forces, à travailler pour le salut de la cité. Le clocher sera reconstruit plus tard. Au dire des experts ce travail coûtera plus de huit cents livres. Quatre pièces d'artillerie sont commandées à Rodez, les cloches brisées et le cuivre que les habians offrent en don serviront à les fondre. Dorénavant la garnison sera de trente hommes; c'est pour la baronie une dépense mensuelle de deux cent trente livres, ou mieux de deux cent soixante, en ajoutant les trente livres que reçoit chaque mois le gouverneur, M. de La Valette. Chaque habitant sera tenu jusqu'à nouvel ordre d'avoir sa provision de poudre, de plomb et de cordages, et cela sous peine d'être traité comme rebelle. Mais la ville a besoin d'argent, de beaucoup d'argent dans cette circonstance. Elle ne reculera pour s'en procurer devant aucun sacrifice. Les temps, qui sont affreusement mauvais, le commandent. Le jardin de l'hospice est affermé pour plusieurs années; une imposition supplémentaire frappe tous les contribuables qui, pour la première fois peut-être, se voient imposés avec plaisir; enfin une personne des plus aisées consent à prêter une assez forte somme qu'elle a été assez heureuse de soustraire à l'avidité des ennemis. Les consuls lui donnent, afin d'assurer sa créance : *la capsa de saint Ylarie* (la chasse de saint Hilarian), *ensemble un calice bruni d'or avec sa platelle, une coupe et deux petites croix qui étaient dans ladite coupe, chacune avec son étui.* Tous ces objets appartenant à la ville furent recouvrés peu de temps après.

Ces mesures de précaution ne furent pas inutiles ; elles assurèrent le salut d'Espalion dans une foule de circonstances, et notamment : en 1569 au mois de septembre, époque à laquelle les habitans pour augmenter les chances de réussite, eurent un moment la pensée d'abattre la première arche du pont du côté du faubourg, et d'y substituer un pont-levis *; en décembre 1572, où les calvinistes décidés à prendre leur revanche des horribles boucheries de la Saint-Barthélemy, se vantent d'être en possession de la ville, qui est innocente de tous ces massacres, avant le premier janvier prochain; en 1574 qui vit tomber au pouvoir de Monsieur de Cornusson envoyé par d'Estaing, le château de Gaillac, autrement nommé de Cros, à deux lieues d'Espalion et qui était défendu par les calvinistes. La ville fut obligée d'envoyer aux assiégeans plusieurs charges de pain *tant blanc que brun*, pour les hommes, et plusieurs autres d'avoine pour les chevaux; enfin au commencement du mois de janvier 1588, époque à laquelle Laguiole fut pris et saccagé par les mêmes troupes huguenotes ainsi que le couvent de Bonneval quelques jours après.

Telles sont pour notre localité les phases princi-

---

* Cette pensée ne fut mise à exécution qu'en 1588. Les travaux commencèrent le 16 octobre, sous la direction d'un maître maçon de Rodez. Ils nécessitèrent une dépense de 145 livres, 12 sous, 4 deniers. Le pont-levis, qui rendit un grand service à la ville peu d'années après lorsque le seigneur vint l'assiéger, fut enlevé en 1724, et le pont rendu à son premier état.

pales d'une lutte qui, durant plus de soixante ans, a tenu la France plongée dans une immense désolation. Il nous a paru qu'il n'était pas indifférent de les faire connaître. Outre qu'elles témoignent d'un grand changement qui s'est opéré à notre avantage dans l'état de la société, elles sont encore une preuve irréfutable que la violence et les persécutions ne peuvent rien fonder de durable, et qu'elles n'ont pas empêché la liberté de conscience de pousser de profondes et vivaces racines sur le sol de notre patrie. Mais il est d'autres libertés et en grand nombre dans la possession desquelles nous devons entrer nécessairement; la loi inéluctable du progrès le commande. Puissent celles-là nous arriver pacifiquement, et non entourées du cortège sanglant des guerres civiles. Assez et trop de ruines ont marqué jusqu'ici la marche de la civilisation. Il est temps enfin que les grandes et terribles leçons de l'histoire aient une signification sérieuse et efficace aux yeux de ceux qui ont mission de gouverner les peuples.

XI.

SIÉGE D'ESPALION EN 1595*.

Encore une page lugubre de notre histoire féodale : c'est assez dire que nous n'en avons pas fini avec les crimes de nos seigneurs. Hélas! non, tout n'est pas dit ; et si sur un pareil sujet nos déclarations sont trouvées dignes de confiance, on demeurera convaincu que ce que nous avons rapporté çà et là de la tyrannie de nos anciens maî-

---

* Alexandre de Castelnau et de Clermont, le triste héros de ce siège, mourut misérablement. Il fut tué par ses propres domestiques dans son lit, le soir du seize août 1621, à coups de sachets remplis de sable. Les meurtriers ne purent échapper aux rigueurs de la justice qui les condamna à perdre la vie. Ils furent tenaillés à Toulouse sur la place Saint-George.

tres, n'est qu'une partie bien circonscrite des révélations qu'il nous était facile de faire. Jusqu'à l'époque où se place ce récit, bien des larmes sans doute, et bien des souffrances de toute nature avaient été le triste apanage de nos malheureux ancêtres par le fait seul des barons de Calmont, en général aussi méchans qu'élevés en dignité; mais au gré de ces derniers, ce n'était pas encore assez de tous ces maux; il restait pour combler la mesure de tant de forfaits à s'attaquer ouvertement à tous les sujets à la fois, afin de pouvoir les frapper tous ensemble des mêmes mesures sanguinaires et liberticides. Alexandre de Castelnau, qui fut pendant trop long-temps seigneur pour le malheur des Espalionais, ne reculera pas devant une aussi monstrueuse entreprise. Rien ne sera par lui négligé de ce qui peut assurer l'accomplissement du crime; crime dont aucune considération ne saurait atténuer l'énormité, et que nous vouons à l'éxécration des descendans de ceux qui faillirent en devenir les tristes victimes. Mais la Providence veille sur le juste et l'opprimé. Les efforts du coupable, frappés de stérilité, n'aboutiront pour lui qu'à un honteux dénouement, et au dépit d'avoir été l'occasion d'une défense admirable de la part de ceux qu'il se proposait, disait-il, d'anéantir à jamais.

Depuis plusieurs années le seigneur faisait de grands efforts pour mettre une garnison en ville. Il voulait la composer à son gré, et à son gré aussi placer à sa tête un capitaine tout dévoué, qui aurait eu sur les consuls, dans toutes les occasions, une autorité sans contrôle comme sans partage. Le but que se proposait Alexandre de Castelnau était plus qu'évident : il voulait par là agrandir sa domination sur ses vassaux, afin de pouvoir par suite les traiter d'une façon plus conforme à ses caprices. Nos premiers magistrats qui connaissaient trop bien par de dures expériences l'auteur de ces prétentions, se montrèrent fermes dans la résistance. En cela ils ne faisaient que donner une légitime satisfaction à l'opinion de leurs administrés. Appuyés sur les termes très-clairs et très-formels des compositions, qui déjà avaient été confirmées par plusieurs de nos rois, et que le seigneur lui-même, à l'instar de ses prédécesseurs, avait juré d'observer inviolablement, ils ne voulurent jamais consentir à abandonner à d'autres qu'à eux-mêmes la police et la garde de la ville. Le capitaine du château de Calmont, qui la plupart du temps résidait dans nos murs, ne devait avoir la préséance sur les consuls qu'à l'église et en présence de la justice. C'était là ce que prescrivait sagement la coutume, et ses presciptions étaient trop protectrices de la liberté, que les Espalionais idolâtraient, pour que ceux à qui ils avaient confié l'autorité publique ne consentissent à mourir plutôt que de les laisser entamer. Quoique on ne peut mieux fondée, cette opposition devint pour la ville une cause d'incessantes tracasseries, qui se traduisirent, selon l'occurrence, en demandes d'argent, en visites fréquentes et coûteuses, en arrestations et détroussemens des voyageurs sur les chemins, en proclamations haineuses, ayant pour objet d'empêcher les gens des localités voisines de se rendre à nos foires toujours très suivies, en brutales incarcérations, en violences ouvertement outrageuses de la morale, en voies de fait en un mot, dont la moindre aurait valu à ses auteurs, dans un temps moins barbare, les plus exemplaires châtimens.

Ce n'est pas tout : voyant que les persécutions, sous toutes les formes, n'aboutissaient pas au gré de ses désirs, quoique exercées par des gens qui savaient si habilement seconder sa haine contre la ville, et que l'amour de celle-ci pour ses vieilles franchises ne faisait que s'accroître dans les souffrances, le seigneur, malgré l'injustice trois fois flagrante de ses prétentions, osa traduire les consuls comme représentans de la commune, devant le conseil des requêtes séant à Toulouse. Il comptait en obtenir une décision favorable qui l'aurait enfin rendu triomphant de l'invincible et légitime opiniâtreté de ses vassaux. Cette décision eut pu être rendue telle qu'il la souhaitait, car il paraît bien qu'Alexandre de Castelnau disposait auprès des membres de cette juridiction d'aboutissans ayant sur eux une influence incontestée. Mais les consuls qui savaient tout cela, dans le but de prévenir un aussi grand malheur, agirent activement et de leur mieux pour obtenir que le parlement, dont ils n'avaient jamais eu qu'à se louer, put seul connaître de la cause. Le succès couronna leurs efforts.

Frustré de ce côté encore dans ses criminelles espérances, le seigneur, opiniâtre dans le mal, ne renonça point pour cela à réaliser son inique dessein. En apprenant la tournure nouvelle du procès, il eut un véritable transport de rage contre la ville, disant : « qu'il en aurait raison à tout prix; qu'il
» irait l'attaquer avec des forces suffisantes; qu'une
» fois en son pouvoir, il en livrerait tous les ha-
» bitans, sans exception, et leurs biens à la ven-
» geance de ses soldats; et que lui-même ne se re-
» tirerait que lorsqu'il ne resterait plus d'Espalion
» pierre sur pierre. »

Dès-lors fut résolu le siège de la ville, mais cet

audacieux attentat ne reçut son exécution que l'année suivante en 1595 ; et même, afin de cacher ses perfides intentions aux yeux des personnes qui ignoraient nos débats avec le château, le seigneur profita du moment où la guerre civile, mal éteinte, menaçait d'éclater derechef, prenant pour prétexte qu'il allait remettre sous l'obéissance du roi ses sujets d'Espalion qui lui étaient rebelles.

La levée des troupes nécessaires à l'expédition lui fut chose facile : les trente-cinq années qui venaient de s'écouler dans des troubles presque sans intermitence, avaient fait de chaque français un soldat. Tout homme valide, du hameau ou de la cité, savait manier le mousquet et l'arquebuse; et ceux-là étaient en fort petit nombre, qui n'avaient jamais eu l'occasion de faire un usage sérieux de ces armes pour l'attaque ou la défense. Dans sa composition, le corps expéditionnaire répondait parfaitement aux vues du seigneur qui le commandait en personne. Il fut formé de gens pour la plupart d'une réputation exécrable, recrutés avec une certaine affectation dans les villes de Figeac, Saint-Céré, Capdenac et sur les terres de Castelnau-de-Bréthounous. Les uns étaient huguenots, les autres catholiques; mais tous, quoique différens d'opinion religieuse, se trouvaient en communion parfaite de désirs à l'endroit du pillage, et des excès de toute sorte qui peuvent procurer des jouissances et la richesse. Leur nombre était de huit cents environ.

Pendant que le seigneur faisait avec une secrète joie ces préparatifs, le capitaine de Calmont, de son côté, s'occupait à former une compagnie qui pût au besoin renforcer celles de son maître. Il s'appelait Goffre, et nous ne craignons pas de calomnier sa mémoire en disant qu'il était la terreur de la baronie entière. Depuis son entrée en fonctions en effet le château était devenu beaucoup plus redoutable; on le considérait comme un vrai repaire de brigands, ce qui devenait, hélas! chaque jour d'une triste évidence par les crimes contre les personnes et la propriété dont se rendaient coupables les hommes pervers qui l'habitaient. Si des témoignages qu'il est impossible de révoquer en doute, ne confirmaient les actes monstrueux qui faisaient la principale occupation de Goffre et de ses dignes acolytes, ce serait à ne pas ajouter foi aux récits qui les relatent, tant ils inspirent de dégoût et d'horreur.

Dans ces temps, quoique peu civilisés, il était d'usage que les villes se prévinssent mutuellement en cas de danger pour l'une d'elles : grâce à ce devoir de fraternelle réciprocité, Espalion fut bientôt au courant des manœuvres du seigneur. Dans l'espace de quelques jours il lui arriva trente-six lettres ayant pour objet de démasquer l'hypocrisie d'Alexandre de Castelnau en faisant connaître son véritable dessein. La ville tint le meilleur compte de tous ces avertissemens, et le prouva en organisant de son mieux la résistance.

Comme au temps de l'invasion calviniste, la population valide, sans en excepter les prêtres de la Fraternité, s'organisa en escouades de dix-sept hommes, ayant chacune un *Dixainier* élu dans une assemblée des chefs de famille. La garnison qui ne se trouvait en ce moment composée que de onze soldats, fut augmentée de vingt-quatre autres, venus de divers points de la province. Parmi eux se trouvaient quelques Suisses. Le capitaine David, sur les propositions des consuls, arriva de Laguiole et prit le commandement général de toutes les forces disponibles. Les tours et les murs d'enceinte, inspectés avec le plus grand soin, furent réparés au plus vite. Une revue générale et solennelle eut lieu. Ceux qui n'avaient pas d'armes en furent pourvus aux dépens de la communauté, car la ville avait toujours alors en réserve un assez grand nombre d'épées, de dagues, de lances, de bâtons à deux bouts, de hallebardes, de fourches de fer, de pistolles, de mousquets, d'arquebuses et de couleuvrines; elle avait de plus une belle provision de poudre en baril, de balles, de grenades, de biscaïens et de *fuzades*. Enfin, dans la prévision que le siège pourrait traîner en longueur, il fut fait un emprunt d'une somme suffisante, qui servit à établir un magasin de blé. Comme autrefois, la châsse de saint Hilarian et quelques calices appartenant à la ville, devinrent la sûre garantie du prêteur.

Quand furent prises toutes les mesures que commandait la prudence humaine, les Espalionais voulurent encore intéresser le ciel en leur faveur; le saint sacrifice fut solennellement offert à cette intention, après lequel, chaque homme appelé à prendre les armes promit, les mains sur la croix et les saints évangiles, d'obéir aveuglément à son chef et de mettre tout le dévouement dont il était capable au service de la patrie.

Le premier mouvement qui fit pressentir aux habitans d'Espalion que l'heure de la lutte allait sonner, fut l'occupation des villages avoisinant la ville par la compagnie que Goffre avait eu soin de former sur le modèle de celles de son maître. Cette occupation, dont nous ignorons les motifs s'effectua le vingt mai. Nos lecteurs, qui déjà ont fait la connaissance de ce fameux capitaine de Calmont, voudront bien nous dispenser de les entretenir des maux qu'elle entraîna pour les malheureux villageois.

Le seigneur à la tête des siens quitta quelques jours après ses terres de Castelnau. La ville, qui en fut immédiatement informée, jugea convenable de ne rien omettre de ce qui pouvait prévenir de plus grands malheurs A cet effet, Sabrier, premier consul, assisté de plusieurs personnes de qualité, partit aussitôt pour se porter à la rencontre du seigneur, et essayer encore d'une conciliation qui toutefois ne porterait pas la plus légère atteinte aux libertés et franchises des Espalionais. Alexandre de Castelnau, considérant cette démarche comme un effet de la crainte qu'il inspirait déjà, reçut durement les députés, se montra sur tous les points intraitable, et les congédia après leur avoir déclaré que la ville ne recouvrerait ses bonnes grâces que par une soumission à merci. De telles conditions étaient inadmissibles, aussi ne le furent-elles point et le seigneur put se convaincre qu'il y avait un tout autre sentiment que celui de la peur chez ses braves vassaux, dont il était si peu digne, lorsque le vingt-sept mai, il arriva sous les murs d'Espalion.

Les sentinelles vigilantes signalèrent d'abord la

présence de l'ennemi du côté du faubourg. Il entrait en effet dans les plans du seigneur de s'en rendre maître avant tout, afin d'y établir commodément ses hommes et tout le matériel de siège qu'ils faisaient suivre avec eux. Les premières heures de l'arrivée furent consacrées au repos, après quoi l'armée ennemi, à laquelle s'était venu joindre la compagnie de Goffre, se divisa en trois groupes qui attaquèrent simultanément les trois portes du quartier.

Le faubourg divisé en deux parties, l'une dite de la Grave, l'autre du Moulin, était garanti, depuis près de quarante ans, par une épaisse et haute muraille percée de trois portes. On l'appelait pour cette raison le faubourg Clos afin de le distinguer de celui du Foiral et du faubourg Saint-Sauveur. A l'annonce des évènemens que nous racontons, le mur d'enceinte fut réparé et les portes, quelques jours plus tard, fermées à chaux et à sable. Mais peu de personnes restèrent pour les défendre. La plupart des habitans du quartier, sacrifiant le foyer domestique à l'intérêt général, se joignirent aux défenseurs de la ville comme étant le point qu'il importait le plus de conserver. L'ennemi donc dans sa première attaque n'éprouvant qu'une faible résistance, pénétra sans effort comme sans dommage sensible. Ce fut, hélas ! bien autre chose pour les malheureux vaincus. Non seulement ils eurent a souffrir les mauvais traitemens qu'il plut aux envahisseurs de leur infliger, mais encore, forcés de quitter leurs maisons qui furent livrées au pillage, ils errèrent dans les campagnes vivant de craintes et de privations. Une déception pourtant attendait les vainqueurs au sein de leur facile triomphe. Ils comptaient sur le faubourg dont quelques maisons étaient habitées par des personnes très aisées, pour les provisions de bouche suffisantes jusqu'à la fin de la campagne; mais les greniers étaient à peu près vides : on se trouvait à cette époque de l'année, que les gens du pays appellent *la montée de la Saint-Jean,* époque critique pour beaucoup d'entre eux, et aux rigueurs de laquelle ils n'échappent qu'en se montrant ménagers minutieux de ce qui leur reste encore de la récolte dernière. Il fallut donc songer à tirer d'ailleurs la subsistance nécessaire. Dès le lendemain quelques soldats se détachant de la troupe, se rendirent dans les villages et les hameaux, contraignant les pauvres campagnards à porter eux-mêmes aux assiégeans le peu de provisions qui leur restaient. Ces soldats pourvoyeurs avaient besoin de guides dans un pays qui leur était inconnu, aussi en avaient-ils, et ces guides étaient

François Bénézech, natif d'Alayrac, recteur de Saint-Martin de Monbon, et plusieurs habitans de Saint-Côme, parmi lesquels figuraient les deux consuls. La coopération d'un prêtre du seigneur en pareille circonstance serait certes un fait bien scandaleux, si l'on ne pouvait l'expliquer que par un oubli des plus impérieuses prescriptions de la charité chrétienne : car il ne s'agissait point ici d'une croisade contre des ennemis avoués ou secrets de la religion; Espalion n'eut jamais d'autre foi que celle de l'église Romaine. Sa conduite, du reste, pendant les guerres de religion prouvent ses profonds sentiments à cet égard; il était d'ailleurs évident pour quiconque ne partageait pas la haine aveugle du seigneur que le droit tout entier se trouvait dans cette occasion du coté des assiégés. Disons donc, que François Benezech n'était pas libre : il fut contraint d'obéir à des sommations brutales, bien que toutes ses sympathies fussent acquises aux malheureux Espalionais. Quant à la conduite des habitans de Saint-Côme et surtout de ses premiers magistrats, il n'est pas aussi facile de l'excuser; car il n'est que trop certain que nos voisins ont souvent écouté les inspirations d'une jalousie aussi violente qu'injuste. Mais passons au plus vite là dessus de peur de raviver ce dont il ne doit plus être question. Désormais, nous sommes heureux de le proclamer, Espalion et Saint-Côme, oubliant le passé, veulent vivre dans l'union la plus parfaite, comme il convient du reste à des personnes dont les rapports sont si intimes et si fréquens.

Loin de décourager les habitans de la ville, l'occupation du faubourg fut un puissant motif de plus de demeurer fermes dans la résolution solennellement prise d'opposer une résistance désespérée. Ceci s'explique en effet par la conduite sauvage d'Alexandre de Castelnau après sa victoire; conduite qui leur montrait clairement à quelles horreurs ils devaient s'attendre si la fortune trahissait leurs courageux efforts. Au reste, ce premier succès du seigneur n'était pas le moins du monde la garantie d'un second. Du côté du quartier vaincu le pont se terminait par un pont-levis, dont nous avons parlé antérieurement, qui était fortement gardé. Là comme ailleurs, par des travaux ménagés avec art, la défense se montrait formidable.

Ce fut pourtant par le pont que l'ennemi tenta d'abord de pénétrer dans la place. Sans doute le seigneur tenait beaucoup à n'y point entrer par une une voie différente de celle qu'il avait toujours suivie jusque-là. De grands moyens furent mis en usage pour anéantir les travaux des assiégés. L'attaque fut des plus vives, mais pas assez pour triompher de la bravoure des soldats placés sur ce point. Après un combat qui causa de grandes pertes à l'ennemi, Alexandre de Castelnau prit le parti de faire sonner la retraite, tout honteux de voir ses masses impuissantes devant une poignée de combattans. La ville n'eut à déplorer la perte d'aucun de ses braves.

Un début aussi heureux était le présage certain d'un dénouement plus heureux encore; il remplit de confiance et de joie le cœur des Epalionais, qui ne doutèrent plus dès-lors du triomphe de leur sainte cause. « Le ciel, disaient-ils dans la naïve sim-
» plicité de leur foi, le ciel en a fait sa propre af-
» faire; et les efforts du tyran n'aboutiront qu'à
» montrer une fois de plus combien on doit es-
» pérer du Très-Haut, lorsqu'on a devers soi la
» justice et la vérité. » Peu de causes du reste étaient plus dignes que celle-là d'une intervention favorable du Dieu des batailles : après tous les documens historiques que nous avons rapportés, il ne saurait y avoir, nous le croyons, deux opinions là-dessus.

Couvert de confusion mais non encore abattu, le seigneur voulut essayer de se relever ailleurs de l'échec humiliant qu'il venait de recevoir. Ses troupes passèrent la rivière à l'aide de bâteaux mis en réquisition. Après avoir soigneusement examiné le pourtour de la ville, elles se fixèrent sur deux points, que les titres ne désignent pas suffisamment, mais qui parurent sans doute aux ennemis les plus propres pour une seconde attaque. Ils construisirent là des approches, élevèrent des retranchemens qui devaient les garantir du feu des assiégés, et s'aidant de toutes les armes en leur pouvoir, ils battirent la muraille dans le but d'ouvrir une brèche et de pénétrer par elle dans la ville. Mais là comme sur le Pont le seigneur vit ses efforts frappés d'inanité. Il était écrit là-haut que la fierté trop orgueilleuse d'Alexandre de Castelnau recevrait devant Espalion, qui tant de fois en avait été la victime, l'atteinte profonde qu'elle méritait. Les murs ayant près de deux mètres d'épaisseur, bâtis de basalte et de pierre de grès, résistèrent aux coups redoublés, tandis que les assiégés à l'abri derrière leurs crénaux, ne cessant de mitrailler l'ennemi qu'ils dominaient, lui faisaient éprouver, malgré ses approches, des pertes très ensibles. En ces momens de lutte suprême l'ardeur des braves défenseurs de la place était à son comble. L'amour des franchises pour l'intégrité desquelles ils avaient pris les armes et puis encore la prévision des maux qui les attendaient si la fortune leur était contraire, les avaient transformés en de véritables héros. De leur côté les soldats de la garnison faisaient bravement leur devoir, grâce sans doute à cette même prévision dont nous venons de parler, grâce encore au vin de nos meilleurs côteaux, que la ville mit à leur disposition. La quantité qu'ils en consommèrent pendant les trois jours qu'Espalion demeura investi, dit assez le soin qu'on apporta dans le choix de ce précieux excitant : à eux seuls, les trente-cinq braves burent six quartiers de vin, ou, pour parler un langage que tous nos lecteurs puissent entendre, un peu plus de sept hectolitres. Le capitaine David commandait donc à des hommes doublement braves.

Pendant la soirée du vingt-huit, ce fut un échange continuel de projectiles qui ne cessa que lorsque la clarté du jour eut entièrement disparu. Quoique brisés par la fatigue, les assiégés ne voulurent pas quitter les remparts; le salut était à ce prix : ils ne dûrent qu'à une vigilance sans relâche d'échapper au pouvoir de l'ennemi qui tenta plusieurs fois à la faveur des ténèbres d'escalader les murailles.

Aux premières lueurs de l'aurore le feu recommença de part et d'autre avec une égale impétuosité. Les positions de l'ennemi étaient les mêmes que la veille, rien n'avait été changé dans le plan d'action. Certes une telle persistance de sa part ne pouvait désormais causer le moindre effroi à nos défenseurs qui, depuis l'ouverture des hostilités, n'avaient vu aucun des leurs atteint même légèrement. Cependant cette journée du vingt-neuf, témoin du triomphe de la ville, fut néanmoins pour elle la plus orageuse des trois; et c'est dans son propre sein que prit naissance un danger sérieux, imminent, qui faillit changer en torrens de sang et de larmes des espérances si bien fondées, et auxquelles il manquait si peu pour être réalisées entièrement. Quelques individus étrangers à la localité, jaloux du succès de ses armes et vendus au parti du seigneur, parvinrent, à force de déclamations mensongères, à influencer d'une façon hostile à la défense plusieurs personnes impatientes ou timides. Ce parti des mécontens ne parlait de rien moins que d'ouvrir les portes à l'ennemi; sans doute les choses en seraient venues là, si les consuls avaient tant soit peu faibli en présence de ces nouveaux adversaires. Les auteurs du mouvement furent impitoyablement saisis; leur fortune et leur rang ne purent les sauver de la prison; plus tard lorsque la tranquillité fut rétablie, ils durent ren-

dre compte devant le parlement de leur traitreuse
conduite. Cette tentative réprimée heureusement
assez tôt, on vit l'ennemi, comme s'il eut eu connaissance de ce qui venait d'avoir lieu, perdre de
son ardeur et donner des marques non équivoques
de découragement. Les apparences n'étaient pas
trompeuses. Sur le soir, en effet, le seigneur forcé
de reconnaître et d'avouer l'impossibilité de réduire
une place si vaillamment gardée, fit comprendre
à ses vassaux qu'il recevrait favorablement des paroles de conciliation. Une telle offre fut acceptée
avec empressement. Messieurs Calmelly et Verdu
se présentèrent au nom de la ville devant Alexandre de Castelnau, qui les reçut bien autrement qu'il
ne l'avait fait quelques jours plutôt, et l'on y traita,
dans des termes convenables, la question délicate
d'un accommodement. Les parties furent assez heureuses pour s'entendre; on rédigea aussitôt un acte
d'accord, au bas duquel le seigneur apposa sa signature, en même temps que Pierre Sabrier, notaire, et Antoine Ayral, marchand, consuls de
la communauté. Ajoutons que ceci se passa au
faubourg, et que les consuls ne voulurent signer qu'après que les troupes ennemies se furent
éloignées de la ville. Le corps expéditionnaire se
retira donc, mais pour aller porter dans les campa-

gnes autour d'Espalion la ruine, la désolation et la mort. Les clauses de l'acte imposaient aux vassaux l'obligation de renouveler le serment de fidélité au seigneur et au roi, au roi surtout, bien qu'il fut avéré qu'ils n'avaient jamais cessé de lui être fidèles. Le seigneur de son côté prit l'engagement formel de ne plus songer à mettre une garnison en ville, avant la décision de l'autorité compétente appelée à prononcer là-dessus.

Il était bien juste sans doute que la peine due au coupable fut proportionnée à l'énormité de son crime : outre le profond dépit et la honte d'avoir armé si puissamment pour aboutir en définitive à une transaction conforme au vœu des Espalionais, Alexandre de Castelnau eut encore le regret de voir tomber sous nos murs quarante des siens frappés mortellement; tandis qu'un plus grand nombre reçurent des blessures plus ou moins dangereuses. Chose remarquable! et qui justifiait bien la prétention des assiégés d'avoir le ciel pour eux, la ville n'eut à déplorer la perte que d'une seule victime; ce fait à part, personne ne reçut la moindre atteinte. Encore est-il bon de dire que la personne qui périt était tout-à-fait étrangère à la défense, et tomba, à l'exemple de la femme de Loth, victime de sa curiosité. L'histoire ne la nomme pas;

elle se borne à nous apprendre que c'était *une chambrière en la maison de Brenguier Husol, jeune*, et qu'elle reçut un coup d'arquebuse alors que, placée à une croisée, elle regardait en dehors les manœuvres des assiégeans. On accusa de ce meurtre le capitaine Goffre, qui du reste saisissait avec une sorte de joie féroce toutes les occasions de nuire à nos malheureux ancêtres. Bien que l'accusation n'ait jamais été complètement prouvée, elle n'en demeura pas moins très-probable. Nos lecteurs savent déjà à quoi s'en tenir sur le compte de ce triste et dangereux personnage; qu'il nous soit permis cependant d'ajouter encore quelques faits aux détails biographiques déjà relatés : ils seront le complément nécessaire de notre récit.

Goffre, qui n'était pas du tout pour une terminaison pacifique, avait beaucoup fait auprès de son maître afin de la rendre impossible. L'inutilité de ses conseils l'irrita naturellement d'avantage contre la ville, et il se retira dans son vieux manoir, à Calmont, bien résolu à se dédommager cruellement de l'humiliation qu'on le forçait à subir. Peu de jours après, en effet, on apprit l'arrestation de Jean Parayre, marchand de Rodez, mais natif d'Espalion. Sa bourse qui renfermait trois cents écus, son cheval d'un prix élevé, et tous les objets dont il se trouvait nanti, lui furent enlevés sans scrupule. Lui-même, après avoir été accablé de mauvais traitemens, fut jeté dans les cachots infects du château, d'où il ne sortit que fort tard, grâce encore à l'entremise de M. de Tholet. Il est superflu de dire qu'on le renvoya les mains vides. Un autre jour un pauvre paysan de Calmont, Jean Conquet, ayant eu le malheur de faire quelque chose qui déplut à Goffre, celui-ci, qui voulait que chacun rampat à ses pieds, et qui ne reconnaissait à personne le droit de trouver à redire à ses monstruosités, lui tira presque à bout portant un coup d'arquebuse, sans plus de façon que s'il eut eu affaire à une bête des forêts. Heureusement pour cette fois la blessure ne fut pas mortelle. Dans d'autres circonstances, Goffre et ses gens aussi déterminés que lui, se postaient derrière un mur, une haie longeant les chemins publics; malheur alors à quiconque tombait entre leurs mains. On commençait d'abord par l'alléger, qu'on nous passe le mot, de tout ce qu'il portait, venait ensuite la prison, qui ne se rouvrait pour l'infortuné qu'après le paiement intégral d'une forte rançon. D'autres fois enfin, ces bandits émérites s'introduisaient violemment dans les maisons, s'appropriaient les objets qu'ils trouvaient à leur convenance, et puis sou-

vent.. . . . .
notre plume se refuse à compléter ces révélations.
A quoi bon du reste de plus longs détails : n'en
avons-nous pas assez dit pour qu'on puisse comparer notre situation actuelle avec celle de nos pères
dans les temps anciens? En faut-il certes d'avantage pour remplir nos cœurs de gratitude au souvenir de quatre-vingt-neuf, qui nous délivra pour toujours, il faut l'espérer, des tyrans et des op-
presseurs?

XII.

LES CROQUANS DE 1643.

La plaie profonde que les guerres de religion avaient faite au Rouergue était à peine cicatrisée, que de nouvelles tempêtes vinrent l'assaillir, et renouveller dans son sein déjà si déchiré, les horreurs dont les catholiques et les huguenots, armés pourtant au nom du Dieu de paix, s'y étaient naguère rendus coupables. L'orage cette fois n'eût pas de durée, mais il fut violent. Le souvenir en est encore dans la mémoire du peuple, aussi bien que celui de la domination Anglaise et des luttes que nous venons de rappeler. A ce sujet les historiens de la province ne mentionnent pas même une seule fois Espalion. Ah! plut au ciel qu'à leur exemple la tourmente eut oublié notre ville. Son histoire ne compte que trop de pages douloureuses, et ce serait avec bonheur que nous n'y verrions pas figurer celle-ci.

Au commencement de 1643, un mécontentement extraordinaire éclata en Rouergue. La question de l'impot, si sensible chez tous les peuples, et qui a fait tomber tant de gouvernemens, en fut la seule et unique cause. Les rôles de cette année nous apprennent du reste que les tailles étaient on ne peut plus élevées, et trop peu en rapport avec les revenus de ceux qu'elles frappaient. Les mécontens, qui prirent eux-mêmes le nom de *Croquans*, loin de vouloir se soustraire à toute espèce de contribution, demandaient seulement qu'elle fut ramenée au chiffre supportable de 1618 : ce chiffre était, pour Espalion, de 1266 livres, tandis qu'en 1643 la cote contributive dépassait la somme comparativement énorme de 6800 livres*.

Des soulèvemens nombreux furent la suite de cette aggravation des charges. Dans une foule de

---

* Une partie de cette somme de 6800 livres était destinée au paiement des frais de construction de l'église cathédrale de Vabres brûlée et entièrement ruinée par les calvinistes en 1568, de la maison épiscopale du même lieu, et du palais présidial de Rodez.

localités, les populations poussées à bout, déclarèrent une guerre ouverte aux agens chargés de percevoir les deniers publics, sans même épargner les personnes qui leur prêtaient aide et secours, et qu'on qualifiait pour cette raison de *partisans des tailles*. Sauveterre fut une des villes qui prirent une part très-active à l'insurrection. Dès le vingt février, les mécontens, fort nombreux, s'y opposaient à une réunion des juges-mages et des députés de la province, des travaux desquels ils n'attendaient sans doute aucune espèce d'amélioration financière. L'assemblée se tint à Espalion le vingt-trois mars suivant. Pendant tout le temps que dura la séance, l'agitation fut extrême en ville. Les étrangers qui s'y trouvaient en très-grand nombre à cause de la foire des rameaux, favorisaient singulièrement le tumulte. Dans les rues, sur les places, partout il fut bien plus question de l'impôt que de ventes et d'achats. Cependant, « *le tout se passa avec prou de douceur par la permission divine; mais les députés n'y décidèrent rien pour le soulagement du pays.*

Le mois d'août arriva, et l'on n'avait encore rien fait à Espalion pour désintéresser le fisc. Travaillée par une propagande incessante, qui s'était donnée la mission d'organiser le refus de l'impôt dans le cas ou la quotité n'en serait pas réduite; sollicitée d'un autre côté par les plaintes sincères et trop bien justifiées des pauvres contribuables, l'autorité attendait. Elle se berçait peut-être de l'espoir irréalisable que le gouvernement, mieux éclairé sur le triste état de ses sujets du Rouergue, accorderait enfin l'allègement tant souhaité. Mais il n'en fut rien. Le fisc, comme le milan de la fable, se montra sourd à toutes les plaintes, et menaça les malheureux Rouergats d'user à leur égard des rigueurs les plus sévères, s'ils ne consentaient a subir les exigences de son avidité.

Vers la fin du même mois, nos consuls reçurent de M. de Noailles, sénéchal du Rouergue, une lettre qui n'était qu'un ordre formel de procéder immédiatement à la levée des impositions. Ils eurent avis presque en même temps, par Monsieur de Murat, que des troupes nombreuses étaient réunies à Chaudesaigues, dans le but de pénétrer dans la province par Laguiole et Espalion, afin de prêter main forte aux exacteurs des deniers royaux. On comprit dès-lors qu'il n'était plus possible de demeurer inactif; il fallait, et bien vite, aviser aux moyens de conjurer le danger. Instruit de ce qui se passait, le conseil communal dépêcha en toute hâte l'un de ses membres, Guilhaume Agut, syndic des consuls, vers Monsieur d'Arpajon, pour avoir d'abord son avis sur la conduite qu'il convenait de tenir, et le prier ensuite de s'employer afin d'épargner, si possible, à la ville d'Espalion, la visite des troupes qui étaient à ses portes. Mais pourquoi s'adresser à ce personnage de préférence à tout autre? C'est ce que nous allons exposer ici en peu de mots.

Le vicomte d'Arpajon ne pouvant faire payer la somme de soixante-deux mille livres à la vicomtesse, sa mère, par notre seigneur Gabriel, Aldons de Castelnau, comte de Clermont, arrive avec force troupes, le 28 octobre 1640, au village de la *Saliège*, dans le but de s'emparer du château de Calmont. Le soir de ce jour fut consacré aux préparatifs du siège qui devait commencer le lendemain. De leur côté, le capitaine et les huit gardes du château se préparèrent à résister bravement. Dès son début la lutte fut vive de part et d'autre; mais enfin les assiégés, trop faibles pour espérer le moindre succès, mirent bas les armes et ouvrirent à midi les portes au vicomte et à ses troupes. Peu de jours avant cet heureux coup de main, le vicomte était venu à Espalion pour s'y faire reconnaître comme nouveau seigneur de la baronie de Calmont-d'Olt. Les autorités, dans la crainte de s'attirer la haine du comte de Clermont *qui, disaient-elles, était le successeur légitime et naturel des seigneurs dont le premier vivait il y a six cents ans,* refusèrent d'acceder à ses désirs. Elles furent certes bien mal inspirées. De retour à Sévérac, le vicomte jura de ruiner la ville et d'en exterminer les habitans. Les forces dont il disposait autorisaient un pareil langage. Notre conseil communal comprenant toute la gravité des circonstances, mit tout en œuvre pour amener une réconciliation. De nombreuses députations eurent ordre d'aller à Sévérac présenter des excuses, et protester d'une inviolable fidélité. Les premières n'obtinrent pas même les honneurs d'une audience. Cependant après mille et une démarches, et grâce à l'intervention puissante de Monsieur de la Force, ami intime du vicomte, celui-ci consentit à pardonner; et lorsqu'il fut arrivé à la Saliège, la ville dépêcha vers lui plusieurs de ses principaux habitans pour lui présenter ses *révérences, lesquelles furent cordialement reçues.*

On s'adressa donc à Monsieur d'Arpajon comme seigneur de la baronie de Calmont-dOlt.* Le vi-

---

* Le vicomte d'Arpajon cessa d'être notre seigneur au commencement de septembre 1644. Son autorité sur la baronie n'eut rien que de paternel. La ville lui dut d'être exempte de troupes pendant les

comte voulut bien dans ces pénibles circonstances prendre l'intèret de la ville, et pour en donner des preuves, il écrivit aussitôt de sa *propre main* une lettre au chef des troupes réunies à Chaudesaigues, qui promit de ne pas pénétrer dans nos murs. Mais en même temps le vicomte fit dire expressément aux Espalionais : d'être sages et obéissans, car fai-
« sant le contraire, il les abandonnerait sans pitié;
« de faire comme leurs devanciers qui ont toujours
« bien fait, en gens de bien et d'honneur, sans au-
« cun blâme; de ne pas se laisser entrainer dans
» la rébellion par leurs ennemis; de se montrer
» tels, en un mot, qu'on ne put jamais les convain-
» cre d'avoir délinqué au respect, honneur et obéis-
» sance qu'ils doivent au prince et aux autres su-
» périeurs. »

Cela voulait dire en termes non équivoques qu'il fallait se résoudre à payer. Le conseil communal s'arrêta sagement à ce parti. Hugues Lavergne, exacteur, ensemble les deux consuls assistés du syndic et du sergent bannier, firent une ronde en ville pour

---

trois ans de sa domination. Aussi, pour lui en témoigner de la reconnaissance, elle lui fit offrir 60 pistolles qui furent généreusement refusées. Elle obtint cependant après beaucoup d'insistance qu'il acceptât deux beaux mulets d'un assez haut prix.

connaître l'intention des habitans. Chacun comprit le péril qu'il y aurait à faire le récalcitrant, et donna l'assurance qu'il ferait son possible pour se libérer. Quelques jours après cependant lorsqu'il fut question de s'exécuter, la plupart s'y refusèrent : sans doute parce qu'on avait appris que les Croquans de la Basse-Marche formaient une nombreuse armée, capable de résister efficacement, et d'obtenir par la force ce qu'on avait refusé jusqu'ici aux plus pressantes supplications. Instruit de ces refus, le vicomte écrivit aux consuls que, voulant qu'il n'y eut aucune de ses terres qui s'affranchît du paiement des tailles, il ne prétendait d'aucune manière en exempter la baronie de Calmont, et que le paiement seul pouvait garantir la ville des plus grands malheurs. Ce langage sévère produisit son effet : les contribuables donnèrent un à-compte.

Cet acte de soumission, quoique un peu tardif, prévint sans doute une occupation militaire que la ville redoutait beaucoup, mais il ne fit pas évanouir tous les périls. Le parti des Croquans s'était recruté non-seulement de gens exaspérés des rigueurs intolérables du pouvoir, mais encore de beaucoup d'individus sans aveu, et animés des plus malveillantes intentions. Divisés en groupes plus ou moins nombreux, ces ennemis d'un nouveau genre parcouraient désordonnément la province, pénétraient dans les localités et s'y livraient sans retenue aucune aux désordres de toute nature. Les détenteurs des deniers publics étaient l'objet principal de leurs violences; mais les autres habitans réputés riches et ceux qui se livraient au négoce, n'étaient pas non plus à l'abri de leurs insultes. Espalion qui à toutes les époques est entré en partage des épreuves difficiles par lesquelles le Rouergue est passé, ne devait pas échapper à celle ci ; le moment même était venu pour lui de la subir.

C'était un jour de dimanche, le 20 septembre 1643. Pendant que des Croquans, au nombre de sept à huit mille, marchaient sur Villefranche, où Petit et la Paille, leurs chefs, étaient retenus prisonniers, Bernard Calmels, surnommé Lafourque, habitant de cette même ville, faisait route vers Espalion à la tête d'une bande appartenant au même parti. Les consuls en furent informés le soir du même jour entre quatre et cinq heures. Comme on voit il n'y avait pas une minute à perdre. Ils provoquèrent aussitôt une réunion du conseil communal pour aviser et très-promptement aux moyens de défense. Soit que les Espalionais n'eussent pas connaissance des maux que déjà bien des localités avaient éprouvés par suite des incursions des Croquans, soit que ces derniers eussent parmi les membres du conseil quelques partisans secrets mais influens, les mesures sur lesquelles on tomba d'accord n'étaient pas de nature à opposer une résistance sérieuse. On se borna à faire murer à pierre sèche la porte Saint-George et la porte Neuve, au fond du Plô, et à placer sur ces deux points seulement un petit nombre de sentinelles désignées même avec assez de légèreté. Il y avait loin certes de ces moyens de défense si fragiles et si bornés, à ceux qu'on avait pratiqués antérieurement lorsque les calvinistes ou le seigneur menaçaient d'envahir la ville. Lafourque et les siens arrivèrent vers les huit heures du soir, sans prendre plus de précautions que s'ils eussent été attendus comme de bons amis. Ils n'eurent pas beaucoup à faire pour briser les faibles obstacles qu'on leur opposait et pénétrer dans nos murs. Plus tard, il est vrai, on parla de trahisons, et même un habitant du Foiral, le nommé Antoine Cabrieyres, dit le Rénégat, fut incarcéré et livré à la justice sous l'accusation d'avoir puissamment contribué à l'entrée des ennemis.

Une double pensée avait amené les Croquans à Espalion : ils voulaient d'abord faire de la propagande en faveur du mouvement insurrectionnel, et puis dévaliser à leur profit, ainsi qu'ils l'avaient fait partout sur leur passage, les gens chargés de la perception ou de la garde des impôts. Grâce à une crainte salutaire qui contraignit les habitans à demeurer soumis, le premier objet de la mission des insurgés n'aboutit que très secondairement. Malheureusement il n'en fut pas de même quant au second. Leurs débuts furent si heureux dans la maison de Hugues Lavernhe, exacteur cette année là, auquel ils enlevèrent 343 livres provenant de recouvremens opérés, qu'ils ne crurent pas devoir s'arrêter en si beau chemin. L'appétit, pour nous servir d'une expression vulgaire mais qui s'applique très-bien ici, leur vint en mangeant. Forts de leur nombre ils pouvaient d'ailleurs oser tout impunément. Un pillage presque général s'ensuivit donc, durant lequel les uns perdirent leur or, d'autres des meubles précieux, ceux-ci les plus belles marchandises de leurs magasins; ceux-là une monture de prix. Les plus maltraités furent les sieurs Jean Ayral, conseiller du roi et contrôleur, élu en l'élection de la Haute-Marche, chez qui l'exacteur avait son logement, Guilhaume Agut, bourgeois, Gaspard Bancarel, marchand, et un autre Guilhaume Agut, notaire et syndic du consulat. Tout cela fut l'affaire de quelques heures, et à l'aube Lafourque et la majeure partie des siens avaient déjà disparu. Au milieu de ces grands désordres l'effroi s'était emparé à un si haut point des Espalionais, qu'ils n'eurent pas le courage de garder prisonniers des Croquans attardés et surpris en flagrant délit de vol; on les relâcha de par une décision du conseil communal, dans la crainte que Lafourque revenant pour les prendre n'exposât la ville à une nouvelle et plus désastreuse dévastation. Cet effroi se manifesta encore par les mesures, hélas! trop tardives, qui furent prises pour pouvoir échapper au besoin à une tentative du même genre. On mura solidement les portes, tripla le nombre des sentinelles, qui furent soumises à un service rigoureux de jour et de nuit. Et lorsque le 23 du même mois, les consuls de Rodez écrivirent aux nôtres de leur envoyer des soldats pour donner la chasse aux Croquans, dont les ravages allaient grossissant chaque jour, ces soldats leur furent refusés, par le motif qu'on ne pouvait sans péril se dessaisir d'un seul d'entr'eux.

Le danger néanmoins était définitivement passé : les Croquans ne reparurent pas. Ils furent dispersés et mis dans l'impossibilité de nuire vers la fin d'octobre ou dans les premiers jours de novembre, par les soins du sénéchal, M. de Noailles. Leurs chefs périrent dans les derniers supplices. Il ne fut plus question des Croquans à Espalion que pour informer contre les habitans qui, au moment de l'invasion, avaient pu prendre trop ouvertement le parti des ennemis, et enfin dans une autre circonstance pour punir correctionnellement quelques jeunes gens de la ville, parmi lesquels figurait un certain Escudier, orfèvre, qui se permettaient de chanter dans les rues, jusqu'à une heure très-avancée de la nuit, des chansons contre les *partisans des tailles*, composées par la Paille et Lafourque. Inutile d'ajouter que nonobstant la profonde misère du peuple et les cris de détresse qui s'élevaient de tous côtés, il fallut payer jusqu'au dernier liard les 6800 et quelques livres, car tel était le bon plaisir du roi.

Nous avons dit que les plus maltraités dans leurs biens par les Croquans, furent les sieurs Jean Ayral, conseiller du roi, Gaspard Bancarel, marchand, Guilhaume Agut, bourgeois, et autre Guilhaume Agut, notaire et syndic du consulat. Ces messieurs, sensibles, et à bon droit, comme on va s'en convaincre, aux pertes dont ils venaient d'être les victimes, et désireux d'en obtenir autant que possible la juste réparation, se mirent en mesure, aussitôt après le désastre, d'avoir sur les coupables ou du moins sur certains d'entre eux des renseignemens qui leur permissent de les traduire devant les tribunaux. Il y eut donc des informations sérieuses et des enquêtes, qui n'eurent pas seulement pour objet de recueillir des témoignages sur les personnes, mais encore sur les villages et les communautés qui avaient pactisé trop ouvertement avec la révolte contre *l'autorité du roi et la tranquillité publique*. Voici les noms des individus qui se trouvèrent être le plus compromis :

George Goudal, de Barriac, Pierre Ricard, de Grieudas, Antoine Carles, dit Pommier, de Gilhorgues, Bertrand, dit la Barthe, forgeron d'Ortelles, Jean Pons et le nommé Cabrilhargues, dudit lieu de Gilhorgues, Antoine Capelle, de Bieunac, le paysan d'Andrieux, Jean Garrousse, dit Moly, de Lieujas, Antoine Monrousat, tailleur dudit lieu, François Rives, maréchal, le tailleur de la Fustière de Montrozier, le Paysan de Méravilles, de Gilhorgues, Jean Tibou, cardeur, Guilhaume Lavialle, chappelier, Jean Alazard, hôte d'Espalion, Guilhot, tailleur, le nommé Montauban, de Bouzouls, Christophe Auboui, de Bézanes, Jean Cabrolier, d'Abouls, François Carrié, dit Baron, de Bouzouls, les deux premiers fils de Noël Raimond, de Pargasan, Jean et Nicolas Laquerbe, de Figuier, Pouget, de l'Aubinie, Gabriel Bonnefon,

Antoine Vacquier Canadilhes, Jean et Antoine Lebretz, André et Jean Treilhes, Jean et Grégoire Ladous, dit l'Ombre, tous de la paroisse de Saint-Austremoine, Gausserans père et fils, du Bourg, Cardonnel, de Salles, Dominici et Colombet, dudit lieu, Guilhaume Cussac, dit le Mauvais-Riche, de Boyries, Jean et Antoine Miquel, Jean et Pierre Cabrières, Barthélemi Raynal et son cousin Barthelemi, d'Espalion, et le fils du meunier du Cambon, nommé Guilhaume Pègues.

Quant aux localités qui fournirent de forts contingens à la rébellion, et qui, par suite, contribuèrent puissamment à amener les excès dont notre ville fut le théâtre, nous citerons : Estaing, Rodelle, Bozoul, Marcilhac, Salles, Saint-Loup, Albin, Valadi, Concourez, Sébazac.

Les informations terminées et la culpabilité bien établie, il y eut assignation en règle des personnes et des communautés, représentées par leurs consuls, devant l'intendant de la justice, police et finances en Guienne, Jacques de Charreton, seigneur de la Terrière, qui avait reçu pour tout ce qui regardait les Croquans, des pouvoirs discrétionnaires. Le huit juin 1644 fut rendu un jugement qui condamna les localités et les individus traduits, au paiement des sommes auxquelles avaient été évalués les dommages. Les experts nommés par l'intendant les avaient fixées ainsi qu'il suit : pour Jean Ayral, à seize mille vingt-neuf livres dont était à distraire la somme de 300 livres pour Hugues Lavernhe, l'exacteur ; pour Guilhaume Agut, notaire, à deux mille deux cent quatre-vingt livres onze sous ; pour Agut, bourgeois, à cinq mille cinq cent vingt-sept livres sept sous ; et enfin pour le sieur Bancarel, marchand, à trente-deux mille quatre cent trois livres seize sous ; revenant toutes lesdites sommes à l'universelle de cinquante-cinq mille neuf cent quarante-une livres huit sous.

Outre cette disposition, le jugement en contenait une autre bien autrement sérieuse contre les personnes ci-dessus mentionnées ; il disait :

« Les Croquans sus-mentionnés sont condamnés
» à faire amende d'honneur et demander pardon
« à Dieu, au roi et à la justice, tête et pieds nus
» et à genoux, la hart au cou, et tenant chacun
» à la main une torche ardente du poids de deux
» livres, au-devant la porte et principale entrée
» de l'église paroissiale de ladite ville d'Espalion ;
» et ce fait à être pendu et étranglé jusqu'à ce
» que mort naturelle s'en suive à des poteaux qui
» seront à cet effet érigés à la place publique de
» ladite ville, leurs corps jetés à la voirie, si ap-
» préhendés peuvent être, sinon en effigie. »

XIII.

LA PESTE DE 1653 -- 1654.

La peste si fréquente autrefois dans notre pays, n'est plus de nos jours, grâce au progrès de la civilisation, qu'une maladie tout exceptionnelle, qu'un cas heureusement fort rare. L'assainissement de nos villes qui ont vu tomber leurs murailles dont la hauteur s'opposait à la libre et nécessaire circulation de l'air, une alimentation plus abondante et plus saine, des moyens de propreté plus multipliés et à la portée de tous, peut-être encore la tranquillité plus grande qu'autrefois sous le rapport politique, telles sont les causes auxquelles nous devons l'éloignement du terrible fléau. Comme on est ému douloureusement lorsqu'on se reporte à ces désastreuses époques, où un mal impitoyable et hideux, s'attaquant à des populations entières, brisait en peu de jours les plus douces affections de famille, et, détruisant toutes les espérances, répandait la tristesse et le deuil là où régnaient naguère la paix, le bonheur et la joie!

Mais quelque fréquente qu'ait été chez nous l'invasion du mal, il n'est pas cependant indispensable, pour l'apprécier dans ses désastreux effets, de donner un historique complet de chacune de ses apparitions. A vrai dire, le rôle de l'histoire serait interminable s'il fallait tout rapporter. Nous avons donc cru pouvoir nous borner au récit d'une seule. L'époque en tête de ce chapitre a fixé notre choix préférablement à toute autre, comme nous ayant fourni des documens plus nombreux et plus circonstanciés.

Au commencement de 1652, la peste éclata dans plusieurs villes du nord et du midi de la France; mais rassurés par l'éloignement, nos premiers magistrats, à l'annonce du mal, ne prirent d'abord aucune précaution, se bornant à faire des vœux pour obtenir du ciel la dispense d'une visite, hélas! trop incommode. La maladie cependant ayant atteint de proche en proche, dans les derniers mois de l'année, quelques localités du Rouergue, on eut hâte alors de recourir aux mesures les plus propres à prévenir une invasion. Un règlement sanitaire postérieur d'une année à cette époque malheureuse où la contagion emporta huit mille habitans de Villefranche, fut bien vite remis en vigueur. Dans la presque totalité de ses prescriptions, ce règlement plein de sagesse et qui prouve combien était prévoyante l'administration municipale d'alors mérite certes à plus d'un titre de trouver place ici. La connaissance pourrait en être utile si, ce qu'à Dieu ne plaise, le choléra venait une jour établir parmi nous son règne hideux et funèbre.

Règlemens accordés et résolus pour la conservation de la santé de la présente ville, occasion de la maladie.

« Premièrement a été résolu que la porte neuve
« (porte Saint-Joseph) se fermera et ne s'ouvrira
« plus; ensemble les portes du moulin et de la
« grave; et les portes de Laguiole et de Saint-
« George s'ouvriront continuellement. — Qu'aux
« dépens de la ville sera fait un bâteau au plus
« tôt et capable de passer les charrettes; et fait
« qu'il soit, sera délibéré quelles personnes le gou-

» verneront, et le lieu où il sera mis afin de pas-
» ser tous les étrangers pour empêcher qu'ils ne pas-
» sent en ville. — que le logement sera refusé aux
» muletiers et autres personnes venant de Toulouse,
» Languedoc et autres lieux, dans le soupçon. —
» Que tous les étrangers réfugiés depuis peu de
» temps dans cette ville et qui n'y ont point d'ha-
» bitation, seront tirés hors d'icelle, s'ils ne l'ont
» vidée dans trois jours après la signification qui
» leur en sera faite; le dénombrement desquels
» étrangers se prendra dessus le rôle de la taille
» par MM. les consuls assistés de leur conseil. —
» Que aucun habitant de la ville ne sortira hors
» d'icelle pour s'en aller aux champs sans le sû
» et consentement des sieurs consuls ou des capi-
» taines de la santé, par peine qu'ils seront con-
» traints à faire quarantaine; et ceux qui voyage-
» ront seront tenus de porter passe-ports des lieux
» où ils iront coucher sur même peine que des-
» sus. — Que par le bannier des sieurs consuls
» sera fait commandement à tous les habitans de
» nettoyer les rues et autres recoins, et sortir hors
» la ville tous les fients qu'ils y pourraient avoir,
» en quelque lieu que ce soit, et ce dans le jour;
» et de là à l'avenir n'y laisser aucun immondice,
» sur peine de vingt-sous d'amende et de les faire

» nettoyer au dépens des propriétaires. — Que les
» députés aux portes seront contraints à faire leur
» devoir en personne; et pour le délinquant paiera
» huit sous d'amende, qui seront employés pour
» avoir du bois aux corps-de-garde. Que l'entrée
» de la ville sera refusée à ceux de Saint-Côme,
» jusqu'à ce que le soupçon sera fini du mal con-
» tagieux. — Que les hôtes de Saint-Jean, Saint-
» Antoine et autres de la présente ville ne loge-
» ront aucun passant étranger sans cartel, sur peine
» d'amende et d'être enfermés. — Que les sieurs
» médecins, appothicaires et chirurgiens ne visite-
» ront ni palperont aucuns malades dans la ville
» ni dehors sans le sû et permission des consuls;
» même les appothicaires ne bailleront aucun mé-
» dicament sans le venir dénoncer aux dits con-
» suls. — Que devenant aucun malade dans aucune
» maison de la ville de quelle maladie que ce soit,
» les habitans de la dite maison le dénonceront
» dans le jour aux consuls, pour en être faite la
» vérification, sur peine d'être tirés hors de la
» ville. — Qu'il sera pourvu d'avoir des personnes
» capables pour s'exposer en cas de mal au ser-
» vice des malades et nettoiement des maisons. —
» Que l'entrée de la ville sera refusée aux pauvres
» mendians, sauf à leur donner l'aumone et la pas-

» sade aux plus nécessiteux. — Qu'il sera fait maga-
» sin de blé pour subvenir à l'entretiennement du
» pauvre peuple de la présente ville, en cas se
» trouverait que Dieu veuille que ladite ville vint
» à être infectée.

» A ces fins sera fait emprunt de blé par les
» dits sieurs consuls qui s'en obligeront au nom
» de ladite ville qui sera tenue de les en relever.
» Et aux fins cependant d'apaiser l'ire de Dieu se-
» ront poursuivis en justice jusques à condamna-
» tion de peines et aux dépens les blasphémateurs
» du saint nom de Dieu; et sera publié dans la ville
» d'en faire la dénonciation par ceux qui auront
» ouï lesdits reniemens et blasphèmes, aux sieurs
» consuls, et leur nommer les auteurs et les témoins
» aux fins susdites. — Qu'il sera fait élection de
» six habitans au dessus des conseillers pour as-
» sister les consuls, et les relever de moitié de leurs
» peines et soins au grand nombre des affaires
» qu'ils ont sur les bras, avec lesquels lesdits con-
» suls prendre les résolutions nécessaires aux affai-
» res qui s'offriront; et les résolutions qu'ils pren-
» dront seront effectuées de point en point, laquelle
» élection sera faite par lesdits sieurs consuls au
» plus tôt, occasion de la nécessité des affaires. »

Nonobstant la stricte observation d'un réglement

aussi sage, et le zèle digne d'éloges que les consuls déployèrent en cette triste circonstance, la ville ne put échapper aux atteintes du fléau dévastateur. Il s'y déclara le 15 septembre 1653, et la première victime fut un manouvrier nommé *Boyé, dit Metjou.* Les médecins appelés pour vérifier le corps, déclarèrent *avoir trouvé des glandes aux gencives et derrière la tête, et de plus lui avoir trouvé du pourpre signe certain du mal contagieux.* Sur cette déclaration des hommes de l'art, la femme du défunt, ses enfans et l'ensevelisseuse, reçurent l'ordre de quitter la ville immédiatement. Peu après, le bruit s'étant répandu qu'une veuve du nom de *Laserre* et sa famille étaient malades, il n'en fallut pas d'avantage pour que l'autorité fît murer la porte de la maison qu'ils habitaient. Ce fut par les fenêtres qu'on fit tenir aux malheureux reclus les remèdes et les alimens dont ils pouvaient avoir besoin. Malheureusement toutes ces précautions devinrent inutiles : La brèche était faite, et l'ennemi avait pénétré dans la place. A l'apparition du mal, l'alarme avait gagné tous les cœurs; mais lorsque après plusieurs décès arrivés simultanément, on crut prévoir que la mortalité serait générale, une panique s'empara de tous les esprits, et bientôt le désordre et la confusion furent au comble. Malgré la défense de sortir de la ville, la plupart cherchèrent leur salut dans la fuite. Les cabanes si chétives des bergers, les maisonnettes de nos vignes, les enfoncemens même des rochers, devinrent autant d'asiles pour ces victimes de la peur. Ceux qui ne purent trouver au dehors un lieu de refuge, préférèrent vivre au milieu des champs, exposés à toutes les intempéries d'une saison qui chaque jour se faisait plus rigoureuse, plutôt que de regagner un logis où la mort leur semblait inévitable.

Quand les premiers feux de cette terreur se furent calmés, l'autorité retrouva son empire, et put ajouter aux moyens déjà pris pour atténuer les ravages de la contagion. C'est ainsi que les églises furent fermées et toute réunion pieuse interdite. Le prêtre offrait les saints mystères sur un autel dressé devant la porte du temple; beaucoup de fidèles sans quitter leurs maisons pouvaient ainsi prendre part à l'oblation sainte du sauveur. C'est ainsi que, par ordre supérieur, les écoles publiques vaquèrent, et les élèves contraints de regagner le toit paternel. C'est ainsi qu'on fit approprier la maisonnette adossée à l'ancienne chapelle des Templiers, sur le chemin de Saint-Côme; tant que dura la peste, un homme payé par la commune eut ordre d'y rester et d'y héberger les voyageurs étrangers auxquels l'entrée de la ville était formellement interdite. C'est ainsi que, par un motif de plus grande propreté, tous les porcs, l'une des principales ressources alimentaires de la ville, furent transférés au Foiral, en un lieu clos qu'on a depuis appelé le *Porche*, sous la garde d'un homme payé par la communauté. C'est ainsi encore que l'autorité traita avec un certain Cobelly, parfumeur Languedocien, pour la désinfection de la ville. Quinze cents livres de salaire, la fourniture de toutes les drogues et l'usage d'une maison pour lui et les siens, telles furent les conventions faites avec cet étranger. Les principales substances employées à la désinfection des logemens était la canelle, le gérofle, le poivre, la muscade et le sucre. Il arriva quelquefois que le parfumeur, manquant de prudence ou d'adresse, mit le feu aux habitations qu'il avait mission de désinfecter, ce qui apportait de nouvelles difficultés à une situation déjà fort embarrassée. La sollicitude de l'autorité s'étendait en outre jusqu'aux personnes qui avaient fui dans la campagne et dont le nombre grossissait chaque jour. Par ses ordres encore des huttes furent construites au quartier de *Combes*, entre celui du *Temple* et le pic de Vielh-Mur. Les pestiférés de la ville et ceux qui erraient misérablement hors de ses murs s'y réfugièrent, et l'on organisa un service régulier pour subvenir à leurs nombreux besoins *.

Les dépenses nécessitées par la présence du fléau étant considérables, on eut recours à l'emprunt en donnant pour gage aux prêteurs, comme on l'avait autrefois fait, les calices, les reliquaires et d'autres objets précieux qui étaient la propriété de la ville. L'abbé de Bonneval entre autres prêta sept cents livres et l'exacteur des deniers royaux mille. A ces ressources venaient encore s'ajouter les dons nombreux de la charité privée qui, dans ses douloureuses circonstances, se montrait bien digne de sa céleste origine.

La peste cependant continuait d'exercer ses ravages. Sans distinction de classes ni de personnes, elle frappait aveuglément à toutes les portes. Les *Corbeaux*, c'est ainsi qu'on appelait les hommes chargés de l'enterrement des pestiférés, ne pou-

---

* Il existe dans le quartier de Combes une fontaine qui porte le même nom, à laquelle certaines personnes se garderaient bien d'aller puiser, se fondant sur ce que l'eau en est malsaine et comme empoisonnée. Cette répulsion n'est ni plus ni moins qu'un préjugé, qui prit naissance à l'époque où les malheureux pestiférés, sous la pression d'une soif dévorante, allaient demander à ses eaux fraîches et limpides un adoucissement aux maux qui les consumaient.

vaient suffire à leur triste tache, que l'autorité leur avait imposée sous les peines les plus sévères. Les victimes du mal, luttant presque toujours sans succès, expiraient dans les convulsions d'une horrible agonie. Une douleur immense régnait sur la ville. De toutes les maisons encore habitées, s'échappaient des cris déchirans, des sanglots continuels; car hélas! chaque famille avait à pleurer quelqu'un des siens. Ici, c'était un père que la mort ravissait à son épouse et à des enfans éplorés; là une tendre mère, unique soutien d'un enfant jeune encore, mourait presque subitement; ailleurs un ministre de Dieu, un magistrat dévoué expiraient victimes d'un dévouement héroïque. Partout, enfin, la mort trouvait une proie, et à la fin de décembre de cette année désastreuse, on comptait déjà deux cent vingt-six victimes.

Ce fut au milieu de cette désolation générale qu'une voix pieuse se fit entendre. Elle proposa aux Espalionais de lever tous ensemble leurs regards vers le ciel, et d'implorer par une commune prière la miséricorde du Tout-Puissant. Cette voix fut reçue comme celle d'un ange. On s'assembla de toutes parts devant la porte de l'Eglise; l'isolement, depuis long-temps commandé, perdit un peu de sa rigueur, et là, pénétrés d'une foi vive, animés d'une confiance sans bornes, nos ancêtres firent le vœu solennel, dont le rapport doit trouver place ici.

« L'an 1653, et le 10 novembre, au devant l'é-
» glise Monsieur Saint-Jean-Baptiste, de la ville
» d'Espalion, avant midi ; régnant très-chrétien
» prince Louis, roi de France et de Navarre, par-
» devant moi Pierre Blanchy, notaire royal et gref-
» fier consulaire dudit Espalion.

» Assemblés MM. M⁰ Antoine Delpuech, doc-
» teur-avocat, Ramond Verdu, marchand, consuls
» modernes dudit Espalion, assistés de M⁰ Pierre
» Pradier, docteur-avocat ; Messieurs Barthéle-
» my Bézamat, Ramond Blanchy, George Es-
» cudier, Géraud Alaux, Bernard Picard, François
» Fueilles, Pierre Poulenq, prêtres; Messieurs An-
» toine Conogut, Pierre Saltel, notaire, Ramond
» Letellier, Jean-Baptiste Parayre, bourgeois; Pier-
» re Bompar, François Bancarel, Antoine Fourez,
» Jean Bézamat, marchands; sieur Antoine Lunel,
» aussi bourgeois, M⁰ Guilhaume Pomarède, ré-
» gent du collège, Guilhaume Taur, chapelier, An-
» toine Boyé, Jean Dalous, cordonniers; Guilhau-
» me Picard, Guilhaume Grailhet, brassiers; Ra-
» phaël Bley, hoste; Jean Bancarel, chaussatier,
» et plusieurs autres.

» A laquelle assemblée, par lesdits sieurs Del-

» puech et Verdu, consuls, a été représenté que,
» considérant l'affliction en laquelle la présente
» ville d'Espalion et habitans d'icelle sommes de
» présent de la maladie de peste comme est no-
» toire à tous et en punition de nos péchés com-
» mis contre la divine majesté de notre bon Dieu;
» pour appaiser l'ire duquel et réclamer sa misé-
» ricorde, être nécessaire, à l'imitation de nos
» prédécesseurs invoquer son assistance par l'in-
» tercession des saints et le prier d'appaiser son
» ire et nous redonner la santé qui nous est néces-
» saire; auxquelles fins réclamer l'assistance de quel-
» que saint; et qu'ils trouveraient être à propos de
» s'adresser et faire vœu à Monsieur saint Joseph, le-
» quel comme est croyable, est un des plus grands
» saints qui soient en paradis, qu'il doit avoir grand
» crédit et faveur envers notre seigneur et rédemp-
» teur Jésus-Christ; considéré qu'il l'a choisi parmi
» tous les autres hommes pour son père nutritif; en-
» tière faveur par laquelle le plus grand et saint hom-
» me qui pourrait être pour lors au monde ni qui
» pourra jamais être était indiqué; ce qui nous
» doit induire à croire que pour la faveur et in-
» tercession de monseigneur saint-Joseph, notre
» bon Dieu appaisera son ire et nous fera miséri-
» corde; auxquelles fins faire édifier une chapelle

» en l'honneur de mondit seigneur saint-Joseph, au
» lieu le plus propre et le plus convenable qu'il sera
» avisé; dans laquelle chapelle devoir être dressé
» un autel et un rétable où l'image dudit saint-
» Joseph sera dépeint le plus honorablement
» que faire se pourra ; et chacun an, le jour
» de sa fête qui est le 19e mars, faire faire
» procession générale par toutes les rues de la
» ville et faubourgs d'icelle , et après faire cé-
» lébrer dans ladite chapelle une messe haute où
» lesdits sieurs consuls et tous les habitans de la
» ville de l'un et de l'autre sexe assisteront, et
» néanmoins qu'il sera fait abstinence de chair la
» veille de ladite fête, et que les autres vœux par
» nos prédécesseurs faits, devoir être ponctuel-
» lement observés, et que chaque jour de l'an
» et à perpétuité sera sonné la cloche grande à
» huit heures du matin et consécutivement aussi
» le soir à même heure, en observation du vœu
» fait par nos prédécesseurs ; et que à l'heure où
» ladite cloche sonnera tous les habitans tant hom-
» mes que femmes se prosterneront à genoux en
» terre, et feront une prière à notre bon Dieu,
» savoir ; ceux et celles qui sauraient lire liront le
» *Miserere mei Deus*; et les autres qui ne le sau-
» ront diront sept *Pater noster* et sept *Ave Maria*

» en quelque lieu qu'ils se rencontrent ; et quicon-
» que sera surpris en faute et qui ne fera ladite
» prière, et n'observera pas l'abstinence ladite
» veille de la fête et autres vœux faits par nos
» prédécesseurs, devra être condamné à telle amende
» que par lesdits consuls et leur conseil sera avisé.
» Laquelle proposition faite par lesdits sieurs Del-
» puech et Verdu, consuls, par tous les sus-nom-
» més assemblés entendue et bien considérée, fai-
» sant tant pour eux, leurs successeurs, que les au-
» tres habitans dudit Espalion absens l'ont univo-
» quement acceptée et acquiescé à icelle, et pro-
» mis la main levée à Dieu de ponctuellement et
» inviolablement la tenir et observer et y ratifier
» de tout point; et la faire tenir et observer à
» leurs successeurs de tout leur pouvoir durant
» leur vie; et de faire faire le service et édifica-
» tion de ladite chapelle en l'honneur du bienheu-
» reux saint-Joseph sous la peine susdite; le priant
» tous ensemble unanimement vouloir accepter leur
» vœu et dévotion, et intercéder pour nous tous
» notre bon Dieu, et le prier au mérite de la pas-
» sion de son très-cher fils notre seigneur et ré-
» dempteur Jésus-Christ, qu'il lui plaise apaiser son
» ire, et prier sa grande miséricorde nous par-
» donner, nous donner la santé nécessaire et faire

» cesser ladite maladie contagieuse. Et ainsi que
» dessus est écrit a été conclu, arrêté et promis
» par tous les sus-nommés assemblés. Moi Pierre
» Blanchy, notaire royal et greffier desdits sieurs
» consuls présent et écrivant de leur mandement
» et de tous lesdits sieurs assemblés. En foi de
» ce me suis soussigné; n'ayant lesdits sieurs con-
» suls et autres sus-nommés pas signé ni s'approchés
» de mon papier pour crainte d'infection de la-
» dite maladie. »

Tant que le mal fit des victimes, les Espalionais se montrèrent observateurs scrupuleux du vœu qu'ils venaient de faire :

<blockquote>Mais le danger pasé, l'on ne se souvient guère
de ce qu'on a promis aux cieux.</blockquote>

Le zèle s'affaiblit par degrés comme la maladie. Il fallut plus de quatre années pour l'édification en l'honneur de saint Joseph d'une chapelle qu'on aurait pu construire en quelque mois. De nos jours le souvenir de toutes ces promesses faites dans des circonstances aussi terribles serait entièrement effacé de la mémoire des fidèles, si les ministres du Seigneur n'avaient le soin de les leur rappeler de temps à autre. Il est vrai que le ciel fit attendre ses faveurs. Un moment la peste sembla vouloir cesser, car les personnes qu'elle frappait étaient chaque jour moins nombreuses. Mais vers la fin de janvier de l'année suivante, il se manifesta une recrudescence des plus vives. Les habitans qui n'avaient pas craint jusqu'alors de rester au foyer même du mal, effrayés à leur tour, quittèrent presque tous la ville qu'ils croyaient vouée à une ruine totale. Ce serait à ne pas croire à une semblable désertion si elle n'était garantie par un témoignage irrécusable. Ce témoignage, le voici dans sa triste simplicité; c'est par lui que nous terminerons notre récit.

« Certificat fait par Monsieur de Lanau, capitai-
» ne, commandant sept compagnies d'infanterie de
» Périgord.

« Aujourd'hui seizième février 1654 nous som-
» mes entrés sept compagnies du régiment de Péri-
» gord et l'état-major au lieu d'Espalion, en garnison
» pendant le présent quartier d'hiver, par ordre de
» Monsieur le marquis de Saint-Luc, lieutenant gé-
» néral des armées du roi en Guienne; n'avons
» trouvé que deux consuls, huit ou dix habitans
» au plus avec le parfumeur pour le service de la-
» dite ville d'Espalion qui est fort incommodée
» de peste. Voyant cette désertion et cet état dé-
» plorable, avons dressé ce mot d'écrit pour re-

» présenter à ceux qu'il appartient l'état de la vé-
» rité, afin qu'ils y rémédiassent pour le soulage-
» ment des troupes du roi et des dits habitans du
» lieu d'Espalion. — En foi de quoi, etc.

XVI.

DE L'ENSEIGNEMENT PUBLIC A ESPALION AVANT 1749.

On ne saurait préciser l'époque à laquelle fut ouverte à Espalion la première école publique pour l'instruction de la jeunesse. La tradition et les archives sont muettes sur ce point. Donnant donc un libre cours aux conjectures, chacun peut, selon sa manière de voir, en reculer plus ou moins l'origine. Pour nous, s'il nous est permis d'émettre ici notre opinion, volontiers nous faisons remonter jusqu'à Charlemagne le bienfait d'un établissement de ce genre. Ce grand prince, en effet, s'il faut en croire la tradition locale qui lui attribue beaucoup, avait à cœur l'amélioration de notre cité. Le pont, qu'il faudra désormais appeler le vieux-pont pour le distinguer de son jeune cadet, et qui a vu passer sur ses arches légères les flots de dix générations, est son ouvrage. C'est encore à Charlemagne que notre ville est redevable des armoiries qu'elle possède. Puis donc que ce monarque, l'une des grandes gloires de notre patrie, fut le bienfaiteur par excellence de la localité, pourquoi n'inclinerait-on pas à penser qu'il dota notre ville d'un établissement public d'instruction ? l'histoire d'ailleurs est là pour nous apprendre, que le fils de Pépin fut un des plus savans hommes de son siècle, qu'il fonda des écoles publiques dans toute la France, dont il donna l'inspection générale au savant et pieux Alcuïn.

Mais s'il est impossible de fixer l'origine d'un fait aussi intéressant, on peut du moins assurer que déjà dès le commencement du seizième siècle, une école publique florisait à Espalion. Les consuls, premiers magistrats de la cité, en étaient les patrons et les administrateurs. Leurs éxigences à l'égard de ceux qui se présentaient pour la diriger, les inspections périodiques et nombreuses qu'ils ne manquaient jamais de faire, prouvent assez leurs constans efforts pour en accroître la prospérité. Ils comprenaient, ces dignes dépositaires de l'autorité, tout le prix qu'il convient d'attacher au développement intellectuel et moral des jeunes générations. Par l'expérience que donne l'histoire, ils avaient appris que la science ennoblit l'homme, sauvegarde ses droits et l'élève toujours d'avantage en étendant de plus en plus les prérogatives de sa royauté.

Ces sentimens dignes des plus beaux jours de Rome et d'Athênes, nos consuls, sans doute pour en consacrer la noblesse, essayèrent de les traduire dans la langue harmonieuse des poëtes. On lit en tête d'un registre des fondations et autres obligations appartenant au *colliège et escoles* de la ville ce qui suit :

En chacune année pour tirer fruictz la terre est laborée,
Et sans agriculturer, ne perduirait que herbe sauvaige inacostumée.
Aussi les enfans après avoir succé le laict fault soient aprins,
Et de leurs premiers ans enseignés pour n'estre reprins.

Aux villes Républiques ne se saurait faire méleur ouvraige
Que de faire instruire aux lettres divines leur mesnaige ;
Se sont les pierres desquelles fut édifiée Romme,
Qui a été et sera le chef de la terre et de l'homme.

Mais ce n'est tout, car Dieu y est servy et honoré ;
Les père, mère et tout aultre gendre secoreu et respecté ;
Et avec les prières des enfans l'on acquiert le nom
Envers Dieu et les hommes anoblissant le renom.

Sapientiam tuam a cœlo mihi tribue domine :
Sine illâ enim nescit homo voluntatem Dei.
Et noli reprobari a pueris tuis.

Les maîtres chargés de la direction de l'école étaient au nombre de deux; ils s'appelaient régens. Leurs fonctions commençaient à la Saint-Jean-Baptiste, pour finir à pareille époque l'année suivante. Celui des deux qui avait la direction des hautes études, prenait le titre de premier régent. Sa nomination seule dépendait des consuls, qui ne se prononçaient qu'après avoir pris l'avis du conseil communal. Pour suffire à toutes les obligations de sa charge, l'élu s'adjoignait un aide. Au bout de l'année, l'un et l'autre étaient considérés comme tout-à-fait étrangers aux écoles, il fallait procéder à une nouvelle élection. S'il se présentait plusieurs prétendans à la régence en chef, un concours, dans ce cas, devenait nécessaire. Ce concours consistait en une composition écrite suivie d'une discussion qui avait lieu en public, et à laquelle prenaient part tous les compétiteurs. Le jury d'amission se composait de plusieurs prêtres, des consuls et de leurs conseillers. Après une épreuve plus ou moins laborieuse, la régence des écoles était confiée à celui qu'on avait reconnu le plus *sufficient*. Pour ne rien omettre sur un pareil sujet, il est bon d'ajouter qu'outre cette première épreuve, le candidat qui avait triomphé en subissait une seconde considérée comme le sceau de son élection. Au jour marqué et solennellement annoncé dans toute la ville, le futur régent se rendait à l'église paroissiale. Là, en présence des consuls, du capitaine du château de Calmont, de l'université des prêtres et d'un grand concours d'habitans, il faisait à haute voix quelques lectures : *Per entendre se sera bon praticien per exercé lodich regimen à l'utilitat dels scoliers.*

Les émolumens alloués par la ville aux régens varièrent suivant les époques; en 1599, ils avaient à se partager cinquante écus; les rétributions des élèves étaient en outre pour eux, et la communauté les logeait à ses dépens. D'après les témoignages, écrits qui nous restent, la place de régent fut toujours entourée de beaucoup de considération. Au reste, celui qui par ses vertus et sa science, travaillait à donner à l'état des sujets dignes de lui et à la famille des membres vertueux, avait sans contredit de vrais droits à l'estime de ses concitoyens. Ceux qui recherchèrent ces places furent presque toujours des docteurs en médecine, des licenciés-ès-lois, des prêtres respectables. Le programme des études était fort étendu; et l'on verra, non sans quelque surprise peut-être, qu'Espalion, à l'instar des plus grandes villes possédait des chaires pour les plus hautes parties de l'enseignement.

» S'ensuit l'argent que seront tenus payer les clercs

» scolaires foreins qui dorénavant à l'advenir vien-
» dront ouïr aux scoles de la présente ville d'Es-
» palion. Fait par les MM. consuls et conseillers
» d'icelle.

» Premièrement, les enfans
» et petits clercs de Las Mati-
» nes, seront tenus payer cha-
» cun an pour leur scolaire. . . . . v sous
» Ceux du Pélisson ou bien
» autrement nommés partistes. . . vi s.   iii den.
» Les grammairiens seront
» tenus payer. . . . . vii s.   vi d.
» Ceux qui seront auditeurs
» du Térence, du Cicéron,
» Virgile ou d'autres poètes,
» paieront pour leur scolaire. . . x s.
» Les dialecticiens, physi-
» ciens, théologiens ou d'au-
» tres plus hautes lectures. . . . xii s.   vi d.
» Et les habitans ordinaires
» de ladite ville seront tenus
» payer en la forme et coutu-
» me ancienne, qui est de. . . . . v s.   x d. »

Ainsi que nous l'avons dit, les consuls étaient les patrons et les administrateurs de l'école. Ils veillaient avec une tendre sollicitude à ce que les droits des régens et les intérêts des élèves ne fussent jamais en souffrance. Pour mettre les premiers à l'abri de dangereux concurrens, un arrêté consulaire portait : que ceux qui recevraient des leçons d'une personne étrangère aux écoles, seraient aussi tenus de suivre les cours des régens, et de payer comme leurs élèves ordinaires. Afin de s'assurer par eux-mêmes du progrès des écoliers, les consuls, assistés de quelques notables de la ville, se rendaient tous les trois mois aux écoles. La tenue et les devoirs des élèves étaient minutieusement examinés, des questions nombreuses et variées étaient faites en outre sur les diverses parties de l'enseignement. Ces examens n'étaient pas, comme on pourrait se l'imaginer, de vaines pratiques, car la régence fut plus d'une fois enlevée à des hommes qui avaient faibli dans l'accomplissement de leurs devoirs. Nos consuls, on doit le dire à leur louange, s'inquiétaient beaucoup de l'intérêt général : ils lui sacrifièrent toujours, quand les circonstances l'exigèrent, l'intérêt privé qui, sous aucun prétexte, ne doit jamais prévaloir quand l'un et l'autre se trouvent en présence. L'inspection dont je viens de parler se terminait par un exercice qui avait pour but de récréer les examinateurs et d'initier les élèves à cet aplomb, exempt de timidité, si nécessaire dans la vie publique. Sur un théâtre dressé tout exprès, quelques morceaux, le plus souvent comiques, tirés de nos meilleurs auteurs, étaient débités par des jeunes gens préparés d'avance.

Les écoles pendant fort long-temps furent, pour ainsi dire, errantes en ville : la commune ne possédait pas d'établissement où elle put les fixer. Mais en 1590, les ressources de la caisse du collége s'étant accrues, grâce aux dons de quelques personnes généreuses, notamment d'un Espalionais qui mourut en Espagne, une maison fut achetée. Moyennant six cents livres, un certain Ramond Parayre consentit à vendre la sienne. Cette maison vaste et commode, ayant vue d'un côté sur la place *del Pous*, et de l'autre sur le ruisseau de Merderic, devait remplir à merveille le but qu'on s'était proposé. Cependant, mais bien plus tard, le nombre des élèves devint si considérable, qu'il fallut un local plus vaste pour les recevoir. Les écoles alors furent transférées dans l'établissement où siége aujourd'ui le Tribunal; elles y étaient encore peu d'années avant notre première révolution.

Ici se termine la partie de notre travail relative à l'instruction des garçons. Pour rendre complet le sujet que nous nous sommes proposé de traiter, il convient de parler aussi de l'état de l'enseignement par rapport aux jeunes filles, toujours avant la même époque : c'est ce que nous allons faire dans les lignes qui suivent.

Marie Madeleine de Prat et de Nantouillet, épouse du seigneur de Calmont-d'Olt, touchée de l'état d'ignorance extrême où se trouvaient les filles des pauvres d'Espalion, conçut en 1633 le généreux projet de fonder en leur faveur dans cette ville une école publique, dont la direction serait confiée à des dames religieuses de Sainte-Ursule. Elle en écrivit d'abord à la sœur Colombe du Saint-Esprit, supérieure du couvent des Ursulines de Tulle, qui lui promit de l'aider de tout son pouvoir dans la réalisation de ce pieux dessein. L'évêque de Rodez, Bernardin de Corneillan, et celui de Tulle Jean de Genolhac, donnèrent les plus amples permisssions. Le seigneur, sans le consentement duquel l'établissement n'était pas possible, adhéra également aux vues de son épouse dans les termes que voici :

« Nous Gabriel Aldons de Castelnau, de Cler-
» mont, Carinan et Foix, comte dudit Clermont,
» marquis de Saissac, vicomte de Lautrec et de Né-
» bozon, baron des baronies de Castelnau, Calmont-
» d'Olt, Venez et autres places. Sur la supplication

» faite par la mère Colombe du Saint-Esprit, re-
» ligieuse Ursuline, de lui permettre de fonder un
» couvent dans notre ville d'Espalion pour, avec
» ses religieuses y faire leur résidence et vivre en
» la forme de leur religion : avons donné et don-
» nons par ces présentes pouvoir et permission à
» ladite dame Colombe du Saint-Esprit, religieuse
» Ursuline, d'aller fonder avec ses religieuses un
» couvent de leur religion dans notre ville d'Espa-
» lion, en Rouergue, dépendant de notre dite ba-
» ronie de Calmont-d'Olt, et y demeurer et vivre
» en la forme de leur religion. Enjoignant aux con-
» suls de notre dite ville de prêter aide, faveur et
» assistance à ladite mère Colombe du Saint-Esprit
» et ses religieuses audit effet; et à nos officiers
» les maintenir et garder en l'exercice de leur re-
» ligion. En foi de quoi nous avons expédié ces
» présentes à ladite dame, signées de notre main;
» scellées du sceau de nos armoiries; fait contre-
» signer à notre secrétaire dans notre château de
» Souceyrac, en Quercy, le vingt-neuvième jour
» du mois de mars 1633. »

Nantie de ces adhésions, notre bienfaitrice écrivit à la communauté d'Espalion une lettre qui portait en substance : que désirant faire du bien à la
ville, elle se proposait d'y établir des religieuses

Ursulines ; que ces religieuses bien loin d'être une charge, seraient, au contraire, fort utiles *pour l'instruction des filles et autres bonnes vertus chrétiennes*; ne demandant à la communauté qu'un logement provisoire pour les dames institutrices, jusqu'à ce que celles-ci *auraient choisi et acheté lieu à leurs dépens pour y bâtir leur monastère.* Cette proposition, comme on le pense bien, fut accueillie avec une enthousiaste gratitude. Des remercîmens et des hommages furent votés unanimement par le conseil communal, et l'on prit les plus promptes mesures pour disposer convenablement une maison. Celle dont on fit choix, bâtie depuis peu de temps et située dans la rue droite, servait naguère de lieu de réunion aux Messieurs de la ville. Nous allons rapporter quelques passages du procès-verbal d'installation.

« Ladite mère Colombe du Saint-Esprit, avec les
» autres cinq religieuses Marie Magdelaine, Marie
» de l'Incarnation, Françoise de Saint-Marc, et
» sœur Hyacinthe de Jésus, toutes religieuses professes, du cœur de Sainte Ursule dudit Tulle et
» sœur Delphine converse professe, aussi dudit
» monastère de Tulle, seraient arrivées dans cette
» ville d'Espalion dès le treizième dudit mois de sep-
» tembre 1634, sous la conduite de haute et puis-

» sante dame Marie, Madeleine de Nantouillet,
» femme et consorte de haut et puissant seigneur
» Messire etc. Où étant arrivées, ma dite dame la
» comtesse de Clermont et ladite mère Colombe du
» Saint-Esprit auraient dépêché vers mon dit seigneur
» de Rodez, pour le supplier très humblement de
» vouloir pourvoir à leur établissement, à quoi ledit
» seigneur pour le désir qu'il a de l'augmentation, de
» l'honneur et gloire de Dieu, et bien des âmes de ce
» sien diocèze, considérant le grand profit que font
» les dites dames en l'instruction des petites filles,
» offices publics dans les églises avec leurs clôtures
» perpétuelles, et autres bons exemples qu'elles don-
» nent au public, a très volontiers consenti; et pour
» cet effet a commis Monsieur Me Paichier son vi-
» caire général et official pour se transporter en
» ladite ville d'Espalion, et procéder audit établis-
» sement des dites dames religieuses en icelle ville,
» où suivant ledit commandement serait arrivé
» dès le quinzième dudit présent mois; et ayant
» vu les choses disposées pour icelui, aurait pro-
» cédé comme s'ensuit audit établissement comme
» appert par la déclaration et procès-verbal dudit
Paichier.
» De mon dit seigneur illustrissime et révéren-
» dissime evêque de Rodez, et par son comman-

» dement, nous sommes transportés en la susdite
» ville d'Espalion dès le quinzième jour du mois de
» septembre 1634, pour pourvoir à l'établissement
» desdites dames religieuses de Sainte-Ursule. Et
» ayant vu tous les actes et permission dessus nom-
» més, toutes signées et scellées chacune de son
» sceau, et en la présence et à la prière tant de
» ladite haute et puissante dame de Clermont, que
» des dites religieuses, Messieurs le juge, les con-
» suls et plusieurs autres bourgeois, marchands et
» habitans de ladite ville, avons procédé à la bé-
» nédiction de leur chapelle provisionnelle, célé-
» bré la sainte messe accompagné et assisté de Mes-
» sieurs le prieur de Trédou, Guilhaume Hémard,
» recteur de ladite ville d'Espalion, Antoine Bras-
» sat, recteur d'Alayrac, Jaques Bussières, docteur
» en théologie, prêtre et recteur de l'église parois-
» siale de Naves, diocèze de Tulle, Raymond Bras-
» sat, prêtre, et autres; et communié lesdites re-
» ligieuses; avons laissé le saint sacrement pour y
» être révéré et tenu dans un tabernacle, jour et
» nuit avec une lampe, et avec tout honneur et
» révérence. Et ayant visité le reste de ladite mai-
» son provisionnelle, et trouvé y pouvoir commo-
» dément garder leur clôture, avons assisté à l'é-
» lection d'une superieure et autres officières qui

» a été canoniquement et suivant les formes or-
» dinaires de l'église faite ; et a été nommée par
» les communs suffrages et élue supérieure pour
» trois ans à venir, ladite sœur Colombe du Saint-
» Esprit, laquelle nous avons confirmée et confir-
» mons de la part de mon dit seigneur de Rodez;
» et sœur Marie Magdelaine a été nommée sous-
» supérieure dudit monastère; sœur Marie de l'In-
» carnation a été élue maîtresse des novices; sœur
» Hyacinthe de Jésus procureuse, et lesdites trois
» sus-nommées avec la sœur Françoise de Saint-
» Marc pour discrètes dudit monastère que nous
» avons érigé dans la ville d'Espalion; et y reçu
» pour icelui les dites cinq religieuses sus-nom-
» mées, avec sœur Delphine religieuse converse
» qu'elles ont emmenée. Et exhorté une chacune à
» s'acquitter de leur charge, et à rendre tout l'hon-
» neur, respect et obéissance qu'elles doivent
» à monseigneur le révérendissime évêque de
» Rodez, etc. »

Peu de temps après, grâce à des travaux actifs, s'élevait à l'une des extrémités de la ville un magnifique couvent. Une chapelle qui n'est pas sans beautés, attenante à l'établissement et dédiée à Sainte Ursule et à Saint Augustin, servait pour les besoins du culte*. Tout autour régnait un enclos vaste et distribué avec beaucoup de goût. Nos religieuses, dont le nombre s'accrut par la suite, trouvaient là des promenades délicieuses, des ombrages frais, des parfums d'une suavité enivrante. Les Ursulines occupaient encore leur établissement en 1789. La révolution qui déplaça tant d'hommes et tant de choses, les dispersa. Aujourd'hui l'édifice, toujours affecté à l'instruction, sert de collége à la ville.

―――

* « Le 24 mars 1674, Me Thomas Regnous, prêtre et vicaire général de
» Monseigneur l'Evêque de Rodez, est venu à Espalion faire la bénédic-
» tion de l'église des Dames Religieuses dudit Espalion ; et ensuite d'icelle,
» le susdit jour, il y a célébré la première messe à l'honneur, gloire et
» louange de Dieu. »

XV.

PRIX DE DIVERSES CHOSES EN DES TEMPS DIFFÉRENS. DICTONS ET PROVERBES PATOIS *.

Les deux parties qui composent ce chapitre seraient déplacées dans une histoire générale, où l'on ne peut, sans devenir diffus, descendre jusqu'aux plus minutieux détails. Il ne saurait en être

---

* On ne trouvera dans ce chapitre que les dictons et les proverbes patois usités à Espalion et dans ses environs. Naturellement notre travail devait se borner là. Les personnes qui voudront connaître tous les proverbes, ou à peu près, en vogue dans le Rouergue, les trouveront dans le tome 5e des mémoires de la Société des Lettres, Sciences et Arts de l'Aveyron, qui contient un travail fort intéressant de M. Jules Duval sur la matière.

de même dans ces quelques pages consacrées aux annales d'une localité dont le role ne fut jamais que fort secondaire. La première partie est en quelque sorte un tableau en raccourci mais très fidèle du passé. Elle renferme des renseignemens intéressans et curieux, qui permettent d'apprécier les grands changemens que les temps ont introduits sur plusieurs points dans notre société. Nous n'avons rien négligé pour ménager dans les faits le plus de variété possible. Quant à la seconde, c'est un recueil de dictons et de proverbes patois, les uns pleins de sagesse et de vérité, qu'il est bon conséquemment de connaître et surtout de mettre à profit, les autres d'une signification moins heureuse, mais qui ont bien aussi leur valeur. Pour l'intelligence de certains d'entre eux, il nous a paru convenable d'en donner à côté la traduction française; on s'apercevra facilement que nous ne sommes pas toujours le traducteur.

Extrait d'une ordonnance de police portée par le seigneur en 1440.

Item—Que tot home et tota fenna que trobara galinas en son ort ho en autras possessios, donans dampnatge, que se tua las dichas galinas, que sia quicte, tornan las dichas galinas au aquel de qui es, ho dech deniers tournezes.

Tiré d'un compte consulaire de 1450.

Item, may en festas de nadal, l'an dessus, tramegueran à Mossenhor Johan Glandieyra à Rodez, dos capos et may una lébre que nos costet la dicha lébre de Ramond Piquard 2 sols sieys deniers, et los capos costero 2 s. 6 d. per so montet tot, am 4 deniers de by que donery à Fourez que l'ay portet lo dich présen. — 6 s. 4 d.

Item, may paguéry lo dich jorn per una absolucio que agéry per me et per mon companho, per so que Borzes de la Guiolla nos avia excommuniquats, per so que li devian per Antony d'Ayrolas, que me costet 2 sols.

Tiré du carnet d'un consul en 1456.

Lo 6 de julhet, venc mossenhor lo capitany de Calmont et Mᵉ Guilh. Garrigas, lo ordinari, per penre lo sagramen de mon cossolat que encaras non lo avian pres, et dinerosi à mon hostal, despendero am lo vy que bugueron en mon hobrado aquels que hy foio de la viala quand preyro mon sagramen, monta 2 s. 6 d.

Item, lo 23 de juilhet los cossols dessus dichs, Belcayre et Boyssonnada redero comtes als deputats sobre dichs et à mon companho et à me (15 personnes en tout), et dinero et vespertinero à mon hostal, despenderi, comtat am els,—13 s. 10 d·

Item, totz los dessus dichs sopero à mon hostal despenden, comtat am els 8 s. 7 d. Le diner du lendemain coûta sept sous : l'appétit allait décroissant. Voici ce qu'on dit du repas du soir : lo cer del dich jorn sopero poincts que déjunavo (attendu qu'ils jeunaient), mas que feyro collacio à mon hostal, despendero — 1 s. 6 d.

Item per lo jornal del dich Peyre Balesta que montet 1 s.

Item per lo jornal del dich Grailhet que montet 1 s.

Item lodit jorn, foué de cosselh et voler de gran cop de gens de la viala, que vodassen la viala (faire un vœu : la peste sévissait), à causa de la empidemia, que Dieus la escantis, et que fixem dire una messa del Sant Sprit al capela que faria lo vot. La cal causa feyran, et per so doniey per dire la messa al dich capela 1 s. 3 d.

Item, plus lodich jorn feyran vodar la viala per lo dich capela et per d'autres, et despendero en lo dich vot 12 lieuras de cira que se devio devesir en tres partz, soes : à mossenhor sant Anthoni 4 lieuras, et à mossenhor sant Sebastia et sant Fabia 4 li., à perza; et à mossenhor sant Ylaria 4 li., que las ay pagadas, que monta 1 fr. 15 s.

Item per la fa hobrar. — 2 s. 6 d.

<small>Tiré des notes de Pierre Cornet, consul en 1495.</small>

Item, lodich jorn (23 juin), vengro à mon hostal mossenhor lo loctenenen de mossenhor lo jutge, m^e Johan Riols, mossenhor Deltilhet, mossenhor bayle et belcop de prodhommes et habitans de la vila, mangear et bieure coma es de costuma, despendero — 15 s.

1535.

A cette époque existait à Espalion l'usage de *rémémorier* les trépassés tous les lundis, à minuit. Un nommé Frayscini, chargé de ce soin recevait dix sous de traitement par année.

<small>Tiré des comptes de Pierre Grégoire, consul, l'année 1538.</small>

Item, plus doneri à nostres procures quand anney à Vilafranqua als statz, dos parels de gans que costero 2. s. 6. d.

Item, plus per 7 pauquas de vy que trameguéri à l'evesque quant fazia la visita, en present — 2. s. 4. d.

Item, plus à Salamo per ung jornal de buaous à son despeus, per porta certans cartiers de peyra à la torre, que fés 4 voltas (voyages) que luy donavan 2. s. per volta, monta 8 sols.

Item, per compra una fusta per mettra à la torre de Arribat, que l'agéry de la quasso, ne paguéry — 5. s.

Item, de Assazat ne agéri una aultra, 5. s.

Item, per fa portar las dichas fustas à ung boyé de la montanha ne paguéry — 1. s.

Item, anéry à Rodez per saber se pagarian lo empront, despendéry, per so que ley anéry à chaval — 5. s.

Item, ay pagat à loys (Louis) Albert per porta los dichs gans a tholosa, del procès, demando per sas penas que ley sejornet dos jorns, so es — 2. s.

Tiré d'un rôle de dépenses faites par Me Hector Sales, second consul en 1543.

Item, foué necessary men anar à Vilafranqua per far bisitar lo procès que a madama (la veuve du seigneur) contra la vila, touchant lo mariatge de jehanne, sa filha, maridada am mossenhor de Panat, ont vaquéry per lodich affayre tant anam, demoram et tornam, cinq jorns, et despendery 2. francs. 13. s. 4. d.

Item, à Guilhem Bancarel per la despensa del predicayre et de son companho, de cinquanta jorns, ou per lo port des libres fach de Rodez à Espalion en venen predicar, ou per certan papier et cera que los avia fornit, montet tout compte fach am lodich Bancarel, 18 francs.

Item ay baylat a mossenhor Peyre-Puech de Tholosa per lodich prédicayre, 10. francs.

<small>Tiré des comptes de Me Jean Lacoste, consul en 1551.</small>

Item, per una pipa de vy que anère compra à Tholet, per donar à mossenhor lo cardinal (évêque de Rodez), 5. francs.

Item, ay baylat al doctur Mazars religios de Bonaval, per so que prediquait la semana santa — 2. francs 6. s.

Item, per ung pot guines (cerise du pays) confites, hou per sucre candi, per so que ero enraoumassat per prédica la passiou, — 6 s.

<small>Tiré des comptes du sieur Brenguier Petiot, consul en 1562.</small>

Item, et le 24e aoust, an susdit, pour six chapons à neuf sous la paire, quatre paires de perdrix à cinq sous la paire, et deux douzaines de gants, qui furent donnés à M. de St.-Pons, le tout au château de Masse, ai fourni cinq livres, 14 sous.

<small>1571. Tiré de divers comptes.</small>

La canne de planches de peuplier, bonne qualité — 17 sous.

Pour le transport d'une cloche de l'église Saint Jean à celle de Perse — 2 sous.

Le 27 octobre 1571, il fut donné 4 sous 2 deniers au couvreur, à l'occasion de la pose de la première ardoise au clocher de l'église Saint Jean, qui, comme on sait, fut brûlé en 1568 par les Huguenots.

A une femme pour monter quatre charretées d'ardoise au clocher, 4. s. 2. d.

Pour un sétier et demi de chaux — 12. sous.

Pour le transport de deux chars de planches devant servir à l'échafaudage nécessaire au couvreur du clocher, depuis le moulin jusqu'à l'église, 1 sou.

Pour une journée de charpentier — 6 sous.

Pour la confection d'une porte — 12 sous.

Pour sept livres 3/4 de plomb pour couvrir le bout du clocher 12. s. 2. d.

La couverture du clocher d'Espalion a coûté cinquante trois livres, à raison de 15 sous 6 deniers la canne d'ardoise placée; la main d'œuvre a coûté 70 livres.

La façon de la charpente du même clocher revient à 150 livres. Le fer nécessaire à la construction et à la couverture du clocher, fut payé 57 livres 10 sous 6 deniers. Toute la maçonnerie coûta 30 livres.

Tiré des comptes de Pierre Rotevolp et Pierre Delort, ouvriers marguilliers des églises de Perse, et Saint-Jean d'Espalion — 1593.

Durant les mois de juillet et d'août comme les 21, 22, 25, 28 et 29 juillet; les 11, 12, 13, 15, 17, 18, 19, 23, 26 et 27 d'août, ont été sonnées les cloches Saint-Jean pendant lesdits jours et partie des nuits, à cause de l'impétuosité des tonnerres, éclairs, et grêle; pourquoi aurions payé à Rigal, Mostardié, Verdery, Berthomieu, Guintal, Pauquet, Cognoure et à d'autres pour avoir aidé lesdits jours et nuits, pour leurs vacations, ou en pain et vin porté au clocher — neuf livres.

Tiré des comptes d'Antoine Ayral Galdou, syndic de l'hopital 1594.

Le jour de Pâques, vingt-six de mars, pour bayler aux prêtres quand ils firent le reverdal (le reverdal consistait à chanter le *libera me* et à réciter d'autres prières devant la porte de l'hospice) de devant l'hopital, comme est accoutumé — 5. s. 5. d.

Le 15 de mai pour faire le repas aux pauvres à l'hopital, comme est de coutume :

En pain bis, cent vingt livres à onze deniers la livre. . . . 5 fr. 10 s.

Pain blanc. . . . . 2 s. 6 d.

Bœuf frais, vingt livres à 1

s. 4 d. la livre. . . . . 1 fr. 6 s. 4 d.
Lard salé, 11 livres 1/4 à
3 s. 3 d. la livre. . . . . 1 fr. 16 s. 5 d.
Vingt-quatre quarts de vin
à 3 sous le quart. . . . . 3 fr. 12 s.
Sel. . . . . 0 fr. 1 s.

Ay payé à messire Hector Bancarel pour dire les messes tous les dimanches de l'année — 5 fr. 6 s.

Tiré des comptes du sieur Pradié, syndic de l'hopital en 1604.

Le quinze d'aost pour une pauque d'huille pour la lampèze. — 1 sou.

Le quatre fébrier, ay forni pour faire le pain pour faire l'aumône, dix-neuf coupes seigle et neuf coupes mescle, à unze sous la seigle, la mescle à neuf sous.

Ledit jour ay acheté du sieur Jehan Fourez, huict coppes fèbes pour faire l'aumosne à 15 sous la coppe.

Le dernier fébrier ay achapté ung gital sel pour mettre aux fèbes de l'aumosne. — unze sous.

Le premier juing pour faire le repas à trente-cinq pobres qui est accostumé faire, six libres lart à deux sous six deniers la libre. — Six cars de vin à 10 souls. — Doutze libres bœuf, 12 souls.

.1611.

Le jour sainct Ives, messsieurs les praticiens abattirent la porte del Portal-Naou (le portail St.-Joseph) pour faire entrer leur *May*, et pour faire relever ladite porte, fallut bailler à quatre brassiers pour aller boire, trois sous.

Dictons et Proverbes patois.

Biro que biroras
O toun poïs toujours tournoras.

Loin du pays natal si le sort nous entraîne,
Un invincible attrait toujours nous y ramène

Que crouompo sons orgen,
Ol luoc de croumpa bent.

Loin d'acheter celui-là vend,
Qui fait un achat sans argent.

Quont lo luno touorno en bel
Dins tres jours pouorto copel.

Lorsque avec le beau temps la lune reviendra,
Comptez que dans trois jours sûrement il pleuvra.

Contal clar, Bourdeou obscur
Pléjo ol segur.

Si Bordeaux est obscur et le Cantal serein,
Il pleuvra sans retard, le présage est certain.

Quont jonvier es loouraïre
Febrié n'es pas soun fraïre.

Lorsque au mois de janvier labourage on peut faire,
Février de ce mois est loin d'être le frère.

Que demouoro son res fa
Pouot pas opprene qu'o mal fa.

L'oisiveté est la mère de tous les vices.

Que per aze de mouli se louogo
Aze de mouli se trouobo.

Il faut de son état subir les exigences.

Luno mercrudo, fenno borbudo
De cent en cent ons n'y o prou omb'uno.

C'est assez en cent ans d'une femme barbue,
Et d'une lune encor mercredi revenue.

Lo néou de febrié
Bal un joumerié.

La neige de février
Vaut, dit-on, du fumier

Lou rosin d'obriol
Romplis lou tineyriol.

Si dans le mois d'avril le raisin prend naissance,
Vignerons et buveurs comptent sur l'abondance.

Lo poudo d'oben
Fo bioure pus souben.

Voulez-vous boire plus souvent ?
Taillez la vigne dans l'avent.

Se res plus noun bezes
Otapo te on de pezes.

Ne soyons pas si difficiles :
Les plus accommodans, ce sont les plus habiles.

Lou ton ton couopo los componos.

Tant va la cruche à l'eau qu'enfin elle y demeure.

Quond popiers parlou
Barbos cessou.

Rien ne rabat le caquet
Comme un titre qui parle net.

Bal maï estre de Segur que de Prados.

Le moineau dans la main vaut mieux que la grue qui vole.

Que per nodal se soulillo
Per pasquos s'estourillo.

Quand Phœbus à noël éclaire la nature,
A pâques il pleuvra : le proverbe l'assure.

De tout lou mes d'obriol
Quittez pas un soul fiol.

Laissez passer le mois d'avril
Avant de quitter un seul fil.

Pescaïre, cossaïre et jougaïre
Noun balou gaïre.

Pêcheur, chasseur et joueur
N'ont pas une grande valeur.

Lou ben del Ron
Duro tout l'on.

Bénit-on les rameaux ? Prenez note du vent :
Celui qui souffle alors règnera très souvent.

Cado costogneto
So begudeto.

L'Hippocrate patois sagement nous enseigne
Qu'il faut s'armer du verre après chaque châtaigne.

Que court léquo ;
Que jaï séquo.

De l'activité la richesse ;
De l'oisiveté la détresse.

Oqouos pas l'omour que cal
Quond lo poulo bo bers lou gal.

Blamable amour que celui qui fait faire
Les premiers pas à la poule légère.

Bal maï poga soou que denier.

On gagne souvent à payer
Plutôt un gros sou qu'un denier.

Caractères du mauvais payeur.

Lou boun Dious o lo presto
Lou diaples o lo touorno.

S'agit-il d'emprunter : quel doucerèux langage !
Mais s'agit-il de rendre : oh, l'infernal tapage !

Countas et robotez
Que cinq cabros foou bint pés.

Comptez et recomptez,
A mon compte vous viendrez.

Pren lo fillo de toun bezi
Parce que sabes soun sic.

A celui qui veut faire une fin,
Donnons un conseil salutaire :
Prends la fille de ton voisin,
Car tu connais son caractère.

Bigno plontado, oustal fach,
Digus sa pas se qu'oou coustat.

D'une vigne plantée et d'une maison faite,
Qui peut dire le prix? Nul ne l'a dans sa tête.

Que demouoro joust soun coubert
Se res noun gogno res noun pert.

En demeurant sous son couvert,
Si l'on ne gagne l'on ne perd.

L'orgen de compono,
Se flouris, jomaï noun grono.

Ce qui vient de la cloche s'en retourne au tambour.

Lou pa dur
Te l'oustal sigur.

A bon ménage il ne faut :
Vin nouveau, bois vert ni pain chaud.

Que se troumpo et que se repren
perd pas soun temps.

Celui-là fait du temps un emploi fort louable
Qui répare une erreur dont il se sent coupable.

Que duono o naïsse
Douono o païsse

Aux petits des oiseaux Dieu donne leur pâture;
Et sa bonté s'étend sur toute la nature.

Rougeïrouoio del moti
De plejo ol desporti.

Il pleuvra vers midi, tenez-le pour certain,
Si le ciel est rougeâtre, ami, dès le matin.

Quond lou cat biro lou quiou ol fuoc
— debigno de frech

Le froid n'est pas bien loin, nous dit la ménagère,
En voyant son *minou* se chauffer le derrière.

Io pas res de pus couqui
Qu'un piol rouge et un pouorc courti

D'un homme au cheveu rouge et d'un porc écourté,
S'en méfier c'est sûreté.

Per sent Jouordi
Cubris toun ouordi;
Per sent Roubert
Ajo lou cubert;
Per sent Marc
Serio trouop tard.

A saint George
Sème ton orge;
A saint Robert
Qu'il soit couvert;
Car à saint Marc
Il serait trop tard.

Lo lengo humido et les pés cals.

La langue humide et le pied chaud
Éloigne l'homme du tombeau

*Lou boda bouol pas menti
Bouol mongea ou dourmi.*

Le bailler est un signe certain
Qu'on a sommeil ou qu'on a faim.

*Lach sur bi fo mouri;
Bi sur lach sontat.*

Lait sur vin
C'est malsain;
Vin sur lait
C'est parfait.

*Ce que cousto
Me degousto.*

Ce qui coûte
Me dégoûte.

L'aïo courento
M'es pas ouorro ni pudento.

Retenez bien que l'eau courante
N'est ni mauvaise ni puante.

Leba moti noun bieillis pas ;
Douna os paoures n'opoouris pas ;
Prega Dious destourno pas.

Lever matin ne vieillit pas;
Donner aux pauvres n'appauvrit pas;
Et prier Dieu ne détourne pas.

Que perdouno
Dious li douno.

Qui pardonne,
Dieu lui donne.

Que pono un uoou
Pono un buoou.

Qui vole un œuf
Vole un bœuf.

Pas de sate sons soulel
Ni de bieillo sons counsel.

Pas de samedi sans soleil,
Ni de vieille sans conseil.

Mars pulberous—obriol plubious—maï rousoulous,
Rondou lou poges orguillous.

Mars poudreux — avril pluvieux — mai roséeux,
Rendent le paysan orgueilleux.

Lou mes de maï
Es fresc et gaï.

Le mois de mai
Est frais et gai.

Lo poou gardo lo bigno.

La vigne doit à la peur
De ne pas voir le maraudeur.

Del diaples be l'oniel,
Ol diaples touorno lo pel.

Du diable vient l'agneau,
Au diable revient la peau.

Bouno renoummado
Bal maït que centuro doourado

Bonne renommée
Vaut mieux que ceinture dorée.

Dins los grondos bouètos les bous enguens,
Et dins los pichounos les excellens.

Dans les grandes boîtes les bons onguens,
Et dans les petites les excellens.

Ase de noturo
Que sa pas lesi soun escrituro.

C'est un âne de nature
Qui ne connaît pas son écriture.

De missont pogodou, cal prene lo paillo et lo flour.

De mauvais payeur
Prenez la paille et la fleur.

Cal pas plontge un uoou
Per obure un buoou.

Doit-on regretter un œuf
S'il s'agit d'avoir un bœuf?

Beïre beni bal uno quillo,

Voir venir son adversaire
Est souvent très bonne affaire.

Que bouol pas nouiri lou cat
Cal que nouirigo lou rat.

Qui ne veut nourrir le chat,
Il lui faut nourrir le rat.

Quond l'égo n'o onat es pas ouro de borra l'estaple.

Quand la jument est sortie,
Est-il temps de fermer l'écurie ?

Per lo motoleno
Lo nouse es pleno

A sainte Magdelaine
La noix est pleine.

Quond ploou per sent Medard
Lo recouolto monquo d'un quart;
Mais lo de sent Bornobé.
Li couopo lou pé.

S'il pleut le jour de saint Médard,
De la récolte on perd le quart;
Si c'est à la saint-Barnabé,
De la récolte on est privé.

Moti en fieïro, tard o lo guerro.

Tard à la guerre et de bonne heure en foire,
C'est bien agir, on peut le croire.

Que couonto sons l'ouoste, couonto dous couops.

Qui sans l'hôte fait son compte
recompte

L'olto del jour
Duro uech jours
L'olto de lo nuech
Passo pas lou puech.

l'Autan du jour
Fait long séjour
Celui de la nuit
Comme une ombre s'enfuit.

Coumo foras
Trouboras.

Tu ne récolteras que ce que tu auras semé,

Lou counsel de dous
Es risquous.

Le conseil de deux
Est chanceux.

Entre Pasquos et Pontocousto
Lou dissert es uno crousto.

Entre Pâques et la Pentecôte
Le dessert est une croûte.

En febrié
Journal entié.

La journée en février
Est complète pour l'ouvrier.

Seloun lo bido lou journal es.

Nourrissez bien vos manouvriers
Vous en ferez de bons ouvriers.

Lo pus bèlo mouostro
N'es pas nouostro.

Nos vignes et nos champs promettent l'abondance;
Promettre, est-ce tenir ? Est bien sot qui le pense.

O chobal dounat cal pas ogocha lo brido.

A cheval donné, on ne regarde point à la bride.

Plago d'orgen n'es pas mourtèlo.

La perte des écus peut bien faire souffrir,
Mais ne fait pas mourir.

O d'orgen coumo un gropal de plumos.

Il a autant d'argent qu'un crapaud de plumes.

Per sent Luc — lo néou sul truc ;
Per Touchons — Lo néou pes comps
Per sent Ondriou — Lo néou pel riou.

A la saint Luc, — la neige sur les hauteurs;
A la Toussaint, — la neige dans les champs;
A la saint André, — la neige dans les ruisseaux.

Per semena toun blat
Ogaches pas luno ni lunas.
Mes que mettes pas

Lou blat dins lou fongas.

Qu'importe, pour semer, tel ou tel point lunaire ?
Evite un sol boueux : voilà toute l'affaire.

Dins un oustal uno fillo, brabo fillo,
Douos fillos, prou fillos,
Tres fillos, trouop de fillos;
Quatre fillos et lo maïre,
Cinq diaples countro un païre.

Dans une maison une fille, brave fille; deux filles assez de filles; trois filles trop de filles; — quatre filles et la mère cinq diables contre un père.

Fillo troutieïro et fenestrieïro
Raroment bouno meinochieïro.

Une fille coureuse et qui se met trop souvent aux fenêtres ne peut faire une bonne ménagère.

Maï blodijo,
Juin fenijo.

Mai fait le blé, — et juin le foin.

Lo fenno et lo tèlo
Mal se coousis o lo condèlo.

A la chandelle il ne faut pas
Choisir ni femme ni draps.

De lo flour ol gro — cranto jours y o.

De la fleur au grain il y a quarante jours d'intervalle.

*Un borral
Doumma trobaillo doummaï bal.*

Plus on use d'un barriquaut
Plus il vaut.

*Que mongeo lou pa sons ounchuro
Lou mongeo sons mesuro.*

Qui mange le pain sans pitance, le mange sans mesure.

*Les oboucats, se n'érou les souots,
Ol luoc de buotos pourtorïou esclouops.*

Les avocats, si n'étaient les sots,
Au lieu de bottes porteraient sabots.

*Bel jour d'hiber, sontat de bièl,
Pichouno tous, molooutio d'uèl,*

Et surtout proumesso de gron,
Que trouop s'y fiso es un effon.

Beau jour d'hiver, — santé de vieux, — petite toux,
— maladie d'yeux — et surtout promesse de grand,
qui trop s'y fie est un enfant.

Boun mestre — bal bien-estre.

Bon maître vaut bien être.

Os ouol, ol mouli, ol fourn et o lo fouon
S'oppren toujours quicouon.

Au Lot, à la fontaine, au moulin et au four
On apprend du nouveau chaque jour.

Un aze de mitat
Es toujours mal bostat.

Un âne est toujours mal bâté,
Si de plusieurs il est la propriété.

Lo corretto gasto lou comi,
Lo fenno l'ouome et l'aïo lou bi.

La charrette gâte le chemin,
La femme l'homme et l'eau le vin.

L'aïo boulido
Saoubo lo bido,
Gasto lou contel,
Labo lou bedel,
Trempo lou pa
Res plus noun fo.

L'eau bouillie sauve la vie, — gâte la miche, — lave les boyaux, trempe le pain, — ne fait plus rien.

Fenno que cueï et fo bugado
Es miéjo fado ou enrochado.

Femme qui cuit et fait sa lessive — est à moitié folle ou enragée.

Que se tiro del moutou
Se tiro de lo rosou.

Proscrire le mouton de sa table
Est-ce agir en homme raisonnable?

Que n'o pas bouno memouorio diou obure bounos combos.

A défaut de mémoire il faut avoir bonnes jambes.

Qual bioure lou bi pur lou moti, — o mietchour sons aïo, — et lou ser coumo lou boun Dious lo fach.

Il faut boire le vin pur le matin, — à midi sans eau, — et le soir comme le bon Dieu l'a fait.

Plon peno mouriguet de fon.

« Qui son travail remet à cras
« Et tient toujours le ventre gras,
« Il ne fera bonne besoigne,
« La pauvreté vient qu'en témoigne.

*Que rebeillo lou co quond douort.
se l'ogafo n'o pas touort.*

Pourquoi troubler le chien qui dort;
S'il vous déchire, aura-t-il tort?

Que tout ou bouol, tout ou pert.

On hasarde de perdre en voulant tout gagner.

Bal maï un que sap que cent que cercou.

Le chasseur qui du lièvre au sûr connait le gîte,
En vaut cent ignorant où l'animal habite.

*Tal creï de guigna Guillouot que Guillouot lou Gui-
gno.*

Vous croyez seul guigner Guilhot?
Guilhot vous guigne, pauvre sot!

*Quod a naturâ est,
Se dérabo pas coumo un ginest.*

Chassez le naturel, il revient au galop.

Qué respouon, pago.

On le voit chaque jour : qui répond pour autrui,
Tot ou tard est contraint de débourser pour lui.

Lou pa estrontgé es coumponatge.

Le pain des autres est un plat
Que nous trouvons fort délicat.

Bal maï proufit que glouorio.

Chacun le sait, chacun le dit :
Gloire vaut moins que profit.

XVI.

BIOGRAPHIE ESPALIONAISE.

—

Saint Hilarian, Patron d'Espalion.

Nos compatriotes nous sauraient assurément bon gré de leur donner ici d'intimes détails sur la vie de notre bienheureux patron. Le doux nom d'Hilarian en effet réveille toujours dans leur âme les sympathies les plus vives; chaque Espalionais le vénère profondément et l'invoque comme le défenseur naturel de la cité. Ce serait pour nous sans contredit une bien grande jouissance que de pouvoir donner sur ce point satisfaction pleine et entière à l'opinion publique; car rien dans notre travail ne saurait nous intéresser plus vivement que le récit des vertus sublimes qui firent notre héros chrétien, de ses luttes généreuses au sein d'une société encore barbare, de ses derniers momens, où le disciple fidèle du Christ se montra un courageux athlète de la foi. Malheureusement nos recherches n'ont pas répondu tout-à-fait à nos désirs : le vieux parchemin qui contient la précieuse légende s'est dérobé jusqu'à ce jour à nos regards impatients. Mais, hâtons-nous de le dire, encouragé par ce qu'il nous a été donné de recueillir, nous chercherons encore : bien persuadé qu'une connaissance plus complète de cette noble existence jetterait un grand jour sur plusieurs points forts obscurs de notre histoire locale. Ce qui suit est tout ce que nous savons d'authentiquement vrai touchant saint Hilarian. On trouvera dans le dernier chapitre, sur le même sujet, un long article tiré des Bollandistes. Ceux qui seraient tentés de chercher avec nous y puiseront des renseignemens du plus haut intérêt.

Le registre de nos archives communales qui mentionne pour la première fois notre patron porte la date de 1435. C'est un cadastre écrit en patois, où figurent comme points de confrontation la *Fon-*

santa et la *cros de sanh Yleria*, deux points sur lesquels on trouvera quelques détails dans le chapitre dont nous venons de parler *. La dénomination latine du saint était *Ylarie*, d'où est venu, après plusieurs modifications successives, le nom actuel *Hilarianus*, en français Hilarian.

Issu d'une famille noble, notre Saint se montra dans son adolescence et durant le reste de la vie un ennemi irréconciliable des vices, auxquels il ferma toujours soigneusement la porte de son cœur. Ami sincère de la justice, de l'humilité et de la bienfaisance, il pratiqua ces trois vertus, sources de bien d'autres, avec un zèle qui rappelait les chrétiens des beaux premiers jours de l'Eglise, où la foi était si vive et en même temps si agissante.

Une joie sainte accompagnait chacune de ses actions : c'était comme un doux reflet de la sérénité de son âme. Il était très versé dans la connaissance des divines écritures. Après avoir reçu successivement tous les ordres ecclésiastiques nécessaires, il

---

* La commune possède un autre cadastre dressé en 1403, plus ancien conséquemment de 32 ans. Nous l'avons parcouru feuillet par feuillet avec la plus minutieuse attention. Rien, absolument rien n'y rappelle notre saint. Ce silence nous semble donner de la vraisemblance à l'opinion de ceux qui prétendent que saint Hilarian a été martyrisé par les Anglais ; ce qui serait arrivé entre 1403 et 1435.

fut enfin élevé aux sublimes fonctions du sacerdoce, fonctions qu'il remplit saintement jusqu'à la mort. Tant de vertus montèrent comme un pur encens aux pieds de l'éternel qui, pour les récompenser, accorda à notre saint la précieuse couronne du martyre. Au milieu des tempêtes d'une violente persécution, qui peupla le ciel de serviteurs dévoués et fidèles, Hilarian eut la tête tranchée, confessant jusqu'au dernier soupir la foi de Jésus-Christ.

Nos pères célébraient avec beaucoup plus de sclennité que nous le quinze juin, jour anniversaire du glorieux martyre Et comme il n'y a pas de bonne fête sans lendemain, le jour suivant était une continuation, dans un autre genre à la vérité, des joies intimes de la veille. Ces deux journées se complétaient l'une par l'autre. A la première convenaient les cantiques pieux et les saints exercices. Une foi simple mais ardente, précieux apanage des cœurs purs, conduisait nos pères au temple saint. Là, au milieu d'un silence religieux, le ministre du Très-Haut célébrait les saints mystères. De ravissantes voix de jeunes filles, mêlées aux harmonies graves de l'orgue, portaient aux pieds de l'éternel les hommages et les vœux de tous. Chacun adressait au protecteur de la cité de ferventes prières. Une bouche éloquente excitait les fidèles à la pratique des pures et douces vertus de la religion; et la journée s'écoulait calme et sainte dans un parfait recueillement.

Dès le matin du second jour, les mousquets, du haut des ramparts, le tambour dans les rues, et l'hilarité générale annonçaient que la contre partie de la fête de la v. ille allait commencer. Tous les travaux étaient suspendus. Le magistrat et le procureur, dépouillant leur gravité habituelle, allaient se mêler sur la verte et fine pelouse aux simples artisans de la cité. Le Foirai, jadis si beau et qui promet de le redevenir encore, était le vaste champ où s'ébattait une population entière ivre de joie et de bonheur. Au son joyeux des violons et du hautbois mille groupes se formaient, et l'on voyait la grande dame à côté de l'ouvrier, la simple grisette donnant la main au fils de famille, exécuter avec grâce et mesure l'antique danse du pays. Tous les jeux connus de nos pères trouvaient là de nombreux partisans; jamais les propos enjoués, les fines allusions et les saillies heureuses ne manquèrent d'y joindre le charme de leur à-propos.

Un banquet auquel prenaient part presque tous les habitans de la ville commençait à cinq heures.

Les commissaires, au nombre de trois, étaient pris parmi les jeunes hommes mariés depuis moins d'un an. Ils étaient tenus de faire face à tous les frais. Quiconque avait été choisi comme commissaire de la fête, ne pouvait se dispenser d'en remplir la charge sans encourir le blâme public et une forte amende imposée par le conseil communal.

Les deux consuls, en robes rouges et noires et couverts de leurs chaperons, présidaient à cette réunion éminemment fraternelle. Là ne figuraient pas sans doute le Bordeaux et le Champagne; mais *Costevieille* au bel aspect et l'*Yris* toujours abondant fournissaient à nos ancêtres des vins exquis et généreux. Après de fréquentes rasades venaient les chaleureuses protestations d'amitié. Par une allocution courte mais expressive, le premier consul recommandait aux convives heureux la concorde et l'union; et tous alors, le verre à la main, promettaient par un vivat unanime de vivre et de mourir en bons concitoyens. Le banquet fini, ceux qui y avaient pris part se séparaient, mais pour se retrouver bientôt après autour d'un immense feu de joie allumé sur la place du Plô. La Farandole, chère aux Provençaux, les y réunissait. Avec le feu s'éteignait la fête; chacun regagnait sa demeure le cœur plein des émotions les plus douces, et le souvenir de deux journées si belles réagissait toujours heureusement sur le reste de l'année.

Un Troubadour.

Le Rouergue, de même que le Languedoc et la Provence, a produit des hommes habiles à *trouver*. Hugues Brunet, Dieudonné de Prades, Géraud le Roux, Guilhaume Adhémar furent autant de *beaux parleurs*, comme on les appelait, qui par des pièces fugitives et légères firent pendant long-temps le charme de notre pays. Mais combien d'autres encore, dont l'histoire n'a conservé ni le nom ni les écrits, durent briller à la cour des seigneurs par leurs *tensons* et leurs *gais refrains*! à une époque où notre patois n'avait pas contracté la rudesse qu'il a aujourd'hui, Espalion vit naître dans ses murs un de ces hommes d'élite, pour qui la beauté de nos côteaux, l'émail de nos prairies, le cristal et le murmure de nos ruisseaux, l'aspect sombre des demeures féodales qui dominent le vallon, et les écarts ou les exploits de leurs riches habitans étaient autant de sujets dignes d'être chantés dans un idiome d'une inexprimable douceur. Mais que reste-t-il de notre poète? Une seule production : tout juste ce qui était indispensable pour sauver d'un éternel oubli la mémoire du troubadour, Nous regrettons vivement certes ce silence de l'histoire, et beaucoup à coup sûr partageront nos regrets : car la ballade qu'on va lire, si fraîche et si gracieuse dans sa naïve simplicité, dit assez le mérite de son auteur.

Le Pas du Soucy est un point inconnu de nos jours comme le nom du trouvère qui l'a chanté. Quant à l'époque où vivait celui-ci, nous pensons, contrairement à l'opinion du baron Taylor émise dans son *Voyage Pittoresque*, qu'elle ne saurait être postérieure au seizième siècle. L'étude comparative des titres patois qui nous restent autorise notre manière de voir.

LE PAS DU SOUCI.

Aquel pas es lou Pas dal Soucy ;
Sapias o jouïnos filhetos ;
A la biergés digués mercy ,
Et jamay n'y passats souletos.

Un jour lou comte de Calmoun
Diguec à la jouïn Adalisso :
« En tres jours vendray d'Espalioun ;
« Gardo t'en bien la souveninsso ;

« *Siras al pas des amous,*
« *Lay te faray millo poutous.*
« *Un carcan d'or mettray sur ta couletto;*
« *Rappelo t'en amourousetto.* »

Fouguet al pas de las amous
Aquela tant jouïn Adalisso;
Mès res nou venguet d'Espalioun,
Si nou la vieillo courredisso,
Que diguec : « *Lou mons de Calmoun,*
« *Ara n'es pas plus d'aquels moun;*
« *T'en podes plo torna souletto.* »
Et mouris noste amourousetto.

Aquel pas es lou Pas del Soucy
Sapias o jouïnos filhetos;
A la biergés digués mercy,
Et jamay ni passats soulettos.

Le baron Taylor dans son voyage pittoresque et romantique dans l'ancienne France a traduit heureusement cette jolie et délicieuse ballade.

Ce pas est le Pas du Souci,
Sachez cela, jeunes fillettes;
A la vierge dites merci,
Et n'y passez jamais seulettes.

Un jour le comte de Calmon
Dit à la jeune Adélaïs :
« En trois jours viendrai d'Espalion ;
« Gardes-en bien la souvenance ;
« Tu seras *au Pas des Amours*,
« Là te ferai mille baisers ;
« Un collier d'or mettrai sur ta collerette,
« Rappelle-t-en amoureusette. »

Cette tant jeune Adélaïs
Elle fut *au Pas des Amours* ;
Mais rien n'arriva d'Espalion,
Sinon la vieille messagère
Qui disait : « Ce monsieur de Calmon
N'est maintenant plus de ce monde,
Tu peux t'en retourner seulette. »
Et mourut notre amoureusette.

Ce pas est le Pas du Souci,
Sachez cela, jeunes fillettes ;
A la vierge dites merci,
Et n'y passez jamais seulettes.

Fleyres (Pierre-Jacques de), Evêque de St-Pons de Tomières.

Pierre-Jacques de Fleyres naquit à Espalion vers le milieu du seizième siècle. Plusieurs membres de sa famille, qui possédait la seigneurie de Bozouls, exercèrent pendant long-temps les fonctions de juge de la baronie de Calmont-d'Olt. La maison qu'ils habitaient est celle qui se présente sous des dehors assez imposants immédiatement à gauche de l'église paroissiale, et qui va, dit-on, servir sous peu à l'agrandissement de ce dernier édifice.

Notre compatriote fut nommé en 1587 évêque de Saint-Pons de Tomières, en Languedoc, et préconisé à Rome par le pape Sixte V le 17 des calendes de juillet de la même année. Il fit prendre par procureurs possession de son siège le trois du mois d'avril suivant. Depuis plus de trois ans les partisans de la Ligue s'étaient emparés des biens de son évêché; de Fleyres, pour les recouvrer, s'adressa à Henri 1er, duc de Montmorency, gouverneur du Languedoc, qui lui fit rendre justice. Il asssista en 1591 aux états de Pézénas que le duc y avait convoqués; et fut chargé d'aller présenter au roi le cahier des doléances rédigé par cette assemblée. En 1609, il fit partie du concile de Narbonne, et l'année suivante de l'assemblée du clergé de France. Il présida les états du Languedoc qui s'ouvrirent à Béziers dans le réfectoire des Carmes, le 12 mars 1625.

Ses infirmités ne lui permettant plus de se livrer aux fonctions épiscopales, il obtint pour coadjuteur, en 1621, son neveu Jean-Jacques de Fleyres. Nonobstant ces infirmités cependant, Henri II, duc de Montmorency, gouverneur du Languedoc comme son père, réussit à le faire entrer en même temps que quelques autres évêques dans le parti de Gaston, duc d'Orléans, contre le premier ministre de Louis XIII. Le roi envoya pour combattre les rebelles les maréchaux de la Force et de Schomberg. Celui-ci passa à Espalion le neuf ou le dix du mois d'août 1632. Les partis en vinrent aux mains sous les murs de Castelnaudary le 1er. septembre suivant. Montmorency fut fait prisonnier et conduit à Toulouse où le parlement par ordre de Richelieu lui fit son procès. Il fut condamné à perdre la tête; et ce jugement fut exécuté dans la maison de ville, vis-à-vis de la satue de Henri IV, son parrain, le 30 octobre de la même année.

Au mois de mars 1633 le roi prononça contre

les autres coupables une amnistie dont furent exceptés toutefois plusieurs évêques, entre autres celui de Saint-Pons. Richelieu demanda aussitôt au pape une commission afin de pouvoir les punir exemplairement. Le pape l'accorda. Les quatre commissaires qui furent désignés ouvrirent leur tribunal au couvent des Grands-Augustins le 22 mai suivant. Les évêques d'Alet et de Saint-Pons comparurent; mais ce dernier mourut pendant l'instance le 25 juin de la même année. Sa dépouille mortelle fut inhumée au milieu du chœur de l'Eglise cathédrale de sa ville épiscopale.

Jean André.

Jean André naquit à Espalion au commencement du dix-septième siècle. Ses parens commerçans de profession, le firent élever sous leurs yeux, s'appliquant surtout à lui faire acquérir les connaissances spéciales qui font le négociant habile et sûr dans ses opérations, car ils désiraient qu'il fut un jour commerçant comme eux.

Les goûts du fils se trouvèrent d'accord avec leurs désirs. Son instruction professionnelle étant terminée, il s'adonna tout entier au négoce sous la direction expérimentée de son père. A quelque temps de là, trouvant trop étroit pour son activité le théâtre de ses trafics, il quitta sa ville natale et fut se fixer directement à Paris. Il y employa les loisirs que lui laissait son état à pousser plus avant ses études en arithmétique, science pour laquelle il montra toujours de visibles dispositions. On a de lui plusieurs ouvrages. En voici les titres avec la date de leur publication : *Traité de comptes par parties doubles composé d'une instruction pratique, pour tenir en bon ordre les comptes de toutes sortes de négociations.* — Paris, 1636. — *La science des comptes. Première partie. A Messieurs les maîtres et gardes des marchands.* — Paris, 1640 — *Tariffe générale et sans erreur accompagné d'exactes supputations d'intérêts, et de mutuels rapports des poids et mesures le plus en usage dans l'Europe.* — 1642. — *Nouveau Manuel du Commerce, contenant des supputations générales et particulières, où l'on peut trouver avec facilite les solutions des questions de toutes sortes de calculs.* — Paris, 1657. — Enfin, Jean-André s'étant retiré du commerce, mit la derrière main à un ouvrage auquel il travaillait depuis quelque temps. Il le publia en 1670 après l'avoir dédié à Colbert. Les matières qui en font l'objet n'ont aucun rapport avec celles que l'auteur avait précédemment traitées, comme on peut en juger par le titre : — L'*Histoire de Jésus-Christ, ou harmonie de tout ce que les quatre évangélistes ont écrit pour communiquer ses divines instructions à tous les fidèles. Avec l'explication des choses qui ont été trouvées les plus difficiles à comprendre; une table des chapitres, et une autre des Evangiles que l'Eglise a distribués à la piété chretienne ponr toute l'année.*

Celui de ses ouvrages qui eut le plus de vogue lors de son apparition, et que peut-être Barrême chercha à imiter par ses *Comptes Faits*, fut le *Nuveau Manuel du Commerce*. L'auteur le dédia à sa ville natale*. Les éloges ne manquèrent pas à Jean André à cause de cette publication; il lui en arriva de tous côtés. Nous ne pouvons résister au désir de faire connaître quelques-uns de ces témoignages de sympathie; et c'est par là que nous terminerons cette courte notice. Ajoutons, pour l'intelligence de certains vers, qu'on trouve à la fin de

---

* L'auteur en envoya un exemplaire relié en maroquin et doré sur tranche au conseil communal, qui vota des remercimens et décida que l'ouvrage ferait partie des archives de la ville. Il y a plusieurs années qu'on ne l'y trouve plus. Nous sommes à peu-près sûr qu'il figure dans la bibliothèque d'un Espalionais auquel nous nous permettrons de rappeler ici le septième article du décalogue.

l'ouvrage les rapports des poids et des mesures des principales villes d'Europe.

> Nobles négocians, sages industrieux,
> Artistes qui piqués d'une innocente amorce,
> Préférez la douceur du trafic sans divorce,
> A tout ce qui charme les yeux;
> Vîtes-vous jamais dans les ports,
> Soit de l'Europe ou de l'Afrique,
> Une si pure arithmétique,
> Et de si fidèles rapports.

Doctes ne vantez plus vos travaux immortels,
Ils s'en vont disparaître aux lueurs de cet astre,
Et pour sauver vos noms de ce prochain désastre,
> Allez lui dresser des autels,
> Vos esprits en sont confondus,
> Mais étant UN pur dans sa source,
> Et tel fini dans sa course,
> Vos hommages lui sont bien dûs.

Cesse tes mouvemens, Archimède, ils sont vains,
Ce livre dans l'enclos d'une moindre structure,
Enferme l'abrégé de toute la nature,
> Et la cadence des humains.
> Il fait les merveilleux accords,
> De la plus divine harmonie,
> et sa charmante symphonie,
> Paraît même dans les discords.

Si le jour et la nuit d'un concert arrêté,
Répandent tour-à-tour leurs clartés et leurs ombres,
Le levant et le nord aux rapports de ces nombres,
> Ont le même effet concerté.

Chaque ville y règne à son tour,
Avec son poids et sa mesure,
Et d'une pareille figure,
L'une à l'autre donne le jour.

SONNET.

Que vos soins, cher André, produisent de miracles,
Les plus illluminés en vont être interdits,
Et si votre Appollon ne les avait prédits,
On pourrait justement douter de ses oracles ;
Vos écrits forceront toutes sortes d'obstacles,
Les plus intimidés en deviendront hardis,
Et par des coups d'essai leurs desseins agrandis,
De leurs heureux succès feront mille spectacles.

Le commerce y trouvant sa mesure et son poids,
Et ses calculs réglés par de si justes lois,
Le fera révérer sur la terre et sur l'onde;
Et par eux évitant tous abus désormais,
La source de nos biens en sera si féconde,
Qu'on la pourra puiser sans la tarir jamais.

A L'IMPRIMEUR.

Ces vers sont des menteurs, mais de si bonne grâce,
Que je veux qu'en mon livre, ils ayent quelque place.

Jean ANDRÉ.

Jean Ville, premier Consul.

Un homme qui a rempli les fonctions de consul avec un dévouement admirable, dont chaque acte d'administration a été ou un acte d'hostilité franche aux abus, ou un effort souvent très coûteux pour améliorer, nous semble digne d'échapper à l'oubli au sein de la communauté qu'il administra. Si la reconnaissance le veut ainsi, l'intérêt le commande encore : car, quoi de plus utile que de proposer un tel homme pour modèle aux administrateurs à venir.

Jean Ville, *docteur ès-lois et avocat*, d'une des premières familles d'Espalion, fut pour cette localité ce que devait être, à deux siècles près de distance, pour Saint-Geniez, le docteur Rogéry, de si honorable mémoire; Ses concitoyens justes appréciateurs de son mérite, le nommèrent premier consul pour l'année 1668. Un pareil témoignage de confiance et d'estime ne le prit pas au dépourvu, car il s'était préparé de longue main à s'en montrer véritablement digne. Au sentiment profond de ses nouveaux devoirs, notre compatriote joignait deux qualités indispensables, surtout dans une petite ville, pour les remplir dans leur intégrité : une volonté ferme et un ardent amour du bien public, qui le rendaient sourd à toutes ces considérations de personnes, devant lesquelles trop souvent fléchissent les âmes ordinaires. Aussi put-il réaliser en douze mois une foule d'améliorations qu'un autre, moins bon patriote, aurait été trente ans à mener à bonne fin. Il serait trop long d'énumérer ici tous les titres du premier consul à la gratitude publique ; nous devons cependant en faire connaître quelques-uns, car rien ne parle haut et ne fait connaître un homme comme les actes.

Partisan sincère de la publicité dont il appréciait les immenses avantages, il fit décider par le conseil de la communauté, que dorénavant les rôles des contributions seraient communiqués indifféremment à toute personne qui voudrait en prendre connaissance. — Il obtint encore que, pour être valable et avoir force de loi, toute délibération du conseil devrait être insérée en entier dans un registre *ad hoc*, et signée de chacun des membres qui y auraient pris part. — Il dénonça courageusement, avec cet accent que donne le témoignage d'une conscience sans reproche, au sein d'une assemblée communale fort nombreuse, des dilapidations des deniers publics; et offrit même de signaler au mépris de tous, les coupables de ces méfaits, dont quelques-uns étaient présents, si l'assemblée le jugeait à propos. — Il introduisit par de sages réformes des économies notables dans les dépenses publiques. Malgré la puissance d'une coutume plus que séculaire, il parvint à faire cesser ses repas coûteux qui étaient comme la conclusion obligée de toute affaire publique de quelque importance. Un seul lui résista : celui que faisaient *les cottizateurs et auditeurs des comptes* à la fin de leurs opérations, pour lequel il fut alloué la modique somme de douze livres. — Il fit adopter cette sage mesure que les consuls, à l'expiration de leur charge, ne pourraient proposer pour leur succéder quiconque serait leur parent ou allié, ou se trouverait comptable de la ville, ou bien encore serait en procès avec elle. — Par ses soins la publication annuelle du réglement de police devint obligatoire. Cet usage est depuis long temps tombé en desuétude, et c'est à tort selon nous. — Il veilla avec sollicitude à la conservation des archives de la ville. Après en avoir fait dresser exactement l'inventaire, il confia la garde de tous nos titres communaux à l'un des régens des écoles, qui, à cet effet, eut une chambre dans la maison commune. — Grâce à lui l'instruction publique reçut une impulsion toute nouvelle. — Désireux de voir renaître la concorde entre plusieurs familles d'Espalion divisées depuis long-temps, il contribua de tout son pouvoir à l'établissement des Pénitens Blancs, établissement proposé comme moyen de conciliation par le père Miguel, jésuite de la maison de Rodez et prédicateur du carême dans notre ville[*].

Louis Agut, prêtre, fondateur de l'hopital des Incurables, ou la Providence, instituteur des Filles du St-Sacrement,

Le père du digne prêtre dont nous allons dire ici quelques mots était d'Espalion, où il exerça pendant un certain temps la profession de corroyeur. Il appartenait à une famille très ancienne qui, si elle attrista un moment l'Eglise par l'apostasie temporaire de deux de ses membres gagnés au calvinisme, la dédommagea plus tard en lui donnant un père jésuite dont la vie et la mort furent celles d'un homme de Dieu, et un saint prêtre qu'on jugera bientôt d'après le récit succint de ses œu-

---

[*] On nous a demandé il y a peu de temps quel nom il convenait de donner à la rue nouvellement ouverte au faubourg; nous avons répondu sans hésiter : celui de Jean Ville. Espalion en se conformant à nos désirs acquittera une dette qui lui est imposée par la reconnaissance.

vres. Par des motifs que nous ignorons il quitta sa ville natale et fut se fixer à Macon. C'est là que naquit notre pieux personnage en l'année 1695. La divine providence qui avait des vues de prédilection sur Louis Agut, lui donna une forte et vigoureuse constitution, le doua d'un esprit mâle, d'un cœur noble et généreux, d'une raison prématurée et d'un heureux caractère.

Dès ses plus tendres années le jeune Agut témoigna un amour ardent pour l'étude, et engagea ses parens peu aisés à ne pas s'opposer à ce qu'il suivit son goût, les assurant qu'il ne leur serait point à charge, et que Dieu pourvoirait à tous ses besoins. Il réussit, en effet, puisqu'il est dit de lui : qu'il fut non-seulement le plus habile de sa classe, mais encore le premier par sa sagesse et sa douce piété. Ses études de collège terminées, il entra au séminaire où il se fit encore remarquer par une plus grande application et une vertu qui allait toujours croissant. Peu de temps après avoir été ordonné prêtre, le secrétariat du chapitre noble de la collégiale étant devenu vacant, lui fut offert et accordé d'une voix unanime. Cette nomination lui suscita des jaloux, mais il en triompha par son silence. On lui confia les archives dont il fit un extrait en deux gros volumes, qui renferment ce qu'il y a de plus intéressant sur les titres, droits et privilèges de cet illustre corps. Il fit des voyages, dressa des écritures instructives, composa des mémoires, en un mot répondit parfaitement à la confiance dont on l'honorait.

Les embarras et les affaires dont toute la vie de Louis Agut fut agitée, ne l'empêchèrent pas de travailler au salut d'une infinité de personnes, persuadé qu'en recevant la prêtrise il s'était engagé à marcher sur les traces du souverain pasteur des âmes. On le vit s'associer au zèle du père Bridaine, défricher avec lui des terres que le démon avait rendues ingrates, annoncer l'évangile, éclairer, émouvoir des âmes que le séjour des champs a coutume de rendre presque aveugles et insensibles pour les choses du ciel. Ce fut sans doute à lui qu'Espalion dut l'avantage d'entendre dans une circonstance la parole éloquente du célèbre misssionnaire.

La triste situation des pauvres causait à Louis Agut des sollicitudes vraiment dignes d'un pasteur et d'un père; on eut dit qu'il était chargé de leur soin. Un militaire protégé par Madame la comtesse de Conti, revenait de Provence pour se rendre à Paris, tomba malade et fut obligé de s'arrêter à Mâcon. Ayant épuisé toutes ses ressources, il fut obligé de se présenter à l'Hôtel-Dieu, où il ne put être reçu malgré les instances que fit M. Agut au nom d'un grand vicaire dont il présenta le billet parce qu'il était étranger. Ce militaire était protestant, et avait été adressé à M. Agut pour l'instruire dans la religion catholique. Il n'abandonna pas plus son corps que son âme. Ne pouvant le retirer chez lui, il le confia à un cabaretier du faubourg Saint-Antoine, et se chargea de tous les frais. Sa maladie empira de plus en plus, son généreux bienfaiteur ne le quitta point, et voyant que le danger augmentait, il obtint la permission de recevoir son abjuration, l'exhorta à la mort et recueillit ses derniers soupirs.

Depuis long-temps on voyait mourir sur le faubourg de la Barre et aux environs un grand nombre de pauvres privés des secours spirituels et temporels. L'éloignement de la paroisse de Charnai les empêchait de recevoir les sacremens; et quelquefois le genre de leur maladie etait un obstacle à leur admission à l'Hôtel-Dieu. M. Agut partageant les misères de ces images de Jésus-Christ souffrant, conçut le dessein de construire un petit hôpital pour le soulagement des malades abandonnés. Il communiqua son projet à plusieurs personnes de piété qui applaudirent à ses vues, et l'encouragèrent à les exécuter. Le faubourg de la Barre comme le plus fréquenté et le plus considérable lui parut propre à cette entreprise; il adressa en conséquence une requête au vicaire général qui gouvernait le diocèse en l'absence de Monseigneur de Valeras, laquelle fut appointée et homologuée le 15 mars 1733. Il obtint aussi l'agrément de MM. les comtes de Saint-Pierre, seigneurs hauts justiciers, par acte du 18 mars même année. Il présenta une troisième requête à M. le curé de Charnai, dans la paroisse duquel devait être construit le nouvel hôpital. Ce vertueux pasteur ne voyant en cela que le bien des pauvres, s'y prêta bien volontiers et consentit à tout. Muni de tels suffrages, M. Agut loua d'abord une petite maison qu'il meubla fort pauvrement; il y reçut trois ou quatre incurables pour la subsistance desquels il fut obligé d'avoir recours au chapitre de la collégiale, qui lui accorda trois années de seigle, mais sans tirer à conséquence pour l'avenir. Le nombre des malades croissant de jour en jour, il fallut faire des quêtes et chercher un logement plus spacieux. Il trouva d'abondantes aumônes à la faveur des permissions que lui accordèrent plusieurs évêques de quêter dans leurs diocèses, et de la protection dont ils l'honorèrent. Mais il eut bien de la peine à se procurer un terrain assez spacieux pour loger tous les misérables qui venaient en foule se jeter dans les bras de ce tendre samaritain, et pour leur bâtir une chapelle. Cependant il en vint à bout.

Quand il fut question de jeter les fondemens du bâtiment et de la chapelle, plusieurs personnes le pressèrent de s'adresser à quelqu'un de distingué pour le prier de poser la première pierre. Il rejeta cette proposition; il voulut en donner à Dieu toute la gloire, dans la personne de l'un de ses membres; ce sont ses propres termes.

Il mit entre les mains d'une petite fille âgée de 4 à 5 ans, et toute couverte d'ulcères, une pierre blanche sur laquelle il avait gravé le monogramme de la Providence; et prenant cette enfant, il la pencha sur l'ouverture de la fondation sur laquelle elle laissa tomber cette première pierre en l'année 1748. Ainsi fut élevé sous les auspices de la divine Providence l'asile d'une charité parfaite, dans le sein de laquelle on reçoit les malades incurables, de tout âge, de tout sexe, de tout état et de tout pays; ils y trouvent au milieu de la détresse et des langueurs toutes les ressources désirables. Une infinité de gens en sont sortis parfaitement sains, quoiqu'ils y eussent apportés des maux qui passaient pour incurables, le seigneur ayant répandu ses bénédictions sur les remèdes.

Il ne suffisait pas d'avoir ouvert un asile aux incurables, ils avaient besoin de personnes courageuses qui secondassent la charité de M. Agut en les servant. Il se présenta d'abord une demoiselle qui répondit parfaitement à son zèle; mais à mesure que ces hideuses victimes de l'infirmité se multiplièrent, il fallut aussi multiplier les bras destinés à leur soulagement. L'aurait-on jamais cru que des vierges faibles et délicates se dévoueraient au service de ces malheureuses créatures qui à peine ont quelques restes de la figure humaine, qui non-seulement n'ont point d'amis, mais encore semblent n'avoir point de parens, qui sont partout repoussés comme des monstres, et à qui les lieux les plus chers à l'humanité souffrante sont constamment interdits? C'est néanmoins ce qui est arrivé pour l'hôpital de M. Agut; il a trouvé des cœurs assez sensibles, des âmes assez fortes pour braver, pour vaincre, pour étouffer les répugnances de la nature, pour ne considérer dans ces tristes débris de l'humanité que l'Homme-Dieu lui-même. Après leur avoir communiqué une partie de cette ardeur pour les intérêts du prochain, il leur donna des lois pleines de sagesse, les unit par les mêmes liens, en composa une société qui non-seulement s'engage à secourir les malades du dedans, mais ceux du dehors;

qui promet de voler partout où la charité l'appellera; qui d'après l'esprit de son saint instituteur entre les objets principaux qu'elle embrasse, se propose d'élever saintement la jeunesse. Une croix dorée les distingue, on y voit l'image d'un soleil, qui retrace la figure sous laquelle on expose à nos yeux Jésus-Christ dans l'eucharistie, et qui annonce qu'elles sont particulièrement dévouées à l'auguste sacrement dont elles se font gloire de porter le nom; elles en récitent tous les jours l'office. Etablies dans différens diocèses, leur soumission immédiate aux évêques, jointe aux services importans qu'elles rendent les soutient; elles répandent la bonne odeur de Jésus-Christ dans les campagnes et dans les villes, partout elles se montrent les fidèles imitatrices de celui qui fut leur père et leur modèle.

Dpuis plus de vingt ans des dames de cet ordre se vouent à Espalion à l'enseignement des jeunes filles et au soin des infirmes et des malades admis à l'hospice. Elles remplissent l'une et l'autre tâche avec une sollicitude vraiment maternelle. Si jamais, ce qu'à Dieu ne plaise, la ville venait à les perdre, le bien qu'elles font parmi nous nous autoriserait à considérer cette perte comme un malheur public.

Louis Agut, leur vertueux fondateur, consacra à l'innocence, à la prière, à la pénitence, au zèle, à la charité, le long espace de 83 ans. Ses austérités rigoureuses, travaux pénibles, persécutions, souffrances continuelles, tout en lui porte le caractère d'un saint. Sa mort arriva le 19 juin 1778. Sa réputation de sainteté était alors si grande, que dès qu'on le sût mort, on se précipita chez lui par les portes et les fenêtres, au point que l'on fut obligé d'employer la force armée pour faire évacuer la foule et faciliter le transport pour l'inhumation. Chacun voulait le voir, le toucher ou prendre quelque chose qui lui eut appartenu. Son corps repose dans l'Eglise de la Providence où le département, pour honorer sa mémoire et par reconnaissance, lui a fait ériger un monument en marbre sur lequel on lit cette simple inscription :

« Ici repose Louis AGUT, prêtre et fondateur de la pieuse congrégation dont cet hospice est le chef-lieu.

Né à Macon le 14 juillet 1695. Il y mourut le 19 juin 1778.

Il eut toutes les vertus chrétiennes, et le soulagement des pauvres fut l'occupation de sa vie entière. »

XVII.

PIÈCES DIVERSES.

1226.

Louis VIII regagnant la capitale de ses états, qu'il avait quittée pour aller combattre les Albigeois, passa par Espalion vers le vingt du mois d'octobre 1226. Il y reçut de Guilhaume de Calmont-d'Olt, notre seigneur, l'hommage-lige qui lui était dû, dans la forme alors usitée, c'est-à-dire la tête nue, les mains jointes sur les évangiles, un genou à terre, sans épée, sans ceinture et sans éperons. Voici la teneur de cet acte tel qu'on le trouve dans un manuscrit fort ancien intitulé : *Registrum curiæ Franciæ*, et qui fait partie de la riche collection de la bibliothèque nationale.

De homagio et fidelitate domini Guillelmi de Calvomonte domino regi prestito pro castris de Calvomonte et aliis multis qui sunt in diœcesis Caturcencis et Agensis.

Ego Guillelmus de Calvomonte, notum facio universis quod ego recognovi christianissimo vel reverendissimo domino meo Ludovico regi Franciæ illustri de ipso tenere Calvum montem cum pertinenciis Sem‑chentim, Montem Petrosum, Castrum Novum, Mendailles, Sanctum‑Cosmam, Seferac, Croejox, Rocam-Lauram et id quod habeo apud Belvoir, Semchiele, Salgues, Rocam-Mielet, Parlau et Soiserac, in Caturcesio, cum pertinenciis eorumdem. Et de hiis omnibus feci et homagium ligium contra omnes homines et feminas qui possunt vivere et mori; et juravi ei quod omnia predicta Castra ei reddam ad magnam vim et ad parvam quociens inde ab ipso vel ab ejus certo nuncio fuero requisitus. Actum apud Espalieux anno Domini millesimo ducentesimo vicesimo sexto, mense octobris.

Péage établi sur le Pont d'Espalion.

Il existait autrefois sur le pont de la ville un droit de péage dont le seigneur percevait les émolumens par l'intermédiaire d'un fermier ou péager. Une partie déterminée du revenu était affectée à l'entretien du pont et des routes. Au seizième siècle, ce droit s'affermait, année moyenne, *neuf vingt livres*. Le péager était tenu d'avoir à côté de son bureau, exposé à la vue de tous les passans, un tableau faisant connaître les divers prix qui frappaient les objets à leur entrée ou à leur sortie. Voici une énumération partielle des prix qu'il était convenu de percevoir il y a quatre cents ans.

La cargua de drax de color. . . . . 12 deniers rodanois.
La cargua del safra, idem.
La cargua des drax grossiers. . . . . 8 d.   rod.
La cargua de las telas, idem.
La cargua del ferre. . . . . 8 d.   tournois
La cargua des cuers à doban. . . . . 8 d.   rod.
La cargua des cuers an pel, idem.
La cargua del coyre. . . . . 8 d.   t.
La cargua del espesiaria. . . . . 8 d.   rod.
La cargua de las pels de cabrix, idem.

La cargua de fial d'anys, idem.
La cargua de pelisiaria, idem.
La cargua de la ploma, idem.
La cargua del peys, idem.
La cargua de lana . . . . 6 d.   rod.
La cargua des fromages. . . . . 4 d.   rod.
La cargua de la pegua, idem.
La cargua de la cambe en la borra, idem.
La cargua del seu o de says, idem.
La cargua de cordas, idem.
La cargua de la anicla, idem.
La cargua del oli, idem.
La cargua de las figuas, idem.
La cargua del rayns, idem.
La cargua del mel o del burre, idem.
La cargua de la bodosca o de cam, idem.
Las carguas de las dalhas. . . . . 8 d.   rod.
La cargua del alun, idem.
La cargua de la sal. . . . . 1 d.   rod.
La cargua del vi. . . . . miech d. rod.
La cargua del blat. . . . . 1 d.   rod.
La cargua de las penches. . . . . . , ... una penche
La cargua de tota fusta. . . . . una persa.
La cargua de la souda. . . . . 4 d.   rod.
Hun bachaudeu. . . . . 1 d.
Tot cuer de buoou ou de vaca. . . . . 1 d.
Tot polli o rossi farra . . . . 12 d.
Tot muol o muola. . . . . 4 d.
Tota egua, idem.
Tot buoou o vaca. . . . . 1 d.
Tot moto, o cabra, o feda. . . . . , ... 3 malhas.
Tot porc o trueja . . . . 1 d.
Fedas que passo dessay los bosses de Aubrac, cascun cent. . . . . 5 sols   rod.

Lettres de Charles VII autorisant les Consuls d'Espalion à porter robes et chaperons de diverses couleurs. — 31 Juillet 1447.

Charles par la grace de Dieu roi de France, au sénéchal de Rouergue et à tous nos autres justiciers et officiers ou à leurs lieuxtenans salut nos bien amez les consuls et habitans de la ville d'Espalion en ladite sénéchaucie nous ont fait remonstrer que combien que de toute ancienneté en icelle ville ait consulat et consulz choisiz esleuz chacun an par les habitans de ladite ville pour le gouvernement de la chose publique d'icelle, toutes voies pour ce que en toutes les villes et lieuxs voysins ou il a consulat les consuls portent robes et chaperons ou autres abillemens différens à ceux des habitans desdits lieux et que audit lieu d'Espalion lesdits consuls n'ont aucune différence en habit ne autrement des autres habitans dudit lieu ils n'en sont pas si craincs ni autorisés en ladite ville; et pour ce avaient volonté et propos lesdits suppliants de faire prendre et porter doresnevent robes et chaperons partiz de deux drapz ou autrement différents desdits autres habitans, mais ils n'ont osé ne volu faire sans avoir sur ce premièrement licence de nous comme ils dient requérans humblement que actendu que ce touche le bien et honneur de la chose publique dudit lieu et ne nous est aucunement préjudiciable, il nous plaise leur octroyer sur ce nostre dit congié et licence pour ce est-il que nous considéré ce que dit est voulans le faict de la police dudit lieu estre honorablement entretenu auxdits exposans pour ces causes et considérations et autres à ce nous mouvans, avons donné et octroyé donnons et octroyons par ces présentes congié et licence de faire porter aux consuls de ladite ville d'Espalion qui à présent sont et seront pour le temps advenir robes et chapperons partiz de divers draps ou autres habillemens différens des autres habitans particuliers de ladite ville de tel drap, sorte et coleur que bon leur semblera sans ce qu'ilz en soient ou puissent estre aucunement reprins entre nous et justice ne que ce leur tourne à préjudice pour quelque cause ne en quelque manière que ce soit;

si vous mandons et commettons et à chacun de vous si comme à lui appartiendra que lesdits exposans, leurs successeurs consuls dudit consulat vous faictez et souffrez joïr et user paysiblement de nostre présente gràce, congié et octroy sans leur faire mettre ou donner ne souffrir estre mis ou donné aucun destourbier ou empeschement au contraire, mais se faict, mis ou donné leur avait été ou était, le ostent et facent oster encontinant et sans délai et mettre à pleine délivrance, car ainsi nous plaist il estre fait pour veu que ce soit du concentement de la pluspart et sayne partie desdits habitans — donnés à Bourges le dernier jour de juillet, l'an de gràce mil quatre cent quarante-sept, et de nostre règne le vingt-cinquième.

Lettre de Monseigneur de Rodez, touchant la construction de l'Eglise paroissiale. — 5 avril 1472.

Nous Bertrand de Chalençon, par la miséricorde divine, évêque de Rodez, savoir faisons à tous ceux qui ces présentes lettres verront, que nous avons reçu de nos bien-aimés en Jésus-Christ les consuls et les autres habitans d'Espalion dépendant de notre diocèse, une pétition contenant que les susdits possèdent deux églises, savoir : l'église paroissiale de Perse desservie par le recteur seul de cette église, dans le cimetière de laquelle ils ont leurs sépultures, et dans laquelle encore ils se rendent tous les dimanches et les jours de fête pour y entendre la sainte messe et les prônes qui s'y font auxdits jours; en second lieu, l'église Saint-Sauveur située hors des murs d'Espalion, dans laquelle ils vont aussi dans le courant de l'année entendre la sainte messe et le prône et recevoir le sacrement de l'Eucharistie; et cette église de Saint-Sauveur est desservie pendant les deux tiers de l'année par le recteur de Perse, à qui revient durant ce temps le produit des offrandes; et pendant l'autre tiers par le prieur de l'eglise de Calmont qui perçoit les mêmes offrandes pendant son temps d'exercice. Mais comme la susdite église de Perse est solitaire au milieu des champs, à la distance de deux ou trois portées de baliste; et que l'église Saint-Sauveur est située hors du lieu susdit, et tellement petite qu'elle ne peut suffire à contenir les fidèles qui s'y rendent en grand nombre; que de plus, lorsque ceux-ci se rendent en foule aux saints offices dans l'une et l'autre église, le lieu susdit, à peu près désert se trouve exposé aux époques de guerre et des incursions ennemies, au danger d'une invasion et d'un pillage, ce qui arrivant serait un désastreux malheur non-seulement pour la population susdite, mais encore pour tous ceux qui habitent le pays circonvoisin ; par ces motifs et afin d'ajouter à l'embellissement du lieu susdit et à la splendeur du culte divin tout en parant aux dangers déjà relatés, les exposans susmentionnés, après s'être longuement concertés avec noble et puissant seigneur, Jean de Castelnau, leur seigneur temporel, qui leur a donné son autorisation, celle de l'évêque demeurant réservée, ont délibéré entre eux qu'il serait bon de changer dans l'enceinte du lieu susdit l'église Saint-Sauveur, et d'en construire une nouvelle en l'honneur de Saint-Jean-Baptiste, à qui Dieu a accordé tant de faveurs, sur l'emplacement de l'hospice des pauvres qui leur a paru propre à cela, avec les pierres provenant de la démolition de Saint-Sauveur et d'autres amassées et préparées à cet effet; ladite nouvelle église avec autels et autres constructions nécessaires, devant être édifiée sans préjudicier aux droits de qui que ce soit. Et pour ce faire il nous ont adressé une humble supplique aux fins d'obtenir notre permission et licence. Mais nous, ce dessus entendu, voulant procéder avec maturité, et suivre en tout l'ordre prescrit pour que le droit de chacun soit respecté, avons mandé auprès de nous notre notaire soussigné ainsi que vénérable personne Jean Grossi, licencié-ez-décrets, chanoine de Rodez et notre vicaire général au spirituel et au temporel, et de vive voix avons donné commission à ce dernier de se transporter sur les lieux, d'y ouvrir une enquête *de commodo et incommodo* sur l'objet de la demande susdite, en présence des suppliants et des recteurs des deux églises mentionnées, et enfin de rendre compte au sein de notre conseil du résultat de sa mission.

Notre vicaire général s'étant rendu à Espalion a reconnu l'utilité ou mieux la nécessité du changement de la susdite église et de la construction d'une nouvelle dans l'intérieur dudit lieu.

Et comme les recteurs desdites églises de Perse et de Calmont ainsi que tous les habitans sans exception approuvent cette translation, sous la réserve expresse de la part du recteur de Calmont que lui et ses successeurs auront la faculté de desservir l'église qui doit être construite dans l'intérieur dudit lieu, pendant le tiers de l'année, et d'y percevoir les offrandes durant ce même temps; que de plus, il aura le droit d'ensevelir dans l'intérieur de la nouvelle église ses paroissiens décédés qui ont actuellement leurs tombeaux dans le cimetière de Perse, et d'y célébrer en tout temps pour le repos de leur âme l'office des morts, ainsi qu'il a eu par le passé le droit de le faire dans l'église Saint-Sauveur, car le lieu lui-même d'Espalion et tout le terrain qui se trouve compris en deçà du lot et du ruisseau de Merderic par rapport à Calmont, sont réputés faire partie de sa paroisse; qu'enfin il réserve ses autres droits et prérogatives déterminés par les anciennes compositions, auxquels par ces présentes il n'est pas spécialement dérogé; c'est pourquoi nous Bertrand, évêque, désireux de travailler à l'accroissement de la piété des peuples, et d'affaiblir le plus possible par nos conseils paternels les causes qui peuvent y faire obstacle, recevant favorablement la requête des consuls et des habitans d'Espalion, et recommandant à Dieu leur louable projet, leur avons concédé par ces présentes, de notre bon gré et libre autorité, l'autorisation de démolir l'église susdite de Saint-Sauveur, et, à sa place, de bâtir dans l'enceinte du lieu susdit, sur l'emplacement de l'hospice; ainsi qu'ils en ont obtenu la permission de leur seigneur temporel, Jean de Castelnau, une nouvelle église avec clocher, autels, chapelles et autres constructions nécessaires; et lorsqu'elle sera achevée et ornée décemment, d'y assister à la sainte messe et aux autres offices, et d'y recevoir les sacremens de l'église.

Nous donnons aussi aux recteurs susdits la permission d'y célébrer et d'y administrer ainsi qu'ils le faisaient dans l'église Saint-Sauveur, avec les mêmes prééminences et prérogatives; notre droit et celui d'autrui demeurant réservés. Et en témoignage de tout ce dessus, nous avons fait rédiger les présentes lettres au bas desquelles nous avons fait apposer notre sceau de forme ronde.

Donné à Rodez le cinq du mois d'avril, l'an du seigneur 1472.

SERRES, signé.

1478.

Titre relatif au serment de fidélité prêté par les consuls et les habitants d'Espalion au seigneur dans l'église Saint-Jean.

In nomine Domini amen. Anno incarnationis ejusdem millesimo quadringentesimo septuagesimo octavo, et die duodecimà mensis februarii, serenissimo principe et domino nostro domino Ludovico Dei gracià rege Francorum regnante; noverint universi et singuli præsentes pariter et futuri, hoc præsens publicum instrumentum visuri, lecturi ac etiam audituri : quod apud villam Spaley et in ecclesià Sancti-Joannis ejusdem villæ, diocesis et senescalliæ Ruthenensis, cum nobilis et potens vir Johannes dominus de Castronovo et baroniæ Calomontis rippæ-Olti ibidem vocari fecit loco consules, populares et manentes ejusdem villæ cujus dominus altus et immediatus existit, ad fines ab eisdem consulibus et habitantibus Spaley juramentum fidelitatis recipiendi et alia faciendi quæ infrà dicentur. Quibus vocatis præfatus dominus de Castronovo ipsos consules, videlicet Raymundum Picardi et Durantum Aymerici, mercatores, et eorum communitatem in eadem ecclesià existentes requisivit quatinus juramentum fidelitatis sibi dicto domino præstarent et alia facerent proùt et quemadmodùm prœdecessores dictorum consulum et popularum ejusdem villæ Spaley suis in dictà baronià dominis antecessoribus facere consueverant juxtà et secundùm compositiones inter prœdecessores suos dictæ baroniæ ex unà, et dictos consules et populares Spaley ex alià partibus antiquitùs passatas et transactas. Quiquidem consules, populares et habitantes Spaley, auditâ hujus modi requisitione per ipsum dominum sibi factà, unus post alium gratis in manibus dicti domini de Castronovo juramentum fidelitatis ut moris est prœstiterunt, promiserunt que et juraverunt ad et super sancta quatuor Dei evangelia ab ipsis et quolibet ipsorum eorum manibus dextris corporaliter tacta sibi dicto domino facere, tenere, servare actendere et complere omnia universa et singula contenta in dictis compositionibus antiquis tàm per dictos prœdecessores ipsius domini baroniæ Calomontis quàm per prædecessores ipsorum consulum et popularum passatis, transactis et concordatis. Et recepto hujus modi juramento fidelitatis per ipsum dominum de Castro. novo a dictis consulibus et habitantibus Spaley, præmentionati consules et populares vice versà requisiverunt prætactum dominum de Castronovo tanquàm dominum dictæ baroniæ Calomontis et villæ prædictæ Spaley et ipsos consules et communitatem Spaley in dictis eorum compositionibus antiquis ac libertatibus privilegiis et franchesiis et contentis in eisdem manuteneret et conservare vellet easdem que compositiones et libertates antiquas sibi dictis consulibus et habitantibus Spaley confirmaret et aliter faceret proùt et quemadmodùm in eisdem canetur, et illud juramento medio, dicentes ita fieri debere. Quaquidem requisitione sic ut præmissum est factà per dictos consules et populares sæpè dicto domino de Castronovo, præmentionatus dominus de Castronovo sæpè dictis consulibus et popularibus dixit et respondit, quod illud faceret absque ullo jnramento eo quia dominus suis vassallis et subjectis tantum subjicere non debet; sed ibidem ipse dominus de Castronovo ut dominus dictæ baroniæ Calomontis sub suà bonà fide et voluntate sæpè dictis consulibus ibidem præsentibus cum eorum communitate promisit et convenit ponendo manum suam dextram suprà pectus suum eosdem consules, populares et habitantes Spaley in eorum compositionibus, libertatibus, privilegiis, franchesiis ac aliis in instrumentis antiquis inter prædecessores ipsorum domini et popularum passatis et super hoc confectis manutenere et conservare contenta que in eisdem facere tenere, conservare, actendere et complere, easdem quœ compositiones antiquas sibi dictis consulibus et eorum communitati emolgavit et confirmavit et contenta in eisdem. Et factis præmissis, præfatus dominus de Castronovo eosdem consules et habitantes Spaley requisivit quatinùs sibi dicto domino de Castronovo et baroniæ Calomontis recognoscerent omnes et quascumque domos quas ipsi populares tenebant infra dictam villam Spaley ab eodem domino in emphiteosum et perpetuam pagesiam et sub vendis, laudimiis, jurisdictionibus et aliis juribus et denariis consuetis, necnon omnes patus communes, muros, muretos et fossatos ejusdem villæ, et hoc singulariter et divisim, dicens ità fieri debere proùt et quemadmodùm videri continebatur in eisdem compositionibus et quod articulo in eisdem contento, et ibidem lecto per magistrum Guillermum de Garrigua ejus procuratorem, et auditâ hujus modi requisitione per dictum dominum de Castronovo prætactis consulibus et eorum communitati factâ, ipsi consules et communitas unanimiter dixerunt et responderunt dicto domino quod prædecessores dictorum consulum et habitantium Spaley non consueverant dictas domos infrà dictam villam Spaley existentes in generali neque in speciali præfato domino nec suis in dictâ baronia prædecessoribus recognoscere, nec aliquam recognitionem singulariter nec divisim facere, nisi dumtaxat quandò domus ejusdem villæ venduntur et alienantur et per ipsum dominum super hiis laudantur et non aliter; et sic easdem domos non prætendebant recognoscere nec aliquam recognitionem facere præfato domino nisi si et inquantum in prædictis compositonibus continetur et est comprehensum; respectu vero dictorum patuum, murorum, muretorum, et fossatorum ejusdem villæ, obtulerunt facere proùt et quemadmodùm prædecessores sui dicti domini in dictâ baroniâ et dictorum habitantium consueverunt facere remonstratur prius per ipsum dominum instrumentis antiquis super hoc confectis et passatis. Quasi quidem responsione per ipsos consules et populares prænominato domino ut præmissum est factâ, præmentionatus dominus de Castronovo protestatus fuit contrà dictos consules et populares Spaley de omni interesse ad causam præmissorum, requirens de præmissis omnibus sibi retineri et fieri publicum instrumentum per dictum magistrum Guillermum de Guarrigua, magistrum Anthonium Balitrand notarium ordinarium suum dictæ baroniæ; in quaquidem protestatione per dictum dominum de Castronovo contrà dictos consules et habitantes Spaley factâ, præfati consules et populares altâ et intelligibili voce dixerunt se nemine consentire, imò proùt suprà prætacto domino de Castronovo fortius obtulerunt facere proùt et quemadmodùm continebatur et contineri videbatur in instrumentis dictarum compositionum et libertatum et privilegiarum inter prædecessoribus dictorum dominum et popularum passatis.

Et nobis notariis infrascriptis per ipsos consules et habitatores exhibitis, quorum illorum instrumentorum unum sumptum fuit per magistrum deodatum Francha, notarium, sub anno Dominicæ incarnationis millesimo ducentesimo sexagesimo sexto, mensis aprilis, die veneris antè festum Sancti-Marchi evangelistœ; aliud verò instrumentum fuit sumptum per magistrum deodatum Unald notarium regium, sub anno incarnationis Domini millesimo trecentesimo quadragesimo primo et die martis proxima post festum Annuntiationis beatæ Mariæ Virginis petentes iidem consules in præsenti recognitione eadem instrumenta sic exhibita inseri se et inquantum necesse fuerit aut saltem copiam illorum penes nos ad longum rettenta. Quæquidem instrumenta propter eorum nimiam prolixitatem inseri omissa fuerunt in præsenti instrumento, et de voluntate et expresso consensu dictorum consulum seu eorum successorum. Et cum hiis de præmissis omnibus et singulis instrumentum publicum seu publica instrumenta, unum seu plura tot quot evenit sibi necessaria et opportuna per nos notarios infrascriptos retineri et fieri petierunt et requisiverunt. Quibus nobis notariis infrascriptis præmentionatus dominus de Castronovo prohibuit et deffendit, nec de præmissis aliquod instrumentum conficere haberemus nisi convocatis cum dictis notariis suis. In quàquidem prohibitione nos notarii infrascripti non consentimus. Acta fuerunt hæc ubi supra, testibus ibidem præsentibus et rogatis, etc.

Etablissement de la Foire Saint-Vincent, dite du 22 février, et des Marchés qui se tiennent tous les vendredis.

1518.

François par la grâce de Dieu roi de France savoir faisons à tous présens et à venir: nous avoir reçu humble supplication de mon cher et bien-amé Johan de Castelnau, seigneur dudit lieu et d'Espalion, contenant que icelle ville d'Espalion est assise en la sénéchaussée du Rouergue, sur grand chemin et passager en allant ou venant de Languedoc et Toulouse vers Paris et Lyon, en quartier assez bon et fertile, auquel afflue plusieurs biens et marchandises, passent et repassent marchands et autres gens au moyen de quoi tant pour le bien et amélioration de ladite ville que de la chose publique d'icelle et pays d'environ et habitans y étant, désirerait volontiers y avoir une foire l'an et un marché chaque semaine si notre plaisir était les y voir établir (les autres 4 foires existaient déjà).

Pourquoi nous ces choses considérées, voulant la fréquentation de marchandise avoir cours en notre royaume entre nos sujets pour le bien et profit d'eux et de la chose publique et amélioration et décoration des lieux et villes où ils sont demeurants : mêmement auxdits habitans du lieu d'Espalion et en ce leur subvenir, en faveur mêmement des bons et agréables services que icelui Jehan de Castelnau nous a par ci-devant faits, espérant qu'il fasse ci-après en persévérant de bien en mieux; pour ces causes et autres considérations à ce nous mouvans, inclinant libéralement à sa supplication et requête, avons audit lieu d'Espalion érigé, créé, ordonné, établi et par la teneur de ces présentes de notre grace, esprit, pleine puissance et autorité royale, érigeons, créons, ordonnons et établissons une foire l'an et un marché chaque semaine pour y rester dorénavant à toujours mais tenus entretenus et continués. C'est à savoir, la foire le jour saint-Vincent qui est le vingt-deuxième jour de janvier, et le marché chaque vendredi de la semaine; voulant et octroyant que tous marchands et autres y puissent aller, venir, séjourner et retourner, et illic mener, vendre, échanger et troquer toutes denrées et marchandises licites et non prohibées. Et que en ce faisant ledit de Castelnau et lesdits habitans ses sujets jouissent pendant lesdits foire et marchés de tous et semblables droits, privilèges, franchises et libertés qui sont et ont accoutumé faire ceux des autres foires et marchés dudit pays; pourvu que à semblable jour ni aie autres foires et marchés à quinze lieues à la ronde auxquelles icelles puissent préjudicier. Et donnons en mandement par ces mêmes présentes au sénéchal du Rouergue ou à son lieutenant, et à tous nos autres justiciers et officiers ou à leurs lieutenans présens et à venir en droit soi et si comme à lui appartiendra, que de notre présente grâce, érection vocation, et établissement de ladite foire et marché et de tout l'effet et contenu en nos dites présentes, ils fassent, souffrent et laissent ledit suppliant, ses successeurs, seigneurs dudit lieu, ensemble lesdits marchands et gens y affluens jouir, user pleinement et paisiblement sans leur faire mettre ou donner ni souffrir être fait, mis ou donné aucun arrêt destourbier ou empêchement en corps, biens, ni marchandises en quelque manière que ce soit; lequel si fait ou donné leur était au contraire, le mettent ou fassent mettre incontinent et sans délai à pleine délivrance et au premier état. Et avec ce fassent icelle foire et marché, crier et publier à son de trompe et cri public ès-lieux d'environ qu'il appartiendra et requis seront. Et pour icelle tenir, construire et établir audit lieu d'Espalion en lieu convenable et où bon leur semblera halles, bancs, estaulx et autres choses propices et duysables, car tel est notre plaisir. Et afin que ce soit chose ferme et stable à toujours nous avons fait mettre notre scel auxdites présentes. Sauf en autres choses notre droit et l'autruy en toutes. Donné à Paris au mois de novembre, l'an de grâce 1518, et de notre règne le quatrième.

Fragment d'un testament fait au seizième siècle.

Testamen de Saphe home senhor Peyre Benezech, marchan de la ville d'Espaliou.

En nom de Dieu sia fach amen. Scapchen touts présentz et advenir que l'an mial cinq cens quarata, et lo quatorzème del mes d'octobre, régnant per la gracia de Dieu Frances rey de Francia; en la villa d'Espaliou diosesa et seneschancia de Rouergue, et cambra de honorable home, mosseu Guy Bonaura capela et recto de Bordelas; en presencia de me notari et tesmoins sotz nommatz, personalmen constituit Saphe home Peyre Benesech, merchan, habitan de la dicta villa d'Espaliou, loqual estan en sos bons sens, razo et entendemen, scapchan tout home estre mortal et la hora de la mort incerta, et per soque la razo et entendamen sos plus presens en lo corps non gravat de malautia que quant en aquella es detengut, o fach et ordonat son testamen nuncupatif, tant de son arma (ame), corps, que bes temporals en la forma que se ensec. Et premicyramen se senhan del senhal de la sancta cros disen : in nomine patris et filii et spiritus sancti amen ; a donada son arma a Dieu son payre eternal et as el et à la Virgie Maria mayre de Jhesus-Christ, et toutz los sanctz et sanctas de paradis recommandada, et aussy à son propri angel que luy plasa d'aquella penre guarda quant de son corps se despartira, et d'aquella en aquella hora estre doffensa et protector, affin que lo malvas sprit ne luy puesca nose, alqual et à toutas sas ouperatious renuncia, et si luy avia fachas ou fasia alcunas donatious de alcuna causa, per Dieu ceda aquelas et revoqua al present. Aussi vol que quant son arma sera despartida de son corps, que lo corps sia sepellit el cemeteri de Persa el tombel de son payre. Et vol que lo jour de sa sepultura, nouena et cap d'an, sian convocatz toutz los messieurs cappelas de la gleysa parroquial de Persa; aussi los rectos ou vicaris de Saint-Cosme, Flaujac, Saint-Peyre de Bessuéjonls, Calmon et Alayrac (80 prêtres environ), donan à chacun en chacuna de las dichas tres festas per oblation, dos sols tourneses. Aussi a ordonnat que lo jorn de sa cepultura seran eligitz doutze paures, que pourtaran lodit jour, checun una torcha de cera, en lasquallas torchas et cros de cera a volgudas estre employadas detz lieuras de cera ; et a legual à checun dels dichs paures una cana de drap burel. lesquals seran tengutz segre sa nouena coma es de coustuma ; laqualla nouena a volgut luy estre seguda et checun jorn d'aquella estre dicta en la dicta gleysa de Persas, una messa des mortz per son arma, per laqualla a léguat dos sols tornezes. Item aussi a ordenat et volgut que sia donat à dinar à toutz los dichs capellas que si trobaran à la nouena, et aussi als altres que auran seguda la dicta nouena, tant als dichs paures que altres ; et semblable dina a volgut estre donat als dichs capelas, lo jour que si fara lo cap del an sive l'annada............ item a volgut et ordenat que lo jorn que son arma sera despartida de son corps, sia dich l'office delz mortz per tretze capelas à sa maiso, que seran eligitz per son héritier ; et per lodict office a leguat à chacun dels dicts capelas dos sols sieys deniés tourneses .... item aussi a ordenat lodich testado et volgut que dins l'an de son descès sia facha una caritat à toutz los parroquias de la dicta gleysa de Persa, donan per mayso nng pa blanc de la valor de dotze deniers, et un cart de bon by, loqual jorn de la dicta caritat a volgut que sia fach ung cantatge général à toutz los messieurs capelas de la dicta parroquia, donan à checun quinze deniers tournezes...... a volgut aussi et ordenat lodict testado que les debitors gens de be, sian cresutz à lor sagramen sus las solutions que alleguaran lui aver fachas ; et aussi sos créanciers gens de be, sur los deutes que juraran lor estre degutz, ascendens losdicts deutes de sos créanciers de 15 lieuras tournezas en bas:

Comme on recevait à Espalion un seigneur de Calmont-D'olt.

Le cinq décembre 1564 les consuls furent prévenus par M. de la Valette, gouverneur de la baronie, que le seigneur ferait son entrée dans une huitaine de jours. Nos premiers magistrats se mirent aussitôt en devoir d'assembler le peuple, afin d'aviser aux moyens à prendre pour une brillante réception, et de s'entendre encore sur le don ou présent qu'il convenait de faire au seigneur en cette occasion. Les consuls des divers membres de la baronie furent convoqués à cette réunion ; mais il n'y eut que Saint-Côme et Espalion qui furent d'avis d'offrir un cadeau. Saint-Côme mit à la disposition de nos consuls de quarante à cinquante écus. Les autres localités s'abstinrent pour cause d'extrême pauvreté. Voici le procès-verbal de la réception.

L'an 1564 et le mardi 19e jour de décembre, sires Pierre Vialaret et Jean Parayre, consuls, François de l'Amic, conseiller, Gaspard Benoît, Etienne Mathieu, Antoine Rames, Raymond Parayre, Jean Agut, noble Jean de Fornols, Guillaume Benoît, Raymond Parayre Baras, Antoine Salnauh, Arnaud Ayral, M. Jason, marchand, Me Jean Lacoste, apothicaire, et moi Jean d'Assezat, notaire, et autres un bon nombre à cheval.

Lesquels dessus nommés partirent de ladite ville ledit jour, et s'en allèrent au château de Masse, où ledit seigneur baron, ensemble madame sa mère, et autre bonne compagnie de noble constrière, et là étant dans ledit château et chambre dudit sire, par les dessus nommés lui fut faite la révérence avec un présent de fort belle gantairie, chapons et perdrix, lequel fut par ledit sieur baron honorablement reçu. Et après lui fut présenté par lesdits consuls toute obéissance et humilité de toute la ville et habitans d'icelle, et en signe de ce lui furent illic présentées toutes les clefs de la présente ville, lequel sieur baron se contenta très-bien de ladite offre et présent; disant vouloir venir visiter sa dite ville et château de Calmont, et bien et dûment soutenir et maintenir tous ses sujets en leurs privilèges et libertés pour faire administrer bonne justice, ainsi que le sire baron même comanda au juge et procureur de ladite baronie y présents.

Et incontinent après ledit sire monte à cheval avec une bonne compagnie de noblesse avec lui, et les dessus nommés de la présente ville et autres vindrent tout droit dudit château de Masse en la présente ville d'Espalion, et lorsque fut près d'icelle, lui fut fait honneur à son entrée de grands cops de canoneries et bombarderies; et partant de ladite ville prirent le chemin du château de Calmont, où ledit sire se transporta avec toute ladite noble compagnie et des susnommés assistans et autres, dont à l'entrée de sondit château de Calmont lui fut fait semblable et grand honneur de grands cops de canoneries et bombarderies, et après tout ledit château et tours d'icelui furent visitées par ledit sire en la présence et assistance que dessus, dont de tout ce dessus ledit seigneur prit grand plaisir. Et après s'en retourna descendre par la présente ville, présens et assistans que dessus; à laquelle vint prendre la collation dans la maison de noble Jean de Fornols son lieutenant de capitaine, ensemble la noble assistance. Et de là partant, s'en retournant audit château de Masse.

1599.

Titre concernant le bâtiment dit le Tribunal

Au nom de Dieu soit fait amen. L'an 1599 et le sixième jour du mois de septembre, en la ville d'Espalion au diocèse de Rodez, en Rouergue, avant midi, régnant souverain et très chrétien prince Henri, par la grâce de Dieu roi de France et de Navarre. Comme soit été dit par les parties sous écrites, procès être pendant en la cour de M. le Sénéchal du Rouergue, d'entre les consuls de ladite ville dudit Espalion impétrans et demandeurs à ce que noble Jeanne de la Valette, femme au seigneur de Pagnas, et noble Bernardin de Bessuéjouls, écuyer, seigneur dudit lieu de Bessuéjouls, héritiers par bénéfice d'inventaire de feu noble Bernardin de la Valette seigneur de Coppadel, habitant quand vivait de ladite ville d'Espalion, fussent tenus payer et rembourser lesdits consuls des tailhes et autres charges pour ledit feu de la Valette payées et depuis le décès d'icelui pour lesdits héritiers, à cause de deux maisons que ledit de la Valette avait dans ladite ville, appartenaut à présent auxdits héritiers; l'une auprès la tour d'Arribat, de laquelle se servait d'étables; et l'autre par ledit feu de la Valette édifiée au fond de la rue del Plà dans ladite ville, et arrairages depuis l'année 1572, qui font 28 années, la présente incluse; que aussi à ce que lesdits héritiers fussent tenus déclarer s'ils veulent tenir les arrestations, conventions passées d'entre ledit feu de la Valette et ladite ville, et ce faisant les ratifier, qu'est qu'en voulant commencer à édifier ladite maison assise au fond de ladite rue del Plà, la ville lui bailla suivant l'assemblée et arrestation générale qui lors fut faite qui était le neuvième mars 1572, la pierre d'une grande église hors et près la ville que ceux de la religion prétendue avaient minée, laquelle église était à un jet de pierre des murailles de ladite ville, appelée Saint-Salvayre, à la charge que ledit de la Valette édifierait une tour à ses coûts et dépens devers le foiral et rivière d'Olt, et qu'il tiendrait ladite tour au nom de ladite ville sans qu'elle puisse être aliénée, ni sortir des mains de ses héritiers, pour l'usage que seulement ledit de la Valette y aurait en temps de paix, car en temps de troubles ladite ville en jouirait pour la tuition et défense de ladite ville, pour le service de laquelle tour l'on passerait par ladite maison, et de quoi la ville se serait servie aux troubles en présence dudit feu de la Valette non contredisant. Et autrement lesdits héritiers disant qu'ils voulaient vendre ladite maison et à eux mêmes audit nom, tant suivant la charge que ledit de la Valette leur en avait donnée en payant la valeur d'icelle, que pour rédimer à ce dessus. A quoi lesdits consuls, suivant l'arrestation de la ville, auraient offert entendre, aux fins d'en faire maison commune qui est la plus commode, profit et utilité de ladite ville ; de tant qu'ils auraient commencé à édifier une autre qui leur demeure inutile sans y pouvoir mettre le poids, dresser taules de boucherie, ni ce qui est propre à l'utilité d'une république ; laquelle ils veulent vendre pour soi accomoder, et lesdits héritiers de leur côté y veulent entendre.

A cause de quoi, en présence de moi notaire et témoins bas-nommés personnellement établi ledit noble Bernardin de Bessuéjouls, écuyer, seigneur dudit lieu, lequel tant pour lui que lesdits sieurs de Pagnas et de la Valette mariés, par lesquels a promis de faire ratifier le conteu au présent instrument d'accord et vente de jour en jour incontinent sera besoin et requis de gré et volonté pour lui ses successeurs venant en accord et transaction, a vendu, cédé, aliéné et purement à perpétuité sans rétention de pacte ni réserve de droit aucun, transporte et relaxe à sieur Jean Fourez, Jean Agut, marchands, consuls de ladite ville d'Espalion, assistés de Jean Verdu, Jean Ayral, consuls l'année dernière, Jean Verdu, vieux, conseiller la présente année pour eux et ladite ville stipulant et acceptant, savoir est la maison que jadis soulait appartenir audit feu de la Valette assise dans ladite ville, rue dite del Plà, de haut en bas, devant et derrière, et ce qui en dépend, que le temps passé était la sole ou en maison de feus Pierre Hermet, menuisier, et d'Antoine Ville habitans dudit Espalion, et se nommant l'escolle blanque ; confronte avec le fleuve et rivière d'Olt, avec la maison de M⁰ Durand Baldit, docteur-médecin, avec la maison des héritiers de Gaspard

Payrac, maison de Ramond Bocquiés appothicaire, ayant droit de M. Gabriel Bessieyre, prêtre quand vivait dudit Espalion, maison de Pierre Pasquier étant au lieu de Pieree l'Escure, et avec confrontations plus vraies s'il y en a laquelle maison ont dit être dans l'enclos et libertés de ladite ville, et soi mouvoir en juridiction du seigneur baron de la baronie de Calmont-d'Olt, seigneur de ladite ville, a droit de locz sans y avoir rente aucune ni en toute la ville et comme les autres maisons. Et lesdits consuls et autres assistans et avec eux contractans et stipulants, ont dit vouloir ladite maison pour être et demeurer à perpétuité pour maison commune à ladite ville, et comme telle ne sont tenus en prendre investiture dudit sieur baron ni de ses lieutenants, ni payer aucun droit de laodz suivant leurs compositions et concordats passés avec les feus seigneurs barons ainsi que lesdits consuls ont certifié, ledit sieur de Bessuéjouls et ledit sieur venditeur les a certifiés aussi n'y avoir aucunes dettes, hypothèques, léguats, substitution ni autres charges, de ce la baillant exonérée, déchargée; laquelle vente de maison ledit de Bessuéjouls tant pour lui que pour lesdits sieurs de Pagnas ses oncle et tante, et pour lesquels en son propre et privé nom a promis de faire ratifier et tenir comme dessus a faite auxdits consuls en tel nom stipulants pour le prix convenu, accordé, de douze cents écus, revenant selon le compte ancien à trois mille six cents livres, qu'à été accordé que lesdits consuls seront tenus de payer audit sieur de Bessuéjouls dans trois ans complets à compter d'aujourd'hui date des présentes. Et accordé aussi que à cause que lesdits consuls entrent présentement en possession de ladite maison, qu'ils seront tenus de payer chacune desdites trois années le denier quinze, à savoir quinze deniers pour livre; lequel sieur de Bessuéjouls s'est tenu pour content payé de ladite pension de la première et présente année; et pour les autres deux années paieront le même denier et pension au même et semblable jour d'aujourd'hui sixième septembre. De même demeure convenu que au cas lesdits acheteurs paieront pendant ledit temps deux cents écus en déduction du principal, que ledit sieur de Bessuéjouls sera tenu de les prendre, et lors ledit denier et pension annuelle se déduira *pro cotta et rata ;* et avec ce accordé en second lieu que lesdits sieurs de Bessuéjouls et de la Valette demeurent et demeureront quittes des arrérages des tailhes et charges demandées par les consuls, et quant à la fourniture par eux prétendue demeure consolidée avec la propriété, et le tout aux dits acheteurs audit nom. Etc , etc. — Pierre Sabrier, notaire.

A la suite de cet acte se trouve une quittance finale du paiement de la somme énoncée.

Note de M. Ruols, recteur d'Espalion, sur les inondations de 1705.

Le troisième novembre 1705 il arriva sur les cinq heures du soir une telle inondation de la rivière du Lot, que l'élévation des eaux faisait frayeur ; et je sousssigné curé fus obligé d'aller en procession avec le reliquaire de la sainte épine au fond du pont pour tacher par prières d'apaiser la colére de Dieu : mais nonobstant l'eau enfla encore jusques entre huit et neuf qu'on appréhendait que le faubourg ne fut entièrement abimé, ce qui serait arrivé sans doute si les murailles des jardins, prés et enclos des dames religieuses n'eussent cédé à la rapidité de l'eau qui se faisant place, prit son large, et ainsi le faubourg fut garanti. Et ce fut la troisième inondation qui arriva, dont la première fut le 19 août, qui jeta par sa puanteur et infection d'eau tous les poissons sur le rivage. La seconde arriva le 18 octobre, jour de Saint-Luc qui était moindre de quatre à cinq pans. La perte et dommage fut très-considérable dans les faubourgs et à la campagne, à cause que l'eau emporta plusieurs semences et une quantité prodigieuse d'arbres. Enfin la consternation était si grande, qu'on n'entendait que pleurs et gémissemens. Fait en témoignage de ce dessus pour la postérité. — Ruols, recteur.

De Saint-Hilarian, prêtre et martyr.

EXTRAIT DES BOLLANDISTES : *Acta Sanctorum.* *

<small>D'après les traditions de la ville d'Espalion.</small>   Saussaie, auteur du Martyrologe Gallican, ajoute, comme supplément à l'article de ce jour, ce qui suit : *Dans le territoire de Rodez, mort de saint Hilarian martyr, qui rendant témoignage à la vérité et à la grâce divine, soutint le dernier combat de la foi à Espalion, ville du même territoire, et ayant eu la tête tranchée de la main des impies, alla recevoir la couronne immortelle.*

Espalion n'est éloigné de sa métropole que de cinq lieues, il est situé en deçà du Lot, ce qui m'avait donné l'espoir que les pères de notre collège de Rodez pourraient me fournir des renseignemens positifs sur des faits qui s'étaient passés dans des lieux si voisins, et je n'ai pas été entièrement trompé dans mon attente, quoique nos pères n'aient

<small>Et ce qu'on lisait dans l'ancien bréviaire de Rodez.</small>   réussi à trouver dans aucune des deux villes, l'ancien bréviaire de l'église de Rodez, dans lequel quelques-uns d'entre eux se souvenaient d'avoir lu un précis de l'ancienne légende.

Mais il faut ou que cette légende ne datât pas de l'époque des faits, ou que la tradition populaire ait altéré les récits qu'elle y a puisés, en y

<small>Son martyre doit être</small>   ajoutant la circonstance de la persécution des Anglais qui auraient fini par tuer notre Saint. Ce seraient bien plutôt les Normands, qui, au

---

* Au moment de livrer nos *récits* à l'impression, nous recevons de Rome une lettre d'un de nos compatriotes qui faisait partie de l'armée expéditionnaire, et qui a bien voulu, sur notre prière, s'occuper de saint Hilarian. Ses démarches n'ont pas abouti au gré de ses désirs et des nôtres. Aidé dans ses investigations par le secrétaire, un Aveyronais nous dit-on, du général des jésuites, il n'a pu découvrir sur notre Saint que l'article qui suit et que nous possedions déjà.

temps de Charles-le-Chauve, venaient tous les ans ravager les provin- *rapporté aux incursions des Normands.*
ces de la Gaule.

Encore cette époque ne coïncide-t-elle pas avec celle où saint Hilarian a vécu, s'il est vrai qu'il a été, je ne dis pas le confesseur de Charlemagne, comme le dit la même tradition, mais du moins son contemporain : car alors il faudrait substituer aux Anglais les Sarrasins qui exerçaient aussi les plus grands ravages dans toutes les provinces méridionales de la Gaule, quoique Charlemagne et son aïeul Charles-Martel les aient souvent refoulés au-delà des Pyrénées. Quoiqu'il en soit, la tradition rapporte que notre Saint, pour célébrer avec plus de sécurité le sacrifice non sanglant du corps et du sang de Notre-Seigneur, se rendait souvent à Lévignac éloigné d'environ une demie lieue d'Espalion, et seulement d'un quart-d'heure de l'Eglise de Perse qu'il desservait; et comme il lui fallait traverser le Lot, plus d'une fois, à défaut de barque, il étendit son manteau sur les eaux et, par ce moyen, passa et repassa la rivière. Les ennemis ayant voulu un jour le poursuivre au-delà du Lot furent submergés dans les eaux.

Ou à celles des Sarrazins.

En ce même endroit on voit aujourd'hui une croix à laquelle la procession s'arrête durant les fêtes des Rogations. On montre aussi dans les environs un roc creusé en forme de sarcophage et à la mesure d'un homme, cavité qu'on croit s'être formée pour recevoir et cacher le Saint, un jour qu'on le cherchait pour le faire mourir ; la procession y fait pareillement une station et l'on y voit une croix plantée à cet effet *.

D'après les témoignages de Saussaie et les renseignemens qui me sont transmis par des personnes de l'endroit, on raconte encore que cet athlète du Christ, après que sa tête eut été coupée, la lava lui-même dans une fontaine à laquelle il communiqua une vertu miraculeuse, et qu'il alla ensuite la remettre, comme un gage de piété filiale entre les mains de sa mère (dans l'église matrice, dit la note qui m'a été envoyée).

---

* C'est la croix dite *del tour*, plantée sur un rocher, à quelques pas au dessous du hameau des matelines.

|Fontaine appelée sainte après qu'il y eut lavé sa tête.| Les eaux de cette fontaine appelée dans le pays *Fontsange*, sont en effet très salutaires, et de toute la campagne d'Espalion on vient en puiser pour boire. En supposant que des brigands, ayant pris le Saint près de cette fontaine, l'eussent martyrisé en lui coupant la tête, il ne serait pas étonnant que des fidèles, arrivant par hasard en cet endroit, ou y étant conduits par un miracle afin de rendre au Saint les derniers devoirs, eussent lavé sa tête dans cette même fontaine ; et comme c'était l'usage de représenter les martyrs qui avaient été décapités, avec leur tête entre les mains, la postérité ignorante aurait cru que saint Hilarian avait porté sa tête à l'endroit où d'autres l'avaient ensevelie avec le reste de son corps.

|Endroit où l'on croit posséder encore son corps.| On trouve encore aujourd'hui dans la sacristie de la même église-matrice, une ancienne chasse dorée qui renferme presque tous les os d'un même corps, très blancs et très solides. Mais parce qu'elle ne porte aucune inscription, le clergé d'Espalion n'ose pas l'exposer sur l'autel à la vénération des fidèles comme renfermant le corps de saint Hilarian, il se contente de célébrer la fête du Saint avec octave, et cela dans l'église-matrice (Perse), au 15 du mois de juin. L'église de Saint-Jean à Espalion célèbre aussi cette fête, mais sans octave.

|Relique de Bonneval.| L'abbaye de Bonneval, de l'ordre de Citeaux, dans le diocèse de Rodez, possède aussi une chasse très précieuse et en argent où l'on garde un os du bras d'un homme, qu'on croit être du Saint lui-même. Cet os a été autrefois envoyé d'Espalion *.

Voilà tous les documens que nous avons pu nous procurer, et nous n'espérons pas en trouver d'autres, à moins que nous ne parvenions,

---

* Au commencement de l'automne de 1840, deux jeunes gens d'Espalion revenant un soir de la pêche au filet, trouvèrent sur la rive droite du lot, à quelques pas de la ville un pantalon qui avait servi à quelque enfant pour se baigner. La curiosité les porta à en fouiller les poches ; et du gousset où l'on tient ordinairement la montre, ils retirèrent un sachet de soie rouge, paraissant renfermer quelque chose. Ce n'était rien moins qu'une relique de saint Hilarian. La personne à qui ce précieux objet fut donné nous le montra, nous permettant même comme nous le désirons, à découvrir les leçons de l'ancien bréviaire, qui pourraient nous fournir matière à un supplément.

Le chanoine ou prieur d'Espalion, qui a donné ces renseignemens à notre père Couchet, ajoute à ce qui précède que dans l'abbaye de Bonneval, de laquellle relève le prieuré de Lévignac *, occupé aujour d'hui par un simple moine, il a lu que saint Hilarian était profès du même ordre. Si ce fait était confirmé par quelqu'autre preuve, il n'y aurait plus de doute que ce ne soit des mains des Anglais que le Saint a reçu la mort durant les guerres qui eurent lieu entre l'Angleterre et la France pour la possession de l'Aquitaine; nous allons en deux mots rappeler l'occasion de cette lutte.

Il est des personnes qui font de ce saint un religieux de l'ordre de Cîteaux.

Cela posé on pourrait croire qu'il fut tué par les Anglais.

Eléonore fut répudiée par Louis VII, roi de France, sous prétexte de parenté; ce fut en 1152, après dix-neuf ans d'un mariage stérile. Elle donna donc sa main à Henri, comte d'Anjou, et plus tard roi d'Angleterre, et lui apporta en dot l'Aquitaine. Jean-sans-Terre, cinquième fils d'Eléonore, convaincu du meurtre de son neveu, le jeune Arthur, fils de son frère aîné, et héritier naturel de la couronne, fut dépouillé par un arrêt du parlement de Paris, de tous les droits qu'il avait en France. Les guerres qui s'allumèrent à ce sujet, durèrent jusqu'en 1259, époque où saint Louis céda aux Anglais une partie de l'Aquitaine à titre de duché; Philippe-le-Bel, petit fils du saint roi, la réunit de nouveau à la couronne; mais elle fut encore rendue, et enfin reprise sans retour par Charles VII, vers le milieu du 15e siècle.

---

d'en prendre une partie. L'offre fut acceptée avec reconnaissance. Le sachet de soie rouge portait en suscription : *Ex calvá beati Hylariani præsbiteri martyris*. Ce sachet en enveloppait un autre de soie jaune sans suscription. Enfin ce dernier contenait un fragment d'os et un petit papier portant écrit dessus : *Ex calvá sancti Hylariani præsbiteri martyris*. Usant de la permission qui nous avait été donnée, nous primes la moitié de la relique, et le petit billet qui ne nous parut pas avoir au delà de 150 ans de date.

* C'est une erreur; Lévignac dépendait alors depuis bien des siècles de l'Abbaye d'Aubrac et non de celle de Bonneval.

Les religieux de Cîteaux sont bien dans l'usage de placer des curés de leur ordre dans les paroisses où leurs abbés ont droit de patronage; et cette coutume n'est point du tout contraire à leurs règles; mais on ne conçoit pas trop comment l'histoire d'un meurtre commis au douzième ou treizième siècle, et de tous les miracles qui durent le suivre pour introduire le plein culte du Saint sans aucun jugement préalable du siège apostolique, a pu s'effacer presque entièrement et en si peu de temps de la mémoire des hommes, non-seulement à Espalion, mais encore dans tout l'ordre de Cîteaux, qui conserve tant d'illustres monumens des faits qui se sont passés dans son sein. Chalemote, qui chercha de tous côtés, durant l'année 1666, de quoi augmenter la série, non seulement des saints et des bienheureux, mais des hommes illustres de son ordre, ne trouva nulle part saint Hilarian.

Nota L'auteur de cet article tiré des bollandistes est Daniel Papebrock, né à Anvers en 1628. Il se fit jésuite en 1646, et professa les belles-lettres et la philosophie avec beaucoup de succès. Les Pères Bollandus et Henschenius, collecteurs des actes des saints, l'associèrent à leur immense travail. Il alla à Rome avec Henschenius en 1660, et y amassa une ample collection de matériaux. De retour à Anvers sur la fin de 1662, il se livra sans réserve au travail auquel on l'avait destiné. Il était également propre à rétablir l'histoire dans les faits authentiques, et par sa sagacité et par ses recherches. Il épura la légende des faussetés dont elle fourmillait. Ce savant laborieux a eu grande part aux *acta sanctorum* des mois de mars, d'avril, de mai et de juin. Il mourut en 1714, âgé de 86 ans.

Pendant l'impression des premières feuilles de nos *récits* nous avons vu se réaliser à Espalion deux de nos désirs : l'établissement des *frères des écoles chrétiennes*, et la reconstruction de la fontaine du *griffoul* qui, depuis trop longtemps déjà, était veuve de son ancienne propreté. Tous ceux qui ont contribué à ces deux réalisations ont droit aux remerciemens de la ville entière. Pour notre part, merci du meilleur cœur; merci d'autant plus volontiers que nous comptons trouver chez les disciples du généreux abbé de la Salle qui nous seront envoyés, un dévouement égal à celui qui distingue leurs confrères de Rodez et d'ailleurs, et que, grâce à eux, nous verrons s'ouvrir immédiatement une école d'adultes.

FIN.

TABLE

DES MATIÈRES CONTENUES DANS CE VOLUME.

	Pages.
AVANT-PROPOS.	1
CHAPITRE PREMIER. Le Vallon d'Espalion.	7
II Espalion.	24
III Etablissement de la Commune d'Espalion au XIIIe siècle.	41
IV Administration Communale.	58
V Idem suite.	73
VI Edifices publics.	94
VII Les Seigneurs de Calmont-d'Olt.	134
VIII L'Hospice.	171
IX Les Anglais et les Routiers.	184
X Le Calvinisme.	192
XI Siège d'Espalion en 1595.	227
XII Les Croquans de 1643.	250
XIII La Peste de 1653—1654.	266
XIV De l'Enseignement public à Espalion avant 1789.	284
XV Prix de diverses choses en des temps différens. — Dictons et Proverbes patois.	299
XVI Biographie Espalionaise.	331
XVII Pièces diverses.	360

VILLEFRANCHE, DE L'IMPRIMERIE DE Mme Ve CESTAN.

www.ingramcontent.com/pod-product-compliance
Lightning Source LLC
Chambersburg PA
CBHW071857230426
43671CB00010B/1382